C000102264

HISTORIA
DE
D. FERNANDO

PRIMERO DEL NOMBRE,
DUQUE DE ALVA.
ESCRITA, Y EXTRACTADA DE LOS MAS
veridicos Autores.

POR DON JOSEPH VICENTE DE RUSTANT.

DEDICADA

AL EXCELENTISSIMO SEÑOR
Duque de Huefcar, &c.

TOMO SEGUNDO.
CON PRIVILEGIO.

EN MADRID : En la Imprenta de Don Pedro Joseph
Alonfo y Padilla, Librero de Camara de fu Mageftad,
Año de 1751.

In the interest of creating a more extensive selection of rare historical book reprints, we have chosen to reproduce this title even though it may possibly have occasional imperfections such as missing and blurred pages, missing text, poor pictures, markings, dark backgrounds and other reproduction issues beyond our control. Because this work is culturally important, we have made it available as a part of our commitment to protecting, preserving and promoting the world's literature. Thank you for your understanding.

HISTORIA
DE
D. FERNANDO
ALVAREZ DE TOLEDO,
(LLAMADO COMUNMENTE EL GRANDE)
PRIMERO DEL NOMBRE,
DUQUE DE ALVA.

PARTE PRIMERA.

CAPITULO PRIMERO.

Ref.-Stacks
Relent
10-8-31
30916

A Italia medio arruinada, por las divifiones que formaban afsi fus habitantes, como las varias pretenfiones de la Francia y de fus naturales Principes ; que aunque fe difponia à procurar la Paz, fe veìa mas proximo à la Guerra, quando Francifco de Lorena Duque de Guifa atravefando los Alpes hizo fu entrada en Turin à principios del año 1557. Recibiòle Cefar de Cofsè, Señor de Brifsac, Marifcal de Francia, y à la fazon Governador del

Año de 1557.

Piamonte y Saboya , y Luis de Birague su Theniente General. Allí hizo la Revista del Exercito
que hallò de catorce mil y docientos hombres : Los
seis mil Suyzos , quatro mil Infantes Francesses , dos
mil y docientos de la gente de Armas y dos mil
Cavallos ligeros. El Duque de Aumale su hermano mandaba la Cavalleria, y el de Nemours la Infanteria. El Conde de Bussi, el Vizconde de Char-
tres , el Marquès de Sancre y algunos otros Señores , se hallaban à la frente de los Regimientos
de la Cavalleria. Los Suyzos tenian Oficiales
de su Nacion. El Señor de Sipierre hacìa de Mariscal de Campo General de el Exercito, y los Condes de Tabannes y de la Motha , de Brigadie-
res.

Haviendo tenido el Duque de Guisa y Brisac,
consejò sobre las operaciones de la Campaña , el
ultimo representò se debia dàr principio por el Sitio de Puente-Sture , su toma era de la ultima
importancia , assi por su situacion sobre el Pò , como porque impedia à los Francesses la libertad de
la comunicacion sobre aquel Rio : que se debia
probar si la fortuna del Duque de Alva , prevale-
cia à la de los Francesses. Emprehendiòse este Sitio y la vigorosa resistencia de los sitiados hizo conocer à los Francesses , que el Duque triumphaba
aunque ausente , y que los Baluartes de la Plaza
que eran obra suya , comunicaba nuevo valor à la
Guarnicion y la hacia invencible.

No por esta resistencia de Puente Sture , des-
mayò el alentado espiritu del de Guisa , passò hacer el de Valencia del Pò. Sus baterias hicieron
en menos de cinco dias , una brecha al Cuerpo de
la Plaza de tanta extension y hallanada , que los
Francesses y Suyzos subieron al assalto , con el mismo orden que le huvieran hecho en Campaña rasa , la Guarnicion no los esperò , se arrojò en los
Fosos del otro lado del ataque y huyò. El Marquès
de Pescàra que havia mandado construir la Ciuda-

de-

dela de esta Plaza, havia encargado su defensa al
Conde de Spolvetino, este vergonzosamente la entregò à los Enemigos antes de empezar el ataque.

Tomada à Valencia, puesta Guarnicion y obligado à sus habitantes de prestar juramento de fidelidad à los Oficiales de su Santidad, el Duque de
Guisa dexò à los Señores de Brisac y Birague el
cuidado de defender el Piamonte contra los Españoles, con orden de entrar à la primera ocasion
en el Milanesado. El Cardenal de Trento Governador de este Estado, tuvo la imprudencia de hacer conocer à los Enemigos la debilidad de sus
fuerzas, embiando Diputados à pedir al Duque de
Guisa la restitucion de Valencia, alegando no
era del honor de su Magestad Christianissima apoderarse por sorpressa de una Plaza que pertenecia
à su Magestad Cahtholica, y antes de concluir la
tregua ni preceder declaracion de Guerra à este Sitio. El Duque respondiô à estos Diputados, que
no havia venido à hacer la Guerra à los Españoles, ni cometer en sus Estados acto de hostilidad,
con tal que le dexassen el passo libre, y le proveyessen de viveres pagandolos : que en quanto à Valencia no se podìa dudar que fuè antiguamente del
Dominio de los Pontifices, y que para el restable-
cimiento de sus derechos, le embiaba el Rey Christianissimo à Italia. No se halla principios de este
derecho à favor de la Santa Sede, y como no es
conducente à nuestro assumpto no me detengo en
averiguarlo.

El Marquès de Pescàra se hallaba en Pavìa,
incierto del partido que debia tomar, se mantuvo
en inaccion hasta que el Exercito Francès passò mas
allà de la Ciudad : despues diô un destacamento de
Cavalleria à Cesar de Avalos su hermano, para
contener à los Franceses è impedir se demandassen
en su transito por estos Estados, cuyo proceder fuè
censurado, porque era natural se opusiesse al pas-

ſo y lo peor fuè que hizo llevar todo genero de
baſtimentos à los Lugares por donde tranſitaban,
para que no faltando nada no tuvieſſen motivo de
hacer correrias en ſu Govierno , y pues no ignoraba que eſte poder ſe dirigia contra ſu Soberano,
huviera deſempeñado ſu obligacion con quitar al
Enemigo la ſubſiſtencia arruinando ſu Exercito con
la eſcaſèz.

Los buenos oficios de Peſcàra y el temor de
la Cavalleria que mandaba ſu hermano , impidiò
à los Soldados de quexarſe y deſmandarſe , y el
Duque de Guiſa por eſte medio llegò felizmente,
y ſin opoſicion à las Fronteras del Ducado de Parma. Octavio Farneſio ſu Soberano , no eſperando
ſocorros de los Governadores de Milàn , los imi-
tò : hizo un Tratado con el de Guiſa, por el que
le prometiò el paſſo libre en ſus Eſtados y viveres
pagando. Apenas fuè ratificado de una y otra parte , quando atraveſò el Pò , y paſsò à Regio Ciudad empeñada en ſu Partido. Allì hacia la reviſta
de ſus Tropas , quando Hercules de Eſt , Duque
de Ferràra , ſeguido de numeroſo cortejo de Nobleza , venia à recibir los Franceſes y poniendo ſu
Exercito en batalla , le fuè à encontrar y apean-
doſe à cierta diſtancia , ſe acercò à ſu Alteza , le
preſentò el Baſton de General , proteſtando que
obedeceria con guſto à un Principe , à quien el
Rey ſu Amo confiaba el mando de ſus Exercitos,
ſu honor y fortuna.

El Duque de Ferràra , que ſe havia apeado al
meſmo tiempo que el Duque de Guiſa ſu yerno,
(por eſtàr caſado con Ana de Eſt, ſu hija mayor,
havida en Renata de Francia, hija de Luis Duodecimo) le bolviò el Baſton y abrazò , y montando à cavallo , hicieron ſu entrada en Regio. El
de Ferràra ſe hacia diſtinguir por lo brillante de
ſus Armas ; pero el de Guiſa le excedia por ſu
ayre y garvoſo talle. El Exercito ocupò las principales Calles publicas , y Arrabales de la Ciudad.
Tu-

Tuvieron Consejo de Guerra, para resolver en què
parte harian obrar las Tropas. El Duque de Ferrara exponiendo las razones que le havian empeñado en esta liga, decia, que se debia empezar por
el Sitio de Parma, ò de Cremona. Era interessado en
esta empressa, por haverle ofrecido el Papa la primera de estas dos Plazas. El de Guisa, y el Cardenal Carraffa, que acababa de llegar en posta,
fueron de sentir contrario, sostituyeron que se debia sin tardanza emprehender la Conquista de la
Toscana, ò del Reyno de Napoles, segun las con-
venciones del Tratado, y conforme las ordenes de el
Rey.

El Embaxador de Henrique Segundo en Venecia, alabò este consejo como mas ventajoso à los
Coligados, y honorifico al Rey su Amo, apoyan-
dole con razones que expusò con tanta fuerza, como eloquencia, diciendo: *Conquistada la Toscana y*
el Reyno de Napoles, nos es facil hacernos dueños de
Sicilia y de todos los Paises que los Españoles ssen
en Italia. El temor detiene al Duque de Parma en
la alianza de España; pero luego que vea à los Fran-
ceses victoriosos, la renunciarà. No se debe irritar
à los Venecianos, que no han mirado con buen sem-
blante al de Ferrara su vecino, por haver entrado en
la liga, lo que les ha obligado à armar considerable-
mente por mar y tierra, y apenas el de Parma serà
vencido, quando miraràn à los Franceses como sus Ene-
migos. Tiene esta Republica demasiada politica para
creerse en seguridad, mientras vea las armas de los coli-
gados sobre sus fronteras. Yà tenémos sobrados Ene-
migos, sin atraernos mas; si se quiere castigar à los
Venecianos, se debe llevar la Guerra à otra parte,
para sorprehenderlos quando no lo piensen. Todos los
Oficiales aprobaron este sentir, por hallarle conforme à la voluntad del Rey. Solo el de Ferrara
se opuso, sosteniendo su primera idea, con que
el Exercito no era suficiente para hacer, ni conservar tantas conquistas. Protestò que no llevaria

sus

sus Tropas à Toscana, por evitar una proxima Invasion que temia en sus Estados; que el de Guisa podia ir, que le deseaba la conquista de muchos Reynos; pero que en quanto à èl, se contentaba con hacer la Guerra al Duque de Parma.

La nueva del passo del Exercito Francès de la otra parte del Pò, llenò à Roma de alegría. Este Pueblo consternado y desesperado yà de su remedio, no se prometia nada menos que una completa victoria. Los Cardenales y Oficiales deliberaron en un Consejo (en que se hallò su Santidad) se llevasse la Guerra al Reyno de Napoles, ò se atacasse la Toscana, quando Pedro Strozi, embidioso de la grandeza de los Medicis y su Enemigo, lo contradixo; defendiendo que se debia entrar en la Toscana, persuadiendo su conquista tanto mas facil, quanto los Pueblos de aquel Pais suspiraban por su antigua libertad, y miraban à sus Principes como tyranos. *Los Napolitanos* (dixo) *permaneceràn fieles à su Rey. La antigua costumbre à la dominacion Española, los tiene empeñados à seguir su fortuna, tomaràn en su defensa las armas; porque no solicitan mudar de dueño, el que tienen no les disgusta; al contrario, le professan una verdadera veneracion y cariño. Miranse dichosos en gozar con quietud una paz ventajosa y agradable, los colma de beneficios, y hace sus Provincias florecientes, por lo que no perturbaràn esta paz, sin vèr sus negocios en una situacion peligrosa; mas no se debe dudar que la conquista de la Toscana, los consterne, y acaso harà mudar de partido, porque una vez atemorizados los hombres, y que se les ha hecho perder su antiguo sossiego, se les vence facilmente. El que quiere derribar una peña, empieza por la punta, y la continùa desmoronando poco à poco hasta sus cimientos. Es fuera de razon empezar por la parte mas fuerte de una Torre para derribarla; pues el que empieza esta operacion por sus cimientos, queda expuesto quando cae*

à

a quedàr *sepultado en sus ruinas. No nos empeñe-mos en lo mas fuerte, acometamos la Toscana, que sirve como de baluarte al Reyno de Napoles, para ha-cer caer este grande edificio, de modo que no perezca-mos.*

Los Carraffas, que median las cosas segun la ambicion y excesso de su colera, pretendian que sin tardanza se debia atacar al Duque de Alva, sin considerar si los designios eran conformes à las leyes, y modo de hacer con acierto la Guerra: *No es (dixeron) de la ultima importancia el princi-piar por alguna empressa de lucimiento, que acredi-ten nuestras armas à toda Italia, que sus limites son demasiado estrechos para contener nuestras conquis-tas. Es menester dàr algo à la fortuna, y empreben-diendo mucho, se hacen grandes hazañas y progressos admirables: Los timidos nunca salen bien. El Duque de Alva sacarà grandes ventajas de nuestras dilacio-nes; porque la riqueza del Reyno de Napoles y la ame-nidad de sus campos le proveeràn con abundancia de Soldados, Cavallos y municiones. Nosotros nos hallamos privados de estas ventajas, y desde ahora en la im-possibilidad de poder pagar nuestras Tropas; y si su Magestad Christianissima malogra sus ideas en Flandes, en donde caerà todo el peso de la Guerra, llamarà su Exercito de Toscana, porque su prudencia no prefe-rirà la victoria en los Paises estrangeros, en per-juicio de los suyos propios: Y ultimamente un Capitan experto debe exponerse en la ocasion favorable, y aun los Soldados, que le cuestan mucho, y à quienes se assiste con paga considerable, para sacar à costa de su vida los interesses de su dueño. Un prudente Labra-dor corta un arbol por el pie, para con mas facilidad cortar sus ramas: Una Torre minada por sus cimien-tos, no coge al que la derriba, quando tiene cuidado de evitar su golpe.*

Este discurso diò gusto, y el Cardenal que lo profiriò se encargò de su execucion. Embiò à Juan Bautista Tiraldi en la Campaña de Roma y en
la

la de Ancona, para hacer levas. Bonifacio Simoneti recuperò las Villas de Priverna, Sezza y Rocca-Seeca. La tregua havia espirado, y el hambre fatigaba à Roma; porque dueños los Españoles de la embocadura de el Tiber, no dexaban subir ninguna embarcacion, y menos se podian sacar frutos del Campo, por haver sido talado, y quemado la campaña precedente. Los Carraffas no pensaban en mas, que en levantar Tropas, y proveer de viveres à Roma, reconocieron que era impossible, mientras los Españoles posseyessen à Ostia, resolvieron su Conquista. El Conde de Montorio, y Pedro Strozi, à quien su Santidad havia dado por Theniente y Consejero, llegaron delante de Ostia, con seis mil Infantes, y ochocientos Cavallos: Se hizo elevar una bateria de seis piezas de Cañon, que batieron la Ciudadela con tanto sucesso, que pusieron en duda à los Españoles, si la defenderian ò no; porque las ruinas de la precedente Toma aùn no estaban reparadas. Por ultimo resolviò su Governador capitular, y lo hizo con tanta precipitacion, que se cubriò de ignominia: de alli passò Strozi à poner Sitio à Fiumicino, Castillo fortificado que dominaba la embocadura del Tiber. Los elementos contrarios à los Españoles les obligò à entregarle, aunque estaba lleno de municiones. El Tiber engrossado por las lluvias, havia inundado una parte de la Isla, en que estaba situado este Castillo, y arruinò las murallas, penetrando hasta el cuerpo de la Plaza.

La precipitada rendicion de ambos fuertes, irritò al Duque de Alva contra los Oficiales, tanto que sin considerar las razones que havian tenido para Capitular, no quiso verlos; es verdad que no estaban sin culpa, havianse entregado à pesar de los Soldados, que querian defenderse hasta el ultimo extremo. Hizo arrestar à Mendoza, uno de los Comandantes de Fiumicino, y el otro que era Cavallero Maltès, queriendo refugiarse en aquella Isla,

Ida, le hizo prender el Gran Maeſtre à la requiſicion del Duque. Eſtas al parecer rápidas Conquiſtas, llenò à los Romanos de gozo, hizoles olvidar el dolor que pocos dias antes les hacia verter lagrimas. No penſaban yà en mas que en divertirſe, envanecidos los Carraffas, deſpreciaban las fuerzas de Eſpaña; liſongeabanſe altamente de los ſocorros de Francia, quando ſolo al ruido de ſus Armas, ſe veìan caer Baluartes, que el Duque de Alva havia hecho con tanto cuidado y gaſto: Amenazabanle con una total ruina, hicieron grandes preparativos de Guerra, y con audacia increìble, diſponian à ſu arbitrio de los Eſtados y riquezas de Italia, como dueños. Eſta alegria llegò à lo ſumo, quando ſe ſupo que Geronymo Frangipani, y Franciſco de Villa, ſe havian apoderado con la miſma facilidad de Fraſcati, Grotta-Ferràta, Marini, y Caſtel-Gandolfo. El Conde de Monterio hácia el Sitio de Vicovaro, y la batìa con ſiete piezas de Cañon, hizo brechas en poco tiempo, y diò el aſſalto.

Don Pedro del Caſtillo, que mandaba en la Plaza una Compañia de Infanteria Eſpañola, rechazò los Sitiadores con gran valor; pero aviſado por los priſioneros que hizo, que debian bolver al otro dia con mayor numero, viendoſe impoſsibilitado de hacerles frente, y ponerſe à cubierto del Cañon que le incomodaba en extremo, reſolviò abandonar la Ciudad, y retirarſe à la Ciudadela, que era fortificada à la antigua. Empezaba à executar ſu deſignio, quando aviſados los Enemigos por un Deſertor, entrando en la Plaza, deſhicieron la Guarnicion, por hallarla en deſorden, y ocupada en tranſportar algunos muebles en la Ciudadela. Mas de ochenta Eſpañoles fueron paſſados à cuchillo, y ſetenta hechos priſioneros y conducidos à Roma. Los Carraffas quiſieron ſacrificarlos à ſu ira; mas ſu Santidad no permitiò ſe les hicieſſe daño.

La toma de Oftia y de Vicovaro, alentaron à los habitantes de la Campaña de Roma, inspirandolos el animo de facudir el yugo de las Guarniciones Españolas, y los echaron fuera de fu Provincia. El curfo de eftas profperidades fuè interrumpido por la retirada del Conde de Montorio, que lexos de aprovecharfe de la confternacion y debilidad de fus Enemigos, bolviò à Roma, cuyo hecho caufò à fu partido confequencias funeftas. Julio de los Urfinos, que acababa de affegurarfe de todas las Plazas de aquella parte de la Campaña de Roma (que han ocupado los antiguos Volfques) fe dirigia à poner fitio à Aguania, quando tuvo el avifo de acercarfe Marco Antonio Colona con la Cavalleria Italiana, por cuyo motivo hizo una retirada precipitada, bolviendo à Roma.

El Duque de Alva, à quien eftas endebles pérdidas embarazaban poco, fe aplicaba unicamente al punto decifivo, y à los medios de terminar efta Guerra. Oyò los dictamenes de varios Ofiçiales. Unos eran de fentir, que fe pufieffe Guarnicion en las Plazas fronteras, y fe apoderaffen de todos los paffos y desfiladeros por donde los enemigos podian penetrar en el Reyno de Napoles, fin arriefgarfe à una batalla, confumiendolos por medio de la efcasèz. Otros, que era del honor de la Nacion Efpañola, y en particular de fu General, de no dàr tiempo à fus Enemigos: que feria mas facil combatirlos, que contener à los Napolitanos en fu obligacion, por fubfiftir muchos afectos à la Francia, que bufcaban la ocafion para bolver à fu dominacion, con otros difcurfos que no dieron poco que hacer al Duque, que retirado del Confejo, hizo ferias reflexiones fobre el eftado de efta Guerra, y la inconftancia de la fortuna; no obftante fe refolviò de ponerfe en eftado, no folamente de defenderfe, fino rechazar con valor à los Coligados. Mandò que fe levantaffen

creinta mil hombres de Milicias en el Reyno de
Napoles, y que se les repartiesse por Compañías,
con estrechas ordenes à sus Capitanes y Coroneles
de imponerlos en el exercicio, y en estado de
servir en la Tropa reglada quando fuesse menester: Mandò al Marqués de Treviso, Governador
del Abruzo, que reparasse las fortificaciones de
Civitella del Tronto, de Peschiera, de Theato, y
otras Ciudades de aquella Provincia, persuadido
que el Duque de Guisa y el Exercito del Papa se-
guirian este camino para entrar en el Reyno de
Napoles.

Hizo transportar à las Plazas fuertes todas las
municiones de boca, para quitar à los Enemigos
todo medio de subsistencia. Don Lope de Mardones, à quien encargò esta comission, la evacuò
con tanta puntualidad, que en poco tiempo juntò
viveres en abundancia, para mantener el Exercito un año. Prometiasse que el Duque de Guisa,
pisando las huellas de Lautrec, tomaria el mismo
camino, y no tendria mejor successo: no dudaba,
que cortandolos los viveres, los Soldados afanados
se desmandarian al pillage, y caerian en las em-
boscadas de los Españoles, que dissipados les seria
facil no solo entrar en los Estados del Papa, sino
hacer el sitio de Roma, obligando à los Franceses à abandonar el Reyno de Napoles para socorrer à su Santidad.

El Conde de Santa Flore, hermano del Cardenal de este nombre, se encargò del cuidado de
fortificar à Capua. Vespasiano de Gonzaga ponia
en estado de defensa à Nola, Ciudad frontera à
los Estados de la Iglesia. Don Garcia Alvarez de
Toledo, Marqués de Villafranca, y Don Fadrique hijo mayor del Duque, hacian reparar las
fortificaciones de Santa Agueda, de Venofo, y
Ascoli; el Pueblo assistia à estos trabajos con afecto increible; todos ofrecian caudales, armas, y
asidas contra el parecer de los Carrafas, que se

B 2   pro-

prometian grandes reboluciones. Treinta Señores Napolitanos de la primera diſtincion levantaron cada uno à ſu coſta una Compañia de Cavallerìa; obligandoſe à mantenerla y mandarla. Las Ciudades y los habitantes de los Pueblos menores ſe aceleraban à moſtrar al Rey, no les excedìa la Nobleza en zelo y amor à ſu Soberano. Embiaron Diputados al Duque, ofreciendole tres millones de ducados y todo lo que pendìa de ellos: Agradeciòlos, alabò ſu fidelidad, y ſolo aceptò la mitad de la ſuma que le ofrecian. No hizo lo propio con los Señores, exigiò de ellos cantidades conſiderables, no rehuſando lo que de voluntad le preſentaban, fueſſe verdadera ò fingida, y aun les daba à entender que en eſto les hacìa gracia. Aſſegurabaſe por eſte medio de ſu fidelidad, porque ſi la ſuerte de la Guerra era contraria à los Eſpañoles, y eſtos ſeñores Napolitanos poderoſos tomaban el partido de los Enemigos (por no confiarſe mucho de ellos) les podrian ſervir de grande ventaja; lo que al contrario, pobres y privados de lo que mas les podia favorecer en qualquier aconteciimiento de rebolucion, quedaban como de neceſſidad obligados à ſeguir el partido de ſu Soberano.

Los Diputados del tercer Eſtado, inſiſtiendo el que aceptaſſe por el todo el Donativo que eſtaban encargados de ofrecerle, les reſpondiò: *Señores, el Donativo que me ofrecèis, me ſirve de verdadero guſto; pero lo deſeo menos que vueſtra propia utilidad por veros dichoſos. Hè recibido el dinero de la Nobleza, porque la demasìa le pudiera perjudicar, y que poſſeyendo grandes bienes, les era menos incomodo juntar grandes ſumas; no por lo que me han dado los Nobles, diſminuyeron ſu tren, ni ſu meſa, ni experimentaron ninguna eſcaſèz: El dinero en los Nobles ſuele ſer ſuperfluo muchas veces, y algunas, los atrae à diſcurrir lo que no les es favorable: no es lo miſmo, honrados Diputados, en los Plebeyos; porque, además*

4

de

de que sus háberes son pocos, las rentas del Pueblo son tan necessarias para su subsistencia, como la sangre en el cuerpo humano. Es mucho mas ventajoso hacer la Guerra con un Exercito mediano, que cargar al Pueblo, dexandole que viva con quietud en su casa, sin temor del Enemigo. Y assi Señores, es menester conservar lo que no quiera recibir: Si el estado de las cosas me obligasse à ello, en este, lo recibirè con gusto, y aun lo serà para mì, ceder à los Enemigos por vèr vuestro zelo. Ultimamente las sumas que se me han entregado, son suficientes à mantener el Exercito; porque quándo el General es prudente, y no se aplica à sì los fondos que le entregan, ni es avariento, con menos, hace mas. Yo los distribuirè bien, no vereis que expongo las Tropas à los peligros, ni correrlas yo para hacerme rico. Solo mi deseo es el acierto por el Real servicio, gloria de mi Soberano, y libertad de sus Dominios.

Estos Diputados quedaron tan satisfechos de la justificacion del Duque, que bolviendo à sus Pueblos, alabaron altamente sus virtudes, con tanto esfuerzo, que se tuvieron por dichosos baxo el govierno de un hombre de este merito: mas hicieron, encantados de su generosidad, no quisieron en algun modo serle inferiores: juntaron una prodigiosa cantidad de dinero, para que si la fortuna no apoyaba sus designios, pudiesse à lo menos con las sumas que havia rehusado, recompensarle con usura, un desinterès tan generoso.

Seguro el Duque del afecto de los Napolitanos, viendose con sumas grandes de dinero, se dispuso con mucha mas confianza à resistir à los Confederados: hizo fundir Cañones, comprar Armas, y reparar las ruinas de las Ciudades. Sacó de las Plazas maritimas las Tropas regladas que havia en ellas, para resistir à los Corsarios que infestaban las Costas de aquel Reyno. Engrosò su Exercito y puso en aquellas Plazas Governadores y Oficiales habiles, para que dando Armas à los Ciudadanos

nos, inſtruyendolos en el militar exercicio, pudieſſen defenderſe en caſo de ataque.

Parecerà impoſsible, y ſe tendrà à ponderacion, el afecto que en eſta ocaſion manifeſtaron los Napolitanos, y la prompcitud con que executaban las ordenes de eſtos Oficiales, ſolo con haver obſervado que contaba el Duque ſobre ſu fidelidad, en el hecho de confiarles la cuſtodia de ſus Plazas.

Apreſurabanſe à aliſtarſe baxo de ſus Vanderas: Compuſieron en poco tiempo Regimientos enteros, ſin diſcurrir en mas que defenderle, y defenderſe de ſus Enemigos; haſta las mugeres ſe ſeñalaron en eſta ocaſion: No ſe veia en el Reyno, ſino preparativos de Guerra. Los unos exercitaban Cavallos, otros compraban Armas, y otros limpiaban las que el tiempo y humedad havian hecho inutiles, y todos con tanta alegria, concordia, y union, que no parecia iban à pelear, ſino à alguna fieſta: De eſte modo en pocos dias, ſe halló el Reyno de Napoles en eſtado de no temer à ſus Enemigos.

El Varon de Pſultz, y el Conde de Lodron, embiados à Alemania para hacer Reclutas, haviendo levantado ſeis mil Infantes y mil Cavallos, ſi encargados à Don Luis de Barrientos ſu conduccion, acababa de llegar al Milaneſado, donde recibiò orden del Duque para no embarcarſe ſobre el Pò, de miedo que no fueſſen ſorprehendidos por los Enemigos; que lo hicieſſen en Genova, y coſteaſſen la Toſcana para tomar tierra en Gaeta, cuya orden no ſe executò haſta mucho tiempo deſpues, por las diferencias que ſubſiſtian entre los Governadores de Milàn, y las afectadas dilaciones de Doria que hizo muchas veces dudoſo el ſucceſſo de la Campaña; y cauſaron la tardanza do el Regimiento Alemàn, que el Gran Duque de Toſcana havia hecho levantar, para la cuſtodia de ſu Eſtado; pero el Duque havia recibido yà mil Eſpañoles de Sicilia, y Don Fernando de Toledo, Gran

Gran Prior de Castilla, le traía de España una Recluta de tres mil hombres.

Mientras obraba con tanto cuidado , prudencia y sucesso para oponerse à los Confederados, los negocios de Milàn eran bien diferentes , por culpa de sus Governadores: Irritados con el Senado por palabras picantes , y suplicio de algunos Ciudadanos , y peor con las Tropas , se vean obligados à mantenerse encerrados en Milàn , sin confiarse de nadie : faltabales prudencia y espiritu , para sossegar las inquietudes , y dexaban el Campo libre à los Franceses. El Mariscal de Brissac aunque indispuesto , no perdia ocasion : acababa de tomar Valferniera y Querasco , cuyas dos conquistas intimidaron à los Governadores de tal modo, que no juzgandose seguros , hicieron grandes promessas à los Alemanes para detenerlos. Barrientos se opuso à sus designios : dixo à los Soldados que les seria vergonzoso servir baxo las ordenes de otro Capitàn , que las del Duque de Alva , à cuya costa havian sido levantados: Que los Governadores estaban faltos de dinero y que no havia apariencia de tenerlo tan breve. Los Alemanes despreciaron las persuasiones de los Governadores , y estos desengañados de poderlos vencer , recurrieron à Doria , pidiendole no los transportasse à Napoles : que podia escusarse con que sus Galeras no estaban en estado de hacer esta Navegacion , para por este medio impedirlos su marcha. Doria hizo bien su papel; porque à mas de ser conforme à las ideas de los Governadores , su emulacion particular por las hazañas del Duque, intentaba privarle de los socorros de que tanto necesitaba.

CA-

CAPITULO II.

PHelipe Segundo, que permanecia en Flandes, embiò à Don Francisco Pacheco à Roma. Este Ministro, havida Audiencia del Papa, le presentò de parte del Rey su Amo Cartas respetuosas, llenas de terneza, afecto y sumissiones, en que se disculpaba de todo lo passado hasta entonces, protestando: *Que nunca havia faltado al respeto debido à la Santa Sede: que siempre havia conservado la obediencia de hijo à su Santidad, aunque la situacion de los negocios se huviessen obligado à hacerle la Guerra: que qualquiera cosa que sucediesse, no seria capàz de hacerle perder la buena voluntad que professaba à la Casa de los Carraffas, que siempre los miraria con cariño de Padre, y tendria cuidado de sus interesses: que nunca se havia opuesto à su engrandecimiento, pero que parecia camino mejor de pedirselo à èl, que lo posseìa, que à Henrique segundo; que finalmente si lo havia disgustado por no haver dado à Siena à los Principes sus Sobrinos, estaba prompto à concedersela, con tal que pusiesse fin à los desordenes, que precisaban à dos Reyes Catholicos à hacerse una Guerra tan cruel.*

Los Carraffas arrogantes de verse con fuerzas tan considerables, teniendo à miedo la urbanidad de Phelipe Segundo, y que el gran Duque de Toscana pedia la paz, despreciando estas ofertas, ajando à Pacheco con palabras graves, y haciendole grandes amenazas le mandaron salir luego de Roma. Tomò la posta, y como havia tenido el cuidado de hacerse tener paradas, llegò en poco tiempo cerca del Duque de Alva, y apenas este grande hombre fuè informado de la falta en que havian incurrido los Carraffas, dixo: *No puedo admirar bastantemente los arcanos secretos de la Divina Providencia, que ha cegado de tal manera à nuestros Ene-*

migos, que no les dexa conocer una ventaja tan impor-
tante, y la quieren bufcar mas confiderable en una Guerra
dudofa.

Informado Cofme de Medicis gran Duque de
Tofcana de los defignios del Rey, en ofrecer à
Siena à los Carraffas, fe quexò agriamente à los
Embaxadores de Phelipe; y vencido por las bellas
promeffas del Pontifice, fe determinaba à tomar el
partido de los Francefes, y en la incertidumbre,
no fabia à quien inclinarfe; porque à mas de ignorar la fortuna de fus progreffos, le parecia el
poder de Phelipe mas temerofo; fabia que havia
terminado felizmente empreffas mas arduas, y ultimamente que fe hallaba aliado de la Cafa de
Auftria. En efte embarazo efcriviò al Duque de
Alva, haciendole prefente fu antigua amiftad y
parentefco, affegurandole que folo de èl efperaba
toda fu fortuna: que havia fabido que el Rey trataba de ceder la Ciudad de Siena à los Carraffas;
que ignoraba fi la Guerra injufta que havian fuf-
citado à fu Mageftad, los havia hecho mas dignos
de efta recompenfa que à èl, que le havia fido
fiempre afeéto, y le havia obedecido con exactitud; que efperaba como amigo mediaffe à efta
cefsion, por lo que le quedaria reconocido eter-
namente.

Perfuadido el de Alva, que era de la ultima
importancia alexar à los Carraffas de Siena, y no
fufrir que el gran Duque mudaffe de partido, le
refpondiò luego, diciendole: fe tuvieffe firme, y
embiaffe Embaxadores à fu Mageftad; que fe hallaba en Flandes; y defpachandole al mifmo tiempo un Correo, le reprefentò: *Que la Guerra de*
Italia fe haria eterna, fi los Francefes entraban en
Siena: que eftando efta Plaza en medio de Italia, les
abria el camino de Milàn, ò del Reyno de Napoles:
que el Rey de Francia eftaba yà demafiado poderofo,
y cediendoles una Plaza que podia facilitar la execu-
cion de fus defignios, lo feria mucho mas: que de-

bia, *antes que à los Carraffas sus Enemigos, gratifi-*
car con ella al gran Duque, que siempre fiel en sus
intereses, apartaria à los Franceses de la Tos-
cana, y empeñaria à este Principe en su defensa.

Cosme de Medicis embiò à Don Luis de Toledo, hermano del Marquès de Villafranca, y su cuñado por Embaxador à su Magestad, suplicandole
con grandes instancias no fortificasse el partido de
sus Enemigos con la cesion de Siena, ni hacerla
el yugo de la Toscana, precisandola à que por
una Guerra dilatada y sangrienta se juntasse à sus
mismos Enemigos: no siendo de presumir que esta
cesion conciliasse los afectos à su bienhechor; que
antes bien se servirian de ella con ventaja, para
seguir sus proyectos sobre Napoles y Milàn: que
si las Guerras que su Magestad tenia en diferentes
parages no le permitian atender à la conservacion
de Siena; le suplicaba le diesse aquella Plaza, como feudo de la Corona Española: que siempre es-
taria prompto à entregarsela y que por este medio
ponia à los Grandes Duques de Toscana en el numero de sus hechuras y feudatarios; pero que si
su Magestad no juzgaba conveniente hacerle esta
gracia, le reembolsasse de las sumas considerables
que le havia prestado y à Carlos Quinto su Padre,
y le permitiesse tomar los medios mas seguros, para
precaverse de las tempestades que le amenazaban.

Esta ultima proposicion disgustò à Phelipe; mas
como maestro en el dissimulo, y tenia tantos Enemigos, no manifestò su sentimiento. Defirió al consejo
del Duque, y cediò al de Toscana la Ciudad de Siena
y sus dependencias, à excepcion de Puerto Hercules,
Telamona, Orbitelo y el monte Argentaro, baxo de
estos Articulos.

I. *Que los Grandes Duques bolviessen à Piombino à*
sus antiguos Señores.

II. *Que pagarian tributos à los Reyes Catholicos, y*
que estos quedarian relevados de las sumas prestadas
por la Casa de Medicis à Carlos Quinto y Phelipe
Segundo.   III.

III. *Que los Grandes Duques no podrian hacer nuevas*
Alianzas sin participacion y consentimiento de los Re-
yes Catholicos.

IV. *Que serian obligados en caso de Guerra en Italia,*
de embiar en su socorro quatro mil Infantes y qua-
trocientos Cavallos, y que reciprocamente los Reyes
fuessen obligados de hacer obrar sus Exercitos en
Toscana en socorro de los grandes Duques, siempre
que fuessen atacados.

Ratificado este Tratado de una parte y otra,
Don Juan de Figueròa, Embaxador de Phelipe Segundo, proclamò à Cosme de Medicis por Principe de Siena, entregandole el Diploma de este
Principado. Este fuè un golpe atroz por los Siene-
ses, que havian hecho sus esfuerzos para no caer
baxo el Dominio de los Florentinos, à quienes tenian por Enemigos y miraban como tyranos, recibieron la noticia de esta dominacion como sentencia de muerte.

El Cardenal de Burgos, que se hallaba de Governador en aquella Plaza, y Enemigo secreto de
la Casa de Medicis, y sentido de su elevacion, no
se atrevià à resistir abiertamente à la voluntad del
Rey; pero dilatando la rendicion, representò à su
Magestad el daño que se seguia de esta cession; y
haciendo juntar su Guarnicion, que no havia recibido pagas meses hacia, les asseguró hacerlos pagar enteramente, antes que abriessen las puertas al
Toscano. Los Soldados contentos con esta noticia,
le ofrecieron cumplir con lo que los pedia: esta
resolucion diò que sentir al Gran Duque; mas como no era de despreciar el regalo, aprontò el
dinero para la paga de la Guarnicion, que saliendo el dia 17. de Agosto de 1557. entrò Don Luis
de Toledo, con quatro Regimientos, y tomó pos-
session de Siena, en nombre del Gran Duque, y
obligò à sus Ciudadanos (aunque à su pesar) à
prestarle el juramento de fidelidad.

Esta accion diò que censurar à los Enemigos
de

de la Cafa de Toledo, que prorrumpieron en decir que quitaba à los unos fus Reynos, à otros fus riquezas, y à otros fu libertad. Efto aludia à que Don Fadrique de Toledo (llamado el Viejo) Duque de Alva, havia defpojado de la mejor parte de la Navarra al Rey Juan de Labrit, en el año de 1512: pero fin hacerfe cargo que procedia en virtud de las ordenes comunicadas por el Rey Catholico, y como Generaliffimo de las Armas de Caftilla ; y fin trafcender à los motivos que tuvo efte memorable Monarca, para adquirir con jufto titulo la Conquifta de Navarra y reunirla à Caftilla, los que por no fer del affumpto dexo en filencio. Imponianlo tambien à la Alianza que la Cafa de Toledo tenia con la de Medicis, por haver cafado efte Gran Duque con Doña Leonor de Toledo, hija de Don Pedro de Toledo, Marquès de Villafranca, Virrey de Napoles. Decian que fe elevaba con los defpojos y fangre de los inocentes, y à cofta de fu Mageftad. Motejabanle de fevero, y que fiendo naturalmente enemigo de la difipacion, aconfejaba al Rey defmembraffe de fus Eftados la mayor parte de Tofcana, para darla al gran Duque, no era con otro fin, que el de la alianza de fu cafamiento, que era buen modo de defender las Provincias de fu Mageftad, cediendo las unas para confervar las otras, fiendole facil mantener en paz la Italia, y apartar de ella los Enemigos, guardando un Pais tan deliciofo, que encerraba tantas Plazas fuertes, por cuyo medio podia tener al gran Duque en refpeto.

Inftruido el Duque de difcurfos tan injuriofos à fu honor, y pareciendole indifpenfable juftificarfe al mundo, y hacer conocer las razones que le impelian, hizo juntar los principales Oficiales de fu Exercito, y les dixo: *Ya fabeis, feñores, lo que mis Enemigos han publicado defde algun tiempo en quanto à mi conducta: no me es dificultofo juftificarme, y hacer vifible mi inocencia y la vueftra, por la parte que os toca en mi defenfa. Acufafeme de no* atender mas que à mis particulares intereffes, folo por haver aconfejado à fu Mageftad dieffe al gran Duque à Siena. Mi conciencia, ni mi honor nada me acufa fobre efta accion: no puedo negar que foy el autor de efte confejo, por mirarlo ventajofo à fu Mageftad; porque la Italia enteramente cerrada por efte medio, impedia à los Francefes el paffo, y quitarà à los Romanos la difpoficion de moverfe. La prudencia aconfeja muchas veces de comprar la amiftad de un hombre, à cofta de la que parece utilidad publica. No fe huviera dado lugar à una Guerra perpetua, fi fe huvieffe concedido efta Plaza à los Sobrinos de fu Santidad? No huviera debido hacerfe por cada uno la mifma enagenacion? Eftando los Medicis libres y poderofos, y en eftado de llevar la Guerra en los que fu Mageftad poffee en Italia, no era conveniencia haciendo de la necefsidad virtud, cederfelos, y empefharle por alguna liberalidad, y de Principe libre, hacerle feudatario de Efpaña, y el mas poderofo apoyo de efta Monarquia en Italia? Por efta poca cofta logramos hacernos mucho mas poderofos. Alguno me dirà, fe podia con mas facilidad: Que con la confervacion de Siena nos podiamos affegurar de la Tofcana, y que las fuerzas de Efpaña huvieran fido mas temibles: mas es de fuponer, que todas las Tropas del territorio de Siena apenas baftan para defender efta Ciudad. Si el gran Duque fe declaraffe contra nofotros, Orbitelo, Piombino y Telamona que nos quedan, nos abre el camino de fu Pais. El mar que circunda fus Puertos, nos dà facilidad para entrar y falir; y quando los Sienefes huvieran quedado vaffallos de los Efpañoles, quien fabe fi huvieran permanecido fiempre fieles? Y finalmente, mas perjudicial nos huviera fido en la critica eftacion que nos hallamos, difguftando al gran Duque, y defpues de pagarle una grueffa fuma de dinero que fe le debia, precifandole à tomar el partido de los Francefes, cuyas confequencias nos huvieran fido funeftas. Ganamos un Amigo poderofo, y fu Mageftad Catholica un Aliado que le es pro-

ve-

vechoso y reconocido: en esto se puede conocer si atiende à mi bien particular ò al publico.

Este negocio no fuè enteramente concluido, hasta despues de la retirada de los Franceses de Italia; y sin extraerme de la Historia, me ha parecido conveniente hacer esta digression para evitar confusion y repeticiones, que forzosamente se havian de seguir, por conducir à los hechos que sin lisonja immortalizaron al Duque.

Haviendo recibido el de Guisa y el de Ferrara el grueso Cañon que juzgaron necessario à sus expediciones, y embiadole à Ancona, passò à Roma el primero, acompañado de Alphonso Principe de Ferrara, del Cardenal Carraffa y Strozi: el Papa le hizo una recepcion de las mas lucidas, mandò se le hiciesse los mayores honores; diòle los gloriosos titulos de Libertador de la Iglesia, Protector de la Santa Sede, y de Capitan embiado del Cielo, para vengar las ofensas hechas à la autoridad de los Pontifices. Despues de passados los primeros dias en cortejos y visitas, se tuvo un gran Consejo sobre las operaciones de la Campaña; los pareceres fueron diversos. El de Guisa procurò por sus muchas razones fundadas en su experiencia, y con infinidad de exemplos, disuadir à su Santidad del intento de llevar la Guerra à Napoles. Strozi y los otros Gefes fueron de este sentir, fundandolo en que no se prometian ventaja alguna en un Pais defendido por un Capitan tan celebre como el Duque de Alva: Pareciales que sus proyectos les serian mas favorables en Toscana, y este intento se fortificaba con que el gran Duque se inclinaba à entrar en negociacion; pero el Papa sugerido de los consejos de sus Sobrinos para hacer la Guerra en Napoles, se manifestò inexorable à diferir à otros dictamenes.

Viendo el Duque la impossibilidad de hacerle mudar de sentido, resuelto solo à obedecerle, pidiò ante todas cosas, que se le diesse à Ancona, y Civita-Vechia en deposito, para que en el caso

que

que la fortuna le fuesse adversa, pudiesse retirarse y poner en seguridad la flota de Francia, hasta que se llegassen socorros, ò poder comodamente retirarse à su Pais. Este Duque no pedia mas que la execucion de las promessas, que el Nuncio de su Santidad le havia muchas veces reiterado en Francia, y no obstante esto, el Papa no pudo contenerse en responderle con alguna severidad: *Que jamàs confiaria à nadie las Plazas fuertes, y las Tropas de la Iglesia: que no queria se exigiesse otra prenda de sus promessas, que la de su palabra, à que nunca havia faltado.* El de Guisa, que no podia passar en silencio las ofertas hechas, le respondiò: *Que contra la promessa que le havia hecho, de conferir el Capelo de Cardenal à quatro de los diez sugetos, que le havia permitido le propusiesse, no havia hecho esta honra mas que al hermano de Strozi.* el Santo Padre no tuvo que replicar à esto, depuso su seriedad y tratò al Duque con mucho cariño.

Empeñado pues à la conquista del Reyno de Napoles, sin que le quedasse accion à otro intento, para vèr si le apoyaba con mas vigor, diputò uno de sus Gentiles Hombres al gran Duque de Toscana, ofreciendole de parte del Rey Christianissimo à Siena, Luca, y Genova, y que su Magestad casaria al Delfin con una de sus hijas, pidiendole, que en atencion à esto, podia seguro tomar partido en la presente Guerra, y que de no admitir la ventajosa proposicion que se le hacia, se veria precisado à tratarle como Enemigo de su Magestad, y hacerle la Guerra como tal.

La ventaja era conocida para un sugeto, que menos avisado se huviesse dexado llevar de estas bellas promessas. Los Franceses con ellas juzgaban yà perfecta esta alianza, manifestaron su alegria, procuraron se estendiesse la voz, con intento de poner en mal al gran Duque con los Españoles; pero èste, conociendo la maxima y buenas palabras de los Franceses, se mantuvo firme en el

par-

partido de Phelipe. Defpachò al Gentil-Hombre del Duque de Guifa cortefanamente; mas infiftiendo èfte à que fe determinaffe, le dixo enfeñandole el collar del Toysòn: *Que no podia diferir à eftas ofertas, mien-* *tras mantuvieffe aquella Infignia, que manifeftaba la* *conftante prueba de fu empeño por la Cafa de Auftria;* *pero que luego que renunciaffe la amiftad de Phelipe,* *y le bolvieffe el collar, entonces apartado de la alian-* *za contrahida, correfponderia à fu Mageftad Chrifta-* *niffima con la debida fatisfaccion.*

Con efta evidente refpuefta de fu conftancia defpidiò al Gentil-Hombre, y embiò à la Corte de Efpaña las Cartas del Duque de Guifa, expo-niendo à Phelipe Segundo el modo con que havia terminado efta negociacion, y las ofertas venta-jofas que dexaba, por mantenerfe infeparable de fu alianza. No fe ignorò por los Miniftros de Phe-lipe, que eftas promeffas eran efecto de la politi-ca de los Carraffas, que le ofrecian lo que no le podian dàr, para que alucinandole, les fueffe facil fepararle de fus intereffes: fatisfizofele de la Corte, alabando fu fidelidad, y affegurandole la propiedad de Siena, que era menefter la conquiftaffe el Ene-migo para poder darfela.

El gran Duque, rezelofo que Siena fueffe la primera empreffa de los Enemigos, efcrivò al Duque de Alva, eftrechandole à que le embiaffe un poderofo focorro en cafo de fitio, proteftan-do, que nada feria capàz de apartarle de los in-tereffes de Efpaña. El Duque le refpondiò, que no efperaba menos de fu integridad: que las amena-zas de los Francefes no le debian atemorizar; que apenas pifarian eftos las fronteras del Reyno de Napoles, iria à recibirlos à la frente de un pode-rofo Exercito, y que fi mudando de parecer ata-caffen la Tofcana, eftuvieffe feguro que dentro de treinta dias eftaria en fu focorro para decidir en general batalla la fuerte de los Efpañoles y Fran-cefes.

Año de 1557.

No pensando ya el Duque de Guisa en la Guerra de Toscana, por la resistencia de su Santidad, continuaba sus juntas con los Carraffas sobre los medios de hacer la conquista del Reyno de Napoles, resolvió en fin tomar el camino de Civitella como el mas facil, y sitiar esta Plaza, por asegurar los Carraffas que su toma consternaria à los Napolitanos, y que el resto de esta Guerra seria breve. Esta Ciudad es del Abruzo, Provincia de las mas fertiles de aquel Reyno, con muchos y buenos Puertos: El Tronto la separa de las tierras de la Iglesia, y la riegan otros muchos Rios, que no contribuyen poco en hacerla fertil. Sus arboles estàn casi cargados de hojas, frutas y flores todo el año. Habitaronla los antiguos Samnitas, los Marrucianos, y los Preguntinos. El Fortorey, que divide las tierras que en otro tiempo ocuparon los Apulios y Daunios, la limita al Mediodia. Tiene al Norte Campañas de vasta extension y parte del Apenino: Esta Montaña corta la Italia à modo de arco, y destacandose de los Alpes, dà fin en las orillas del Mar de Sicilia. La naturaleza ayudada de la industria, ha cortado en el Apenino una senda bastante facil a conducirse en la Campania, Provincia que han habitado los Equos y Lucanos, Pueblos celebres por su valor y Plazas fuertes. Los Samnitas, que ocupaban una buena parte del Abruzo, se havian adquirido tambien un gran nombre por sus combates è inclinacion marcial, pero hoy este Pais no tiene nada de notable: sus Ciudades no son considerables, y sus habitantes afeminados perdieron la gloria de sus antiguos nombres, y no conservan mas que los vicios de la gente del campo.

Dispuesto el Duque de Guisa à empezar la Guerra por el Reyno de Napoles, y resuelto à obrar con su valor y conducta ordinaria, y no queriendo mantenerse mas en inaccion, hallandose con un poderoso Exercito, y en un Pais fertil,

mientras Brissac adquiria laureles en el Milanesado, dió un pequeño cuerpo de Tropas à Francisco Colona, y Antonio Tiraldo, para desgastar la frontera del Reyno de Napoles, y echar à los Españoles de las Plazas que ocupaban: se apoderaron de Cavi, Carpineta, y Genesanno, pero sin atreverse à perseguir las Guarniciones que abandonaban à Agnania, y Montfortin. Tiraldo tomó por assalto el Jueves Santo à Campli, distante tres millas de Civitella: sometió à Terano y Contraguerra, assoló y taló sus cercanias y las de Sora, sin considerar el daño que hacia al Exercito Francés, que debia acampar alli. Estos excessos que gustaban à los Carrafas, no fueron de la aprobacion del Duque, por verse robar y destruir forrages, de que presto tendria necesidad. Resuelto à emprehender alguna accion ruidosa, antes que el de Alva juntasse sus Tropas, passando el Tronto el 24 de Abril de 1557. Fué à acampar à la vista de Civitella. Hizo en aquel Campo la revista del Exercito, que se halló fuerte de diez y seis mil Infantes y quatro mil Cavallos. El dia siguiente se formó el sitio de la Plaza, y empezó à trabajar à las lineas de circumbalacion. El Duque distribuyò Quarteles, y tomó el suyo en Santa Martha, y en las cercanias al Oriente y al Norte de la Plaza: Los Suizos fueron puestos al Medio dia, y los Italianos ocuparon el terreno que quedaba libre à la parte del Septemtrion. Estos elevaron una bateria de siete piezas de Cañon, para arruinar la Plaza. El Duque tuvo que esperar algun tiempo su gruessa Artilleria, que se traia por mar, por lo que no pudo abrir la trinchera hasta mucho tiempo despues que huvo acampado; y los Enemigos que trabajaban de dia y noche, tuvieron lugar de hacer detrás de sus murallas retiradas y atrincheramientos mas fuertes y mas regulares que los de la Plaza. El Conde de Santa Flore, y Don Francisco de Valencia, hallaron durante esta tardanza, modo
de

de entrar en la Plaza con dos Efquadrones, y dinero que embiaba el Duque de Alva, para pagar à la Guarnicion lo que fe le debia, y dos pagas anticipadas, cuyo focorro y prudencia del General, infpiraron tal valor à los fitiados, que ofrecieron defenderfe hafta el ultimo extremo. Don Carlos Omphredo, hijo del Marquès de Trevifo, fe hallaba de Governador, era joven de mucho fuego, y prometia fepultàrfe en las ruinas con fu Guarnicion, que era de mil Soldados efcogidos. Aunque el Duque no dudaba de fu valor, le embiò eftos dos Oficiales para que le afiftieffen con fu experiencia y confejos.

Recibido por el Duque de Guifa el Cañon que efperaba, batiò la Plaza con tanta viveza, que en poco tiempo hizo brecha razonable. Mandò dàr el affalto, que foftuvieron los fitiados con intrepidèz, y defpues de un fangriento combate de una y otra parte, fe vieron obligados los Francefes à retiratfe. Efta refiftencia defanimò al Duque, haciendole temer de efta bicoca la afrenta que havia hecho al de Alva fobre Metz; mas la diferencia de los temporales le avivaban el fentimiento: los elementos havian obligado al Duque de Alva à levantar el fitio, y los Soldados no podian refiftir contra el exceffo del frio y del hambre, ademàs de fer fuerte aquella Plaza por arte y naturaleza; pero el de Guifa tenia el tiempo mas hermofo del año, como era el de la Primavera, y muchos viveres, aunque le faltaron prefto. Hizo durante algunos dias tan grandes lluvias, que el agua inundò fus trabajos, haciendo la fubida de la brecha tan refvaladiza, que era impoffible mantenerfe derecho.

Civitella eftà edificada fobre un collado baftante elevado: fus murallas no valian nada, pero como los fitiados fe havian fortificado detràs, y continuaban con una aplicacion increible, feñalandofe en efto hafta las mugeres, que fe las veia con

el hazadon en la mano moviendo la tierra, cortar
leña, llevar piedras y maderos à los trabajadores;
y las que por su edad no podian soportar trabajo
tan penoso, llevaban de comer à sus hijos, hermanos y maridos, para que no fuessen obligados à
dexar sus puestos; y algunas pasaron al extremo de
tomar las armas, y no dieron menos prueba del
valor, que los hombres mas animosos.

Haviendo cessado la lluvia y secadose la tierra,
se hizo dàr segundo assalto. Los sitiados irritados
contra los sitiadores que los havian avergonzado de
palabras, combatieron con un valor indecible; mas
como competian con otro igual, la carniceria fuè
horrorosa, no dessando la pelea hasta que el de
Guisa conociendo el daño, hizo tocar la retirada.
Un desertor Italiano que saliò de la Ciudad, mostrò un parage mas endeble que el que se atacaba,
y asseguró al Duque, que era en algun modo imposible que hallasse resistencia: apuntòse el Cañon,
y en un instante las murallas fueron derribadas.
Los Italianos y Franceses corrieron à la brecha y
fueron rechazados; y reconocido por el Duque este
parage, viò con admiracion, que los sitiados havian yà practicado detràs de esta brecha atrincheramientos, de donde los Mosqueteros hacian
fuego continuo.

Omphredo y el Conde de Santa Flore infatigables al trabajo, se les veia por todas partes sobre
las brechas, y en los lugares donde havia riesgo,
animando los Soldados con palabras y exemplos, y
elogiando à las mugeres por su firmeza y valor,
insinuando à los hombres que seria para ellos una
afrenta perpetua, si las Damas endebles les gana-
ban en la constancia. No havia mas de dos Cañones en la Plaza; los sitiados los transportaban à
una y otra parte con la mayor ligereza, paraque
haciendo fuego de diferentes, no se reconociesse
su pequeño numero. Les faltó presto balas, pero
sucedió la casualidad que las que arrojaban en la
Pla-

Plaza los sitiadores, se hallaron del tamaño necessario para la carga de sus dos piezas, que puestas
en batería sobre una pequeña altura que dominaba
el Quartel del Duque de Guisa, hicieron un destrozo terrible. Irritado este de una defensa tan larga, hizo baxar dos mil hombres al fosso, con orden que subiessen al assalto al favor de un falso ataque, en que esperaba atraer toda la Guarnicion,
cuya estratagema tuvo su efecto: estos dos mil
hombres ganando lo alto de la brecha empezaban
à alojarse, quando se vieron acometidos de un
Cuerpo de Ciudadanos y Mugeres, que con las armas en la mano les resistieron animosamente, y avi-
sando à la Guarnicion del peligro, acudió à sosté-
nerlos, y los sitiadores despues de una nimia resistencia se retiraron.

No pararon aquí los malos sucessos de el de
Guisa, los Italianos que servian en su Exercito se
amotinaron, porque no se les pagaba: no era esto
lo que mas sentia, no veia el cumplimiento de
ninguna de las promessas que los Carraffas le havian hecho; y lexos de no oir hablar mas que de
revoluciones en su favor en el Reyno de Napoles,
nunca sus habitadores havian parecido mas fieles à
la dominacion de España. Juzgaba por lo que
veia hacer à las mugeres, lo que se debia esperar
de los hombres: Empezó à vituperar su excesso de
credulidad, y culpó à la infidelidad de los Aliados
de su Amo, el mal sucesso de esta empressa, y
que los Carraffas havian engañado à todo el mundo. Hizo la Revista del Exercito, y no halló mas
de seis mil Italianos, debiendo haver diez mil, segun el tratado, pagados los quatro mil por su Santidad, y los restantes por la Francia; y mirando
al Conde de Montbel de la Casa de Carraffa, que
mandaba las Tropas de la Iglesia, le dixo: *Cómo*
os jugais insolentemente de un Rey poderossisimo, y
de un Vassallo que executa sus ordenes con la ultima
fidelidad? Lo creeis insensible y en la impossibilidad de
ver-

vengarse altamente? Creeis que la Francia no subsiste
sino por vosotros, y que estamos aqui al abrigo de
vuestra Casa. Nos que hemos mandado Exercitos
considerables, hecho mil hazañas gloriosas, y defendido à Nápoles con tanta sucesso, que hemos causado zelos à la Europa toda? No era bastante haver engañado à los Franceses por vuestros ofrecimientos, prome-
tiendolos socorros considerables, y haciendolos esperar
que los Napolitanos se declararian por Vos, y la facilidad de haverse dueño de la Capital de su Reyno? La
experiencia que hacemos, y la conclusion de esta Guerra nos enseñará demasiado la vanidad de vuestras promessas. No nos admiramos de esto : un Cavallero no
halla que su suerte sea lastimosa, quando perece en una
batalla con las Armas en la mano, ò que vendido por
traydores sea obligado à ceder ; porque sabe que las
Armas son diarias, y que la traycion no queda sin
castigo. Pero vosotros, excedeis à los mas pérfidos, y
sois aùn ladrones, que dexando virtud, verguenza, esperanza y aun el temor de los Enemigos, hurtais con
desdoro el dinero de su Magestad Christianissima, para con la sangre de los pobres saciar vuestra avaricia. Adonde están los Soldados? En donde las Armas?
Adonde essas riquezas immensas? Que se han hecho
estos Exercitos formidables que debian conquistar el Cielo y la Tierra? Veo todo lo contrario, y conozco que
debaxo del velo de amistad, nos haceis mas daño que
los mesmos Enemigos. Y entonces hablando personal-
mente al Conde : Vos, (dixo) protesto, que si no
tuviera un profundo respeto à la Magestad de la Santa Sede, os haria castigar de tal modo, que vuestra
muerte me vengaria del engaño que vuestra Familia
ha hecho à la Francia. El Conde le respondió con
la misma altivèz, y el Duque no pudiendole sufrir
mas, le mandò salir del Campo, amenazandole que
en caso de resistirlo executaria en èl la pena que
merecia su atrevimiento.

    Estas amenazas hicieron temblar al Conde,
dexò el Exercito y se retirò à Roma. El Duque le
                      hizo

hizo feguir por el feñor de Sipierre, à quien los
embuftes de los Carraffas havian hecho fu Enemigo declarado. Eftos no dejaron de hablar del Duque
del modo mas infolente, quexandofe à fu Santidad. Sipierre juftificò la conducta del Duque, expufo con mucha firmeza los motivos que havia tenido para obrar de efta fuerte, y proteftò, que fi
no fe embiaba quanto antes el numero de Tropas,
dinero, cañon, y municiones en que eftaban convenidos, el Exercito Francès repaffaria los Alpes.
Pareciendo al Papa no fer tiempo de manifeftar fu
fentimiento, fuavizò lo mejor que pudo al feñor
de Sipierre, ofreciendole todo lo que le pedia, le
mandò bolver al Campo. Los Italianos privados de
fu Gefe, è inciertos de quien havian de recibir las
ordenes, y por quien havian de combatir, y quien
les daria dinero, fe defmandaron: parte fe retirò
à fus cafas, parte fe fuè à fervir al Exercito Efpañol; y folo un refto muy pequeño quedò en el Campo del Duque.

CAPITULO III.

ARreglados los negocios de Napoles, y dexando
el Duque de Alva fu cuidado à la Duquefa
fu muger, y à Don Fadrique fu hijo mayor, joven
inteligente mas de lo que fe creia de fu edad, y
dandoles por Confejero y Miniftro à Don Francifco
Pacheco, inftruyendole en varias cofas fecretas; de
conformidad que Pacheco tenia la adminiftracion
de los negocios, y la Duquefa y fu hijo la autoridad de aprobar las decifiones: Saliò de Napoles
acompañado de numerofo cortejo de Nobleza, y
el diez de Abril del mifmo año entrò en Theato,
donde fe havia de unir el Exercito que hallò acampado, y le paffò en revifta fobre el Peschiera, for-
mòle en batalla y le difpufo en la orden que queria fe obfervaffe toda la Campaña. Dividiòle en
tres

tres Cuerpos: puso à la frente del primero tres mil
Españoles mandados por Mardoñes, dos mil Alemanes à las ordenes del Baron de Pfultz. El segundo que era el Cuérpo de batalla de ocho mil Italianos, baxo la conducta de sus tres Coroneles,
Nocontera, Carlos, y Salvador Spinelli; tres mil
Cavallos Napolitanos, divididos en treinta Compañias, mandadas por los grandes Señores que las havian levantado y mantenian à su costa, y todos
obedecian al Marquès de Treviso su Maestre de Campo. Vespasiano de Gonzaga mandaba la Infanteria
Italiana, y el Marquès de Villafranca la Cavalleria
Napolitana. Se pusieron sobre las Alas, mil y quinientos Cavallos ligeros à las ordenes del Conde de
Popoli, haviendose dexado bastante distancia entre
cada batallon, y estos dos cuerpos para el passo de
la Cavalleria, para no romper sus Esquadrones. El
Conde de Lodrón fuè puesto à la Retaguardia con
tres mil Infantes Alemanes, sostenidos por setecientos Coraceros à las ordenes de Don Juan Portocarre-
ro su Coronèl.

El Duque seguia entre el Cuerpo de batalla,
y la Retaguardia con la Cavalleria Española, que
mandaba Don Pedro Henriquez, hermano del
Conde de Alva de Aliste, à quien con cuidado
particular atendia, por ser pariente y joven atrevido en extremo; y para contenerle, puso cerca de
su persona à Don Lope de Acuña, cuya flema y
prudencia conocia.

Brissac no se hallaba mas dichoso delante de
Coni, que el Duque de Guisa en Civitella. Llevaba vigorosamente el sitio de aquella Plaza, que defendia Mejicant, Capitan valeroso y de mucha experiencia, ayudado de la Guarnicion y habitantes,
cuyos dos sitios memorables fueron muy semejantes, por hacerse al mismo tiempo, por una misma Nacion, y por dos celebres Capitanes. Los Governadores y las Guarniciones eran Españoles, ò
de Nacion, ò de empeño: hacian uno y otro ma-

ra-

ravillas detràs de sus murallas sumamente endebles; los Ciudadanos de una y otra se defendian con animo igual, sus mugeres acudian à la brecha, y espada en mano combatian con valor heroyco. Ninguno de estos dos sitios tuvo el fin propuesto y ambos fueron levantados.

El Duque de Guisa queriendo ganar à Civirella à qualquier precio, usaba de todo lo que su experiencia y la de los otros le podian sugerir, al que esta constancia no le fuè ventajoso; porque le hizo perder la ocasion de acamparse bien: y como sus Espias y los Paysanos le aseguraban que los Enemigos estaban en marcha para darle batalla, embiò al señor de Sipierre con lo mas escogido de su Cavalleria, para saber noticias ciertas. Este Destacamento partiò por la tarde y llegò à media noche en las cercanias de Julia-Nova. Queriendo el Duque de Alva tomar alli su Campo, destacò al Conde de Popoli con seiscientos Cavallos, y al Marquès de Villafranca con un Cuerpo de Infanteria Española para asegurarle. El Conde era vivo, fogoso y bastante vano, despreciaba à sus Enemigos: Abanzòse con alguna Cavalleria: sus batidores le informaron que havian encontrado à los Franceses, que no pensaban mas que en huir. Fuè à buscarlos à galope, hallòlos no dispuestos à huir, y si à recibirlos bien, como lo hicieron, matando à la primera descarga los mas atrevidos de su Cavalleria, y sorprehendidos de esta improvisa resistencia, se desordenaron. Los Enemigos, que supieron aprovecharse de este movimiento, los siguieron con tanto calor, que los pusieron en fuga y desaparecieron en un instante, trepando fossos y cercas, de que el Pais està lleno; se pusieron en salvo cada uno por donde pudo, sin que bastasse à contenerlos los ruegos, ni amenazas de los Oficiales que corrian riesgo de ser todos presos ò muertos, quando amaneciò. Los vencedores que no querian se ad-

advirtiesse su pequeño numero, se retiraron, llevandose tres Estandartes y algunos prisioneros, entre los quales era el mas considerable Don Pedro Henriquez, que se havia escapado de Acuña, por hallarse en esta ventura; cuyo mal successo y la temeridad del Conde de Popoli, dieron que sentir al Duque de Alva, no obstante con mucha suavidad, le exhortò à no empeñarse nunca otra con poca precaucion.

Havido Consejo de Guerra, se resolviò luego ocupar à Julia-Nova, para evitar que el Enemigo conociendo su importancia, no se anticipasse à apoderarse de este parage muy comodo para acampar. No dista mas de una milla del Mar, es una pequeña eminencia que manda una Campaña entrecortada de cercas y gruessos arroyos: es abundante, y el comercio del Mar le enriquece; y si el Duque de Guisa mas prevenido se huviera alojado en aquel Campo, huviera logrado detener al Duque, dilatar la Campaña, y esperar la ocasion de hacerla con successo, por la comodidad de hacer venir viveres de las cercanias à pesar de los Españoles, y quando los huviessen consumido, podian facilmente recibirlos por Mar. Llegado el Duque de Alva à este Campo, se fortificò, y haciendo un gruesso Destacamento de Cavallería, le embiò baxo las ordenes de Acuña, para vengar si se podia la derrota precedente, y obligar al Enemigo à levantar el sitio.

Cansado el de Guisa de la obstinada resistencia de los sitiados, los apretaba con tanto mas calor, quanto el Enemigo se acercaba. Ellos arrogantes con el socorro que sabian no estar muy distante, se defendian como Leones. Hacian à menudo salidas para alexar à los Enemigos de la contrescarpa del fosso, y viendo que havian encontrado modo de alojarse, hicieron una salida tan vigorosa, que no solo limpiaron la trinchera, sino que llevason à la Ciudad todos los instrumentos que ha-

hallaron neceſſarios para los ſitiados. Eſte golpe fuè
ſenſible para el Duque, y no menos las injurias de
los ſitiados, reſolviò dàr un aſſalto general. Hizo
allanar los foſſos, avanzar manteletes ſobre la con-
treſcarpa para hacer arrimar las Tropas à cubierto.
Allanò las brechas à cañonazos; el aſſalto fuè de
los mas furioſos, y el Duque, que ſe hallaba à
Cavallo ſobre la orilla del foſſo, no deſconfiaba de
la fortuna, por verla al parecer favorable; y apeon-
doſe del Cavallo por alguna neceſidad indiſpenſa-
ble, hizo montar uno de ſus Gentiles-Hombres, à
quien en un inſtante una bala de Cañon matò, y
tambien al Cavallo. Combatian unos y otros ſobre
las brechas con el valor mas heroyco, quando
apareciendo Acuña al otro lado de las lineas con
ſu Cuerpo de Cavalleria, las hizo atacar al inſtante, con tanta felicidad y vigor, que hizo en breve deſiſtir à los Franceſes del aſſalto. El Duque
que lo percibiò, no reſolviendo à ſoſtener dos
combates à un tiempo, mandò tocar la retirada;
y teniendo deſpues conſejo con Strozi y el Conde
de Montoſio, ſe acordò unanimemente levantar
el ſitio. Havia durado veinte y dos dias, y las
murallas del Cuerpo de la Plaza eſtaban allanadas
por muchas partes. Levantado el Campo, los Franceſes con la Artilleria y los grueſſos bagages, ſe
retiraron à acampar cerca de Cologna.

Noticioſo el Duque de Alva de la retirada de
los Enemigos, no quiſo perſeguirlos, porque havia formado el animo de vencer ſin ſacar la eſpada; y quedandoſe en ſu miſmo Campo, hizo venir al Conde de Santa Flore, Omphredo Monte-
Secca, Valencia y los otros principales Oficiales de
la Guarnicion, y los mas conſiderables Ciudadanos
de Civitella; y en preſencia de todo el Exercito
pueſto en batalla, les diò las gracias de parte del
Rey, haciendo grandes elogios à ſu valor y fidelidad. Recompenſò à los Oficiales à proporcion de
ſu merito y dignidades. Mandò que à los Solda-

E 2   dos

dos de la Guarnición se los diesse en adelante do ble paga, y concedió licencia à todos los que quisieron retirarse. No fueron solos los Oficiales y Soldados los que tuvieron parte en sus liberalidades; porque en memoria de tan honrosa resistencia, eximió para siempre à todos los habitantes de qualquier estado de imposiciones, estendiendo esta gracia à sus hijas y nietas, y à los que casassen con estas, cuya merced aprobó el Rey. Esta essempcion colmó de alegría à los habitantes de aquella Ciudad, que los hizo con el tiempo los mas ricos del País, y los mas considerables, assi por su comercio, como por este Privilegio, que servia de dote à las hijas de sus naturales.

Apenas sucedió el levantamiento del sitio de Civitella, quando tuvo el Duque la noticia que la flota de Doria, dando fondo en las Costas de la Campania, havia desembarcado seis mil Alemanes, mandados por Hans Vvalter, que venían à juntarsele; y al mismo tiempo por sus Emissarios en Roma, fue avisado como venía en socorro del Papa un Regimiento Suizo, y que ya estaba en la Campaña de Roma, por lo que embió dos mil Alemanes para reforzar el Destacamento de Marco Antonio Colona, que talando la Romanía se preparaba al sitio de Paliana. Ya havia tomado las Plazas de sus cercanías, y diferentes Castillos, en que poniendo gruessas Guarniciones, tenia como bloqueada à esta Ciudad, impidiendo que entrassen viveres en ella. Engrossado con estos dos mil Alemanes, proveyó à la seguridad de Agnania y de Frosolana, y atrayendo à Julio de los Ursinos General de uno de los Exercitos de la Iglesia à una emboscada, le mató trecientos hombres, y le encerró entre montañas y algunos Castillos fortificados.

Forzado el Duque de abandonar el Campo de Julia-Nova, assi por ir en seguimiento del Enemigo, como por la incomodidad que le causó la pi-

ca-

cazon de una cantidad prodigiosa de moscones, que
quasi venenosa, havia maltratado la Tropa, vino
à acampar à las orillas de un pequeño Rio : de
allì embió Ascanió Corna con trescientos hombres
de Armas, sostenidos por dos Esquadrones de Cavallos ligeros, mandados por Acuña, para tomar
lengua de los Enemigos, de quienes embestidos
con una partida de su Exercito, fueron desordena-
dos, y puestos en fuga, y lo huvieran passado
peor, si los dos Mosqueras Capitanes de Infanteria,
con sus trescientos Mosqueteros, no los huvieran
alexado por su gran fuego ; y con el motivo de haver reconocido de una altura, que un Regimiento
de Infanteria los venia à cargar, se retiraron. Animados los Españoles, y buelto à rehacerse, bolvieron sobre los Enemigos resueltos à vengarse, pero estos se retiraron al trote y en buena orden.

Desesperado el de Guisa de el successo de esta
Guerra, tomó el partido de salir de el Reyno de
Napoles. Fuè à acampar sobre las orillas del Tronto, y echando un Puente de Barcas, empezó à
passarle el mismo dia. El de Alva que acababa de
atravesar la Viperata, acampó frente de los Enemigos : Tuvo un Consejo de Guerra sobre lo que
se debia hacer : todos à una voz fueron de dictamen se debia dar batalla à los Enemigos, cuya
derrota era tanto mas segura y facil, quanto una
parte de su Exercito estaba yà al otro lado de el
Rio, y que se havria passado à cuchillo à los que
quedaban, antes que los otros pudiessen socorrerlos. Este dictamen universal no fuè del gusto de el
Duque ; porque su idéa era temporizar y no exponerse à una batalla, sin tener la victoria segura.
Mantuvose algun tiempo en silencio, y despues
mirando à todos los de la Assamblèa, les respondió en estos terminos : *Señores, siempre he pedido
à Dios inspirasse à mis Soldados un valor determinado, y un animo lleno de fuego, para que sin temor
ni razones, afrenten la muerte, y se expongan à las*

Be-

peligros aun mas visibles, quando se contemplan necessarios: pero he pedido otra cosa por todos los Oficiales: mucha prudencia y grande flema para moderar su impetuosidad. Con estos medios se logra la felicidad de los Capitanes: vuestro ardor no le apruebo por juzgarle immoderado y contrario à la razon. Si quereis ser instruidos de las ocasiones en que un General debe aventurar una batalla, os dirè que quando importa socorrer una Plaza fuerte, que se halla reducida à la ultima extremidad, y de cuya toma depende libertar una Provincia: Quando se sabe que el Enemigo está proximo à recibir poderosos socorros, que lo hagan superior, ò à lo menos igual: Quando se teme alguna revolucion en una Provincia: Quando al principio de una Guerra, se pretende acreditar las Armas, afirmar la fidelidad descaìda de los Vassallos, alentar à los Aliados, è impedir à los Enemigos encubiertos de declararse; y pues que la fortuna no ha discontinuado en favorecernos, nuestros Enemigos están tan consternados, que huyen por todas partes delante de nosotros; acometidos por el hambre y enfermedades y encerrados, deben à qualquier precio abrirse camino, ò à una muerte gloriosa, ò à una victoria, que decide la suerte de estos males. Algunas veces es forzoso atropellar todo genero de leyes quando place à la fortuna; mas un gran Capitan no debe arriesgar jamàs una batalla sin estar seguro de sacar ventajas, ò que se vea forzado. De este modo se hicieron cèlebres los Conquistadores de la antiguedad. Un Heroe se debe conservar para el servicio de la Republica, y no exponer su vida ni la de sus Soldados, sino quando de esto le puede resultar conocido beneficio.

Decidme, Señores, quales son los peligros y adversidades que nos circundan? Què fruto espera nuestra Patria de nuestra vida, de nuestra sangre y tal vez de nuestra infamia? Las heridas de los mas acalorados! Somos victoriosos del de Guisa, què triumpho ganarèmos con passar los Franceses à cuchillo? Acaso por esto, las Ciudades del Dominio Eclesiastico serán

reuni-

reunidas à la Monarquia de nuestro Soberano? El vagage de los Franceses nos enriquecerà? La capa de brocado de oro del Duque de Guisa nos llenarà las manos? Cierto que es digno precio de la sangre de tan excelentes Capitanes, y de valerosos Soldados! Si por un capricho de la fortuna, la victoria se declarasse à favor de los Franceses, à què desgracias no nos atraheria nuestra temeridad? El fruto seria apoderarse sin mucho trabajo del Reyno de Napoles y del resto de Italia. Dexemosle formar el designio de combatirnos, para evitar la ruina de su Exercito, que el hambre, la sed, la desnudèz, y el trabajo consumirà enteramente; ò para llegar à una muerte que le quite este sentimiento, ò à una victoria, que le facilite la buelta de su Patria. No nos embaracemos del cuidado de vencer à los Franceses, si solamente de defender la Italia. No puedo apoderarse de una endeble Plaza? huye de nosotros, què queremos mas? Una sangrienta batalla no huviera dado mas gloriosa ventaja? Esta, la ganamos sin derramar una gota de sangre. Nuestra sola fama espanta al Enemigo; nuestro nombre sirve de valuarte à Napoles y à toda la Italia. Que huyan y que nos dexen, es lo que intentamos; pero que yo los acelere en su fuga, es lo que no harè. Yo que he logrado arruinar los Exercitos de los Alemanes observandolos, rehusando batalla, y cortandolos los viveres. Si este modo de hacer la Guerra, no me parecia ventajoso, entonces me acordàra de lo que hice en la Guerra de Saxonia, passaria los mayores Rios y no tendria dificultad de entrar à pie en el Mar; pero yà que hallo la victoria en la fuga de mis Enemigos, solo me servirè de mis maximas para contener vuestro ardor.

El Duque de Guisa continuò en repassar el Tronto, lo que no acabò hasta la noche siguiente. Hizo romper el Puente, puso sus Tropas en batalla à lo largo de este Rio, alojòse en un puesto incontrastable, sobre un collado cercado de peñas escarpadas, cuyas entradas eran de dificil accesso. Havia hecho poner Cañones que las enfilaban de una

una vanda à otra, en cuya poficion eftaba fegura
no fe le iria à bufcar.

Apenas viò el Duque de Alva el Exercito Francès fuera del Reyno de Napoles, quando publican-
dofe vencedor, defpachò à Don Francifco Valdès à
fu Mageftad, para hacerle faber como los Enemigos vergonzofamente havian abandonado la empreffa de Napoles: que la fortuna fe le havia declarado y que fabria no defpreciarla: que aunque no era
impofsible vencer à los Francefes, fe debia refpe-
tar el nombre de la Iglefia y fus Vanderas; y levantando el Campo al otro dia, fuè à fitiar una
Tropa de Vandidos que fe hallaban refugiados en
un Caftillo, fituado fobre la punta de una peña,
que parecia inaccefsible y fuera de ataque, por ha-
llarfe en medio de algunas otras defnudas, y ef-
carpadas, fin que pudieffe fer batida por otra parte. Como havian parecidos impracticable hafta entonces, refpondieron los Vandidos con arrogancia
al Trompeta que les requiriò fe entregaffen, que
lo harian, quando el Duque de Alva huvieffe ganado la punta de eftas peñas, ò que los batieffe
del Cielo. Irritado de efta refpuefta, hizo à fuerza de brazos, montar quatro Piezas de Cañon de
mediano grueffo en la mas elevada punta de eftas
rocas; y prefto abriò brecha. Confternados los Vandidos, no atreviendofe à efperar el affalto, fe entregaron à difcrecion. Doce de los mas delinquentes fueron ahorcados, y los reftantes condenados à
Galeras; arraffando el Caftillo y apoderandofe de
otros, y pequeñas Plazas de las cercanias, hizo
caftigar varios Reos por caufa de la rebelion.

Haviendo recibido tres mil Efpañoles que havia conducido por Mar fu hijo Don Fernando de
Toledo, pufo luego fu Exercito en batalla, hizo
abanzar à los Napolitanos, alabando fu valor y fidelidad, y ofreciendoles ponerla en noticia de fu
Mageftad. Diòles recompenfas proporcionadas à fus

fer-

fervicios : permitió à los grandes Señores fe retiraſſen , y deſpidió quatro mil Soldados que fe bolvieron à ſus caſas : entró en el territorio de Aſcoli con animo de ſeguir y obſervar al de Guiſa.

Sentido eſte , del mal ſuceſſo de eſta Campaña , por diſminuir conſiderablemente la adquirida reputacion de ſus grandes hazañas , reſolviendo tentar la fortuna , deſtacò de ſu Exercito trece Compañias de Infantes y trecientos Cavallos , al mando del Señor de Sipierre , para que entrando en Aſcoli , junto con las Tropas de Tiraldo, Governador de aquella Ciudad , atendieſſen à la defenſa del Pais. Sipierre era naturalmente bravo , y entendia con perfeccion la Guerra , hizo acampar una parte de ſu deſtacamento debaxo del Cañon de la Plaza ; apoſtò Infanteria en las Caſerias immediatas , al abrigo de algunos atrincheramientos que hizo hacer de priſa ſobre las orillas del Rio Ciſtilla ; ſe puſo deſpues en marcha à la frente de ſu Cavalleria , y en un inſtante ſe dexò caer ſobre el deſtacamento que mandaba Aſcanio Corna , y el Conde de Popoli : hizolos cargar , pero ſoſtenidos oportunamente por un Batallon Italiano , ſe retiró en buen orden al abrigo del fuego de ſus Moſqueteros. Teniendo los Eſpañoles eſta retirada por fuga , ſe deſmandaron en perſeguirlos ; mas dando en el atrincheramiento en que quedaba el reſto, fueron vivamente rechazados , pueſtos en deſorden , y huyendo , iban à ſer paſſados à cuchillo los unos y los otros , quando Don Franciſco Ibarra ſaliò de golpe de una immediata ſelva , con un Batallon de Infanteria Eſpañola , y los obligò à hacer alto : reparados los fugitivos y rehechos detràs de eſte Batallon , animados de ſu fuego , bolvieron à la carga, y rechazaron à los Franceſes. Todo el Exercito Enemigo que acababa de llegar , hizo ſeguirlos , y empeñarſe ſobre el Puente que mandaba el Cañon del Caſtillo ; pero el Duque lo impidiò : Contentòſe con embiar à Acuña con dos

Esquadrones de Cavallos ligeros , y quinientos Coraceros para acabar la derrota de los Franceses : estos no lo esperaron , y contentos de sus primeras ventajas , dexando los puestos abanzados , se retiraron en buen orden baxo las murallas de Ascoli. Acuña los fuè à buscar , pero como fuè recibido con bastante vigor , el Duque hizo tocar la retirada.

Esta lentitud censuraba todo el Exercito , no pudiendo comprehender los motivos que impelian à su General à no emprehender una victoria quasi segura. Los Oficiales se lo preguntaban los unos à los otros , y algunos confidentes del Duque respondieron : Que havia resuelto no dàr batalla, porque arriesgaba mucho en recurrir à este extremo , y el de Guisa demasiado poco : que èste no perderia sino hombres , quando tuviesse mucho triumphos y que al contrario , el otro se ponia en peligro, no solo de perder los hombres , sino la Italia toda, si no salia bien : que la batalla no le era ventajosa, por estàr seguro de expulsar à los Franceses sin perder un solo hombre : que nadie penetraba sus maximas y prudencia , y que esta ultima accion le havia disgustado , y que como Capitan sabio y experimentado , esperaba el sucesso del sitio que Marco Antonio Colona havia puesto à Paliana , para tomar despues las medidas convenientes à sus designios. Hallabase bloqueada esta plaza , y elevados algunos fuertes en sus immediaciones , y privada de socorros , se prometia tomarla por hambre, ademàs que la Guarnicion estaba en discordia y los Soldados amotinados.

Los Carraffas que veìan frustradas sus esperanzas y arruinados sus proyectos con la toma de Paliana , levantaban Tropas , hacian venir socorros, y usaban de todos los posibles medios para hacer levantar este sitio. Vertz les traxo tres mil Suizos, su Santidad les hizo passar revista delante de sì, gratificò à cada uno de sus Oficiales con una cade-

dena de oro: hizo à fu General prefentes confiderables y promeffas magnificas , y los defpachò
immediatamente à Paliana: Avifados que Acuña
traìa en focorro de Colona quatro Efquadrones de
Cavalleria y un Regimiento de Infanteria Efpañola,
no fe atrevieron à abanzar, y fe atrincheraron fobre un monte vecino. Julio de los Urfinos y el
Conde de Montbel fe unieron à ellos con tres mil
Italianos de à pie y à Cavallo. Colona fe havia apoftado en la baxada de un collado refuelto à detener
el focorro y combatirlo: hizo abanzar al Baron de
Phultz con un Regimiento Aleman y algunas piezas de Campaña, para ocupar un desfiladero, por
donde neceffariamente havian de paffar: deftacò à
Don Geronimo Salinas con quinientos Efpañoles,
para apoftarfe entre dos cerros y coger al Enemigo en flanco, fi tomaba el camino del desfiladero.
Julio de los Urfinos fe havia anticipado, yà fe
hallaba dueño de efte paffo ; que hacia guardar
por feifcientos Mofqueteros Italianos, que recibieron admirablemente à los Alemanes, y los hicieron
retroceder : mas llegando los Efpañoles, fe mudò
la fuerte del combate : Los Italianos no pudieron
contener à eftos viejos Soldados, que competian
con una larga experiencia y fu valor, fueron obligados à abandonar el puefto. Phultz fe apoderò
del desfiladero y fe atrincherò. Colona llegò con
el refto del Exercito, cargò à los Suizos con fu
Cavalleria, y bien prefto fuè obligado à retroceder:
No le amedrentò efte golpe, dexò la guardia del
desfiladero y de la Artilleria al Capitan Gutierrez:
opufo Phultz à los Suizos, y los Efpañoles à los
Italianos, y èl à fu frente con el Efpontòn en la
mano. Julio de los Urfinos y el Conde de Montbel hicieron una defcarga de fu Infanteria fobre
los Efpañoles tan furiofa, que eftando enteramente
defcubiertos, fueron obligados à hacer algunos
movimientos para libertarfe de efte fuego; pero
cargados al mifmo tiempo, fe doblaron, è ivan

à

à fer deshechos , quando el refto de las Tropas
Efpañolas y Italianos de fu partido, reftableciendo
el combate y fuperiores en numero y valor, quitaron à las Tropas de la Iglefia la ventaja que havian tenido al principio.

Softeniafe el combate por una y otra parte
con mucho vigor fin declararfe la victoria, quando el Conde de Montbel la pufo en las manos de
los Enemigos , tomando vergonzofamente la fuga
con algunos Cavalleros tan valientes como èl. Pero
hallandofe de los mas abanzados , no fe pudo hacer fu retirada, fin caufar mucho deforden y fin
hacer perder animo à los fuyos, que foftuvieron el
combate algun tiempo, retirandofe en buen orden,
aunque defpues hicieron abierta fuga. No fueron
perfeguidos, porque al lado de los Suizos y de los
Alemanes, fe peleaba con obftinacion. Pocos combates fe vieron mas reñidos que el que fufrieron
eftas dos Naciones : peleaban con la Efpada, el
Efpontòn y la Alabarda: cada uno defendia fu terreno con extremo ; à un hombre muerto , ocupaba otro fu lugar , y folo parecia pelear por vengar fu compañero. En fin: los Alemanes canfados
empezaban à flaquear , quando la fuga de los Italianos del Exercito de la Iglefia , dexò en difpoficion à los vencedores de tomar los Suizos en flanco.
Softuvieron el golpe baftante tiempo : retirabanfe
àzia una felva vecina , cerrados y en buen orden,
mas abandonados de la Cavalleria , y cargados de
todas partes , arrojando las armas, huyeron como
pudieron : unos à la felva; y otros à los cerros
vecinos. La carniceria fuè grande, los vencedores
hechos Leones dieron Quartel à pocos. Julio de los
Urfinos hizo en efta ocafion todo el deber de un
gran Capitan y Soldado determinado à vencer ò
morir : foftuvo el combate quanto fuè pofsible: pero deshechos los Suizos, y èl herido, rindiò fu
efpada ; y fi todos los de fu partido huvieffen
feguido fu exemplo y el de los Suizos, la fuer-

re del combate huviera sido tal vez muy diferente.

Los vencedores mismos no pudieron bastantemente detestar la cobardìa del Conde de Montbel, y de los otros Italianos, que abandonaron gentes tan valerosas como los Suizos de su Exercito. Huvo en esta ocasion de parte de los Enemigos dos mil hombres muertos, inclusos ocho Capitanes Suizos, y algunos Oficiales subalternos y setecientos prisioneros. Quitaron los vencedores muchas Vanderas y Estandartes, sobre los quales se leìan diferentes inscripciones en que se llamaban *Defensores de la Yglesia y Santa Sede.* Los vencedores tuvieron mediana pérdida. El Soldado no ganò mucho en el saqueo, porque los Enemigos havian embiado sus gruessos bagages à Segni. Alegre Colona con esta victoria, no dudò de la conquista de Paliana, y para quitar toda esperanza à esta Plaza, embiò à Phultz à apoderarse de Rocca de Maximi, y èl fuè à hacer el sitio de Segni.

Juan Lorini, señor de Rocca de Maximi, se havia encargado de su defensa, creyendo que no se podia batir su Plaza por causa de su situacion, respondiò al Trompeta que le requiriò se entregasse, que havia resuelto perder la vida antes que faltar à la fidelidad de la Santa Sede. Phultz que sabia la causa de esta confianza, engañò à Lorini, hizo ahuecar unos troncos de arboles y conducirlos à la cima de algunos cerros que mandaban la Plaza, à cuya vista intimidados los sitiados, se entregaron à discrecion y la Plaza fuè saqueada.

No fuè Colona menos dichoso delante de Segni: era una Plaza de bastante extension: Havia sido fuerte quando el uso del Cañon no estaba conocido; mas no estando sus murallas terraplenadas, fueron al instante abatidas. Los sitiados no desmayaron, atrincheraronse, y practicando algunos hornillos, se prometian à obligar à Colona à levantar el sitio. El, que tenia idèa de esto, mandò à los

Es-

Españoles y Alemanes al assalto: estas dos Naciones marchaban sobre una misma linea, y debian
acometer à un tiempo; pero los Españoles queriendo tener la honra del ataque, se aprovecharon de
la lentitud de los Alemanes: subieron à lo alto de
las murallas, y despues de una grande algazara se
mantuvieron firmes. Los sitiados discurriendo iban
à abanzar, pusieron fuego à uno de sus hornillos,
que jugò sin hacer daño à los sitiadores, que siempre se quedaban quietos, interin llegaban los Alemanes para acometer juntos. Entraron unos y otros
en la Plaza, forzaron los atrincheramientos y passaron la Guarnicion à cuchillo: la Ciudad fuè saqueada, hizose un botin considerable por hallarse
alli todo el vagage, que Julio de los Ursinos havia embiado antes de empezar la batalla, intentando socorrer à Paliana, à la que passò Colona
à formar el sitio en forma.

La destruicion del Exercito de la Santa Sede,
causò en Roma la ultima consternacion. Los Carraffas decian mil injurias del Duque de Alva, y le
amenazaban como capaces de vencerle. El Pueblo
y los Soldados corrian por las calles como freneti-
cos, diciendo mil oprobios contra los Autores de
estos desordenes, y hablando del modo mas indigno de ellos: aparecieron Pasquines sediciosos, y llenos de menosprecio contra el govierno presente. La
gente piadosa acudia à los Templos, à implorar el
auxilio de Dios, y la proteccion del Principe de
los Apostoles, pidiendole con lagrimas, apartasse
las desgracias de la Guerra de una Ciudad consa-
grada por la sangre de tantos Martyres, y Capital
del Mundo Christiano.

Las personas de autoridad congregadas representaron à los Carraffas con viveza, que el
Pueblo iba à sublevarse, si no se pensaba en la
Paz; mas no eran oidos, por estàr obstinados contra el Duque. Impidieron que nadie se acercasse à
su Santidad, y ocultaban con cautela tantas pér-
di-

dídas, no obſtante lo contrario, conjeturándo por la retirada del de Guiſa y la toma de Segni, la ſituacion poco ventajoſa.

El de Guiſa no hallandoſe menos irritado de la cobardia de los Aliados del Rey ſu Amo, què del infeliz ſuceſſo de eſta Guerra, eſtaba determinado à llevar ſus Armas à Lombardia : era incitado vivamente del Duque de Ferràra ſu Suegro, y no menos de la utilidad publica: Perſuadiaſe que unido con eſte Principe y Briſſac, la Conquiſta de el reſto del Piamonte y del Milaneſado le ſeria facil, y que la poſſeſsion de eſtas dos ricas Provincias, le ſervirian como de eſcalon à facilitar la Conquiſta de los Reynos de Napoles y Sicilia; mas no hacia la cuenta con el competidor que tenia, aunque eſte penſamiento no era deſpreciable ; con todo, los Sobrinos del Papa impidieron eſta reſolucion La Campaña ſe paſſaba inſenſiblemente y el tiempo en que ſu Santidad debia executar ſus promeſſas eſtaba concluido ſin que penſaſſe en ſatisfacerlas. El de Guiſa temia verſe perſeguido del de Alva, antes de hallarſe en eſtado de reſiſtirle.

Eſtas conſideraciones y las dilaciones de la Corte de Roma le canſaban, y como era naturalmente vivo y ſincero, ſe quexò y publicò que iba à juntarſe con el Exercito del Duque de Ferràra: los Cardenales Carraffas, de Tours, y Pedro de Saroꝫi, aturdidos de eſta reſolucion, paſſaron à Ancona ; emplearon para haverle de mudar ruegos, lagrimas, quexas, promeſſas y todo lo que ſu politica pudo decir ò hacer en ſemejante ocaſion ; haciendole preſente que dexaba al Padre comun de los Chriſtianos en las manos de ſus Enemigos; que les abandonaba la Capital de la Chriſtiandad expueſta al furor de la Tropa, las Reliquias de los Santos, el Sagrado de los Templos : haciendole el cargo, porque havia entrado en tierras de la Igleſia, para dexarlos en el tiempo, que èl ſolo podia impedir ſu ultima ruina ; le aſſeguraron de la miſma conſ-

conſtancia que èl tenia por la cauſa comun, le pro-
teſtaron que eſta accion le cubriria de infamia y
atraeria el odio del Orbe.

El, depreciando eſtos diſcurſos, y atribuyen-
do todos los malos ſuceſſos de eſta Guerra à la infidelidad de ſus Aliados, les reconvino con juſticia: que no havian dado el numero de Tropas,
viveres, ni dinero que havian ofrecido: que le
havian engañado y deſmentido con todas ſus acciones y ſus promeſſas: que en lugar de liberalidad,
aficion y honores que ſe prometieron à la Francia,
no havia reconocido ſino avaricia, ſobervia, y
deſprecio: que Dios le era teſtigo haver cumplido de ſu parte y exactamente todas las condiciones
del Tratado, aſſegurando que no havia Chriſtiano
que tuvieſſe mas reſpeto y amor por la Santa
Sede.

Eſtaba todo indeciſſo aùn, porque ignoraban
eſtos Legados la deſtruicion de Julio de los Urſinos y la Toma de Segni, cuya noticia les conſter-
nò: aceleraron ſu buelta à Roma para tener Conſejo en preſencia de ſu Santidad, à fin de obtener parte del dinero que ſus Sobrinos con tanto
cuidado ateſoraban. El temor que eſta mala noticia
le havia inſpirado, le hizo tomar la reſolucion de
hacer todo lo que ſe le dixeſſe para oponerſe al
Enemigo.

El de Guiſa, no obſtante ſu reſiſtencia, bolviò à Roma, donde fuè recibido de ſu Santidad
con alborozo y alegria extraordinaria, llamandole
defenſor, y hijo de la Igleſia, diciendole que
no eſperaba mas proteccion, ni ſeguridad que la
de ſu amor, ſu animo y ſus Armas. Los Carraffas
ocultando ſu peſadumbre no perdian ſus grandes eſ-
peranzas, aſſeguraban al de Guiſa le darian en propiedad una Provincia en el Reyno de Napoles col-
mandole de honores, y le hicieron eſperar dinero,
municiones de guerra, de boca y Soldados. Nunca ſe ofreciò mas, ni ſe cumpliò menos, aunque

para

para hacer vèr su firmeza en las promessas, consintieron en dàr en Rehene al Marquès de Cavi, hijo unico del Conde de Montorio, y que fuesse criado en la Corte de su Magestad Christianissima.

El Duque de Guisa alucinado con estas bellas promessas y sin desengañarse de lo passado, concluyo un nuevo tratado en nombre del Rey, por el qual prometiò que el Exercito Francès seria engrossado con quatro mil Suizos : que se harian en Francia Reclutas de Cavalleria, y que executaria fielmente sus ordenes, mientras su Santidad cumplia sus promessas; y saliendo immediatamente de Roma, passò al Exercito para defender las Fronteras de la Iglesia. Hizo levantar Tropas por todas partes, para hacer segunda tentativa en el Reyno de Napoles, ù dàr batalla al Duque de Alva si se proporcionaba.

En el tiempo en que los Garrassas excitaban con mas calor à este Duque à hacer la Guerra, tuvieron recurso en sus enredos ordinarios. El Papa havia hecho llamar al Embaxador de Venecia, y al del Gran Duque de Toscana; y representandoles el sentimiento de las desgracias que le causaba la Guerra presente, assi à la Iglesia, como à los Franceses, Españoles, y al resto de Italia : que huviera de buena gana accedido à la Paz, si Phelipe Segundo no lo huviera impedido, por no haver diferido à las pretensiones de sus Sobrinos y puros efectos de su Politica.

Notando estos Embaxadores que los sentimientos del Papa dimanaban del temor, y de la necessidad en que se veia de la Paz, le animaron por medio de varios discursos, alabando su bondad y caridad de padre : le ofrecieron como buenos mediadores à atraer al Duque de Alva à una tregua, y acaso à una paz honrada, con tal que su Santidad le embiasse Embaxadores, para que las cosas se hiciessen de una parte y otra, con toda la auteridad correspondiente, y que ellos se ofrecian á quedar por Rehenes en seguridad de los Diputados que se hiciessen al Duque. No pudo el Papa tolerar esta proposicion sin manifestar su enojo: No queria oir que se necesitasse del concurso de la autoridad del Duque; para la conclusion de esta paz, y los dixo finalmente: *El Universo me verá perder la vida, antes de consentir nada, que sea indecoroso á la Magestad de la Santa Sede, y de un hombre de honor. Yo soy Gefe Supremo de la Iglesia, y no debo consentir rogar al Duque: Que este salga de los Estados de la Iglesia, y dexe las Armas, y que Phelipe Segundo nos embie Embaxadores con quienes se trate la Paz: es lo que me parece conforme á ambas autoridades.*

Esta respuesta quitó á los Embaxadores el medio de proseguir su intento, y desesperaron de la paz. Roma suspensa esperaba las decisiones del Santo Padre y lo que se determinaba, quando contra todo lo que se havia concebido, hizo arrestar al Cardenal Morón y guardárle con cuidado, con pretexto que era sospechoso: todos se persuadieron que su afecto por España era el mayor de sus delitos. Examinóse su modo de vivir, y aunque se le declaró inocente del que se le acumulaba, no le evitó el golpe de ser privado de la Dignidad Cardenalicia, que le fue restituida por Pio Quarto, successor de Paulo, que lo sacó de la prision de donde no havia querido salir, nombrandole por Legado al Concilio Tridentino, en el qual presidió por su Santidad. Privóse al mismo tiempo de la Legacia de Inglaterra al Cardenal Polo, y se le dió orden de venir á Roma á justificarse de su conducta.

Maria Reyna de Inglaterra, y toda la gente de juicio que conocian la virtud de este Cardenal, no podian mirar con indiferencia, que á un sugeto de su merito, y que á costa de su vida se empleaba en tan importantes servicios á la Iglesia, y con infatigable zelo restablecer la verdadera Religion

zion en un Pais en donde la libertad de conciencia y la heregia lo havian desterrado, se le hiciesse una afrenta de esta naturaleza. Phelipe Segundo, que se hallaba à la sazon en aquel Reyno,
se agrió con este procedimiento: inclinaba à los
Ingleses à que declarassen la Guerra à la Francia.
Tenia cerca de su persona à Don Francisco Valdès, de resulta de haver llevado la noticia de
la retirada de los Franceses del Reyno de Napoles: bolvióle à despachar con ordenes positivas
para el Duque de Alva, en que le mandaba poner
fin à la Guerra de qualquier modo que fuesse, sin
recurrir à otros medios, à menos que los Contrarios se proporcionassen, libertando à la Iglesia de
los peligros que le amenazaban, y privando
à los Hereges de la alegria que les causaba esta
Guerra.

El Rey de Francia informado del poco sucesso
de sus Armas en Italia, y de la inconstancia de
sus Aliados, se determinaba à desistir de la conquista de Napoles, y à dàr orden al Duque de
Guisa de juntarse con el de Ferrara para la conquista del Ducado de Parma, por la immediacion
del Milanesado y del Piamonte, cuya empressa
discurria lograr facilmente, pareciendole imprudencia mantener tan lexos de la Francia un numeroso
Exercito y un Capitan excelente, quando en Flandes se podia hacer la Guerra con mas ventaja.
Dabanse estas disposiciones en Francia, quando
oportunamente llegò Strozi à aquella Corte, llevando en su compañia al Marquès de Cavi, à
quien su Santidad embiaba por rehene de su palabra. Llevaba tambien Cartas del Papa para el
Rey, à quien se le daba el tratamiento de
Hijo Primogenito de la Iglesia, y Protector de la
Santa Sede.

Strozi que no era menos habil en el Gavinete, que capàz en el oficio de la Guerra, haviendo notado la impresion que las Cartas del

G 2   Papa

Papa havian hecho en el efpiritu del Rey, mo-
viendole en algun modo, lo avivò con tantas per-
fuafiones, que le hizo ratificar el tratado concluido con el Duque de Guifa. Encargòfe de la edu-
cacion del Marquès de Cavi dandole diferentes
Maeftros: mandò fe hicieffen reclutas en Francia
y en Suiza, con refolucion de continuar la Guerra
en los Paifes Baxos y en Italia. Strozi partiò de
la Corte fatisfecho, y bolviendo à toda diligencia à Roma, llevò eftas favorables noticias à fu
Santidad.

El Duque de Guifa, recibidas las ordenes de
fu Mageftad Chriftianifsima, fe pufo en Campaña,
efperando las Tropas que el Papa le havia ofrecido. Los Carraffas cargaron al Pueblo con grandes impueftos: juntaron por efte medio dinero
fuficiente à mantener la Guerra, fin ferlo de recurrir à efte violento medio, quando huvieran
querido abrir el teforo que tenia cerrado fu
codicia: hicieron nuevas levas y grandes preparativos para cumplir las promeffas hechas y hacer
levantar el fitio de Paliana.

Informado el Duque de Alva de fus Emiffa-
rios de todo lo que paffaba con los Enemigos, fe
difpufo bien à fu pefar à executar las ordenes de fu Amo, y à caftigar la imprudencia
de los Carraffas. Entrò en la Campaña de Roma,
apoderòfe de Valmontone, que hizo fortificar, no
con defignio de llevar fus armas mas lexos, fi de
atemorizar à los Enemigos. Efta noticia y las
amenazas del Duque confternò à los Romanos: Em-
pezòfe de veras à defender la Ciudad, y montar
la Guardia fobre las murallas, doblar las Centinelas en las puertas y en los parages de donde fe
podia defcubrir al Enemigo. El Papa, mas poffeido
del miedo que nadie, embiò à decir al de Guifa
fe avanzaffe para defender à Roma. Efte Duque, que
era uno de los primeros Capitanes de fu figlo, rehufando exponer fu Exercito, folo atendiò à reforzar
las

las Guarniciones de las Plazas mas expueftas , ef-
cufandofe de no haverle embiado las Tropas pro-
metidas , y affegurando à fu Santidad que luego
que recibieffe las reclutas que le venian de Francia
y de Suiza , iria en fu focorro. Eftas Tropas no
vinieron, el Rey las havia detenido por la apariencia de una proxima Guerra civil. Las heregias
de Calvino havian hecho progreffos extraordina-
rios en Francia fu Patria , y como fu Mageftad havia refuelto de exterminarlos por todo genero de
vias , era de temer que los Hereges tomaffen
las armas por la defenfa de fus vidas y de fus errores.

Phelipe Segundo havia por fin inclinado à los
Inglefes à declarar la Guerra à la Francia : havia
entrado en Picardia y puefto fitio à San Quentin.
Henrique Segundo hacia grandes preparativos para
focorrer efta Plaza , y aun fe le nota de haver
incitado en efte tiempo à los Turcos à hacer una
Irrupcion en el Reyno de Napoles para divertir las
fuerzas de Efpaña. Sea lo que fuere , el Duque de
Alva fupo que eftos Infieles fe preparaban à la
empreffa , y por no tener que competir con dos
Enemigos à un tiempo , refolvió marchar derecho
à Roma , y poner fin à la Guerra por la toma de
efta Ciudad , no pareciendole hacer nada contrario
à la equidad , pues debia atropellarlo todo , para
quedar en eftado de rechazar al Enemigo comun
de los Chriftianos.

CAPITULO IV.

EL 19. de Septiembre de 1557. levantando fu
Campo, vino à acampar à Colona : alli juntò
todos los Oficiales del Exercito , y les hizo prometer con juramento, que entrados en Roma, que
eftaba feguro de tomar aquella mifma noche , no
maltratarian à ninguno de los Romanos , ni les
ha-

harian daño: que usarian de toda su autoridad para impedir à los Soldados de matar ni saquear, protestando que haciendo lo contrario, ofenderian à Dios y al Rey, que asi lo havia ordenado y èl prometido. El Cardenal de Toledo, Arzobispo de Santiago, sabiendo que venia en derechura à apoderarse de Roma, temiendo los excessos, le escrivió encargandole hiciesse reflexion y considerasse como Christiano, que los Estandartes de la Iglesia vencidos, harian menos honor à la Familia de su Casa, que los que havian tan gloriosamente ganado contra los Sarracenos y enemigos de la Fè: que atendiesse à la desgraciada muerte del Duque de Borbon, y temiesse que Dios justamente enojado le castigasse del mismo modo: que debia persuadirse no le seria possible refrenar la avaricia de los Soldados, ni impedir los desordenes que producen semejantes casos.

Esta Carta no dexò de disgustar al Duque, cuya intencion era sana y no podia manifestar à todo el mundo, respondiòle al Cardenal su Tio: _Que su experiencia, las victorias que havia tan gloriosamente ganado, sus dilatados servicios y sus años, le havian hecho conocer bastantemente quales eran las victorias que se debian alabar, y las que adquirian honra: Que no necessitaba de sus preceptos: Que no debia temer nada: Que juraba por el mismo Dios y à los Altares mas Sagrados de Roma, que nada seria profanado en esta gran Ciudad: Que no se cometeria el menor desorden: Que la ira y toda violencia que pudiesse haver en el espiritu de sus Soldados cederia al respeto y à la sumission._

Admirado el Cardenal de la benignidad del Duque su Sobrino, y satisfecho de sus promessas, manifestò aquella Carta à su Santidad, que aunque hizo buen efecto, no produxo todo lo que se havia prometido, por no hallarse persuadido el Santo Padre de tanta piedad en el Duque, asi porque no lo conocia, como por las contrarias voces
de

de los Carraffas. Agitado de eftos diverfos movimientos de temor, efperanza y colera, mandó que fe vigilaffe en la cuftodia de las puertas y murallas, y apoftar Centinelas fobre cuyo zelo fe pudieffe contar. Hizo avifar al Duque de Guifa, para que manteniendo aquella noche fu Exercito fobre las armas, embiftieffe al Enemigo, quando le vieffe ocupado en dàr el affalto, no perfuadiendofe pudieffe à un tiempo hacer cara à tantos Enemigos.

El Duque de Alva falió de Colona à la entrada de la noche del dia 20: ordenó à los Soldados puffeffen camifas fobre fus armas: pufolos en batalla, poniendo à la Vanguardia la Infantería Efpañola y los Cavallos ligeros: en el Cuerpo de batalla los Alemanes y los Italianos, formando con los Coraceros la Retaguardia. La Cavallería Francefa fe hallaba alojada en las cercanías de Tivoli, y la Infantería à Monte Rotondo; que era el Quartel del Duque de Guifa: y temiendofe vinieffe à cargar à fu Tropa durante el affalto, ò defpués de la toma, quando los juzgaffe defmandados en el faqueo, hizo ocupar todos los defiladeros por donde los Enemigos debían paffar para acercarfele. Ya eftaba el Exercito à un quarto de legua de Roma, y los Soldados efperando la orden, quando bolviendo Afcanio Corna, y Mofquera, que havian fido embiados con trecientos Cavallos ligeros y un Efquadron de Coraceros à reconocer la altura de las murallas y el eftado de la Ciudad, defde la puerta mayor, hafta la de Santa Cruz en Jerufalen, refirieron eftaba todo con gran tranquilidad en Roma, que no fe oía à nadie fobre la muralla, y que las efcalas eran baftante largas.

Agoviado el Duque fobre el arzon de fu filla, y apoyada la cabeza fobre el brazo, combatido de diverfos penfamientos contrarios, por un lado el odio de los Carraffas, fus delitos, el fuffrir à cara

def-

descubierta, que los Sobrinos del Papa hayan armado contra su Magestad : que los Franceses y los
Turcos hayan hecho sus esfuerzos de acuerdo con
ellos , para abatir la dominacion Española en Italia , y que ultimamente huviessen llevado la Guerra
hasta las puertas de Napoles, le inclinaba al rigor.
Por otro, quando hacia reflexion de las consequencias de esta conquista , quedaba immobil. El saqueo
de una Ciudad Santa, mil sacrilegios, profanaciones, raptos, incendios, la prision, ò tal vez la
muerte del Padre comun de los Christianos, de
los Cardenales, y numero infinito de Eclesiasticos
y Prelados, le hacian estremecer estas consideraciones; no queria conquista à tanto precio. Contemplaba su fama bien establecida para no temer
disminucion alguna , no obstante que esta le havia
adquirido mil Enemigos, y aun mas embidiosos.
Sabia que el de Guisa juntaba sus Tropas: temia
que su retirada hiciesse à este General aclamar una
victoria, aun mas infamante que la de Civitella. Resuelto por fin à no dàr el assalto , y dissimulando siempre su intencion al Exercito , le hablò en
alta voz en estos terminos.

Assi como la Guerra presente , famosos Capitanes
y valientes Soldados , es diferente de las otras en que
nos hemos hallado , su execucion debe ser con diverso
fin. Sitiamos à esta Santa Ciudad , no para ganarla
que es nuestra Madre , no para ofenderla que seria
ofender nuestra comun Patria , sino para reducir à
quien tiene su llave principal , à que la abre con amor
à sus hijos. Si su rigor largamente tolerado se conti
nuare y os obligare à poner el pie sobre su muro , sea,
aplicando la boca à besar sus cimientos. Llevemos sa
bido valerosas Naciones que vamos à poner los labios
en los pies del Summo Pontifice , y à quitar las ar
mas de la mano à los Soldados que hà juntado para
ofender à su Magestad Catholica , que hà sido
siempre y serà verdadero defensor de la Sede Apostó
lica. Debemos pretender con reverencia ablandar el pia

doñofo corazon de fu Santidad, endurecido folo por los malos confejos: y affi el affalto que prevengo no ha de fer defeando matar fino reducir; y fi la necefsidad obligare à paffar à mas rigor, ha de fer fatiffaciendo la fangre agena que derramaredes con igual porcion de llanto y dolor de veros necefsitado de hacerle. Los Ciudadanos no tienen culpa en fer fieles à fu Principe, antes tienen merito en fu conftancia. De los Soldados quo encierra efta muralla, pocas riquezas teneis que pretender, el refto es Eclefiaftico y Sagrado, à quienes prohiben llegar los Decretos del Cielo y de fu Mageftad, y el incendio, faco y muertes que en todas las otras empreffas es licito à los expugnadores; porque efta Santa Ciudad es excepcion de toda regla (ò por decirlo mejor) de Catholica milicia. Efto pide la razon, y es orden expreffa de fu Mageftad, y la que expreffamente doy; y porque no fe diga que os expongo al trabajo y os niego el premio, ofrezco tres pagas al Exercito el mifmo dia que entremos en Roma. Eftad todos promptos à la hora que os dè la feñal de acometer para ganar laureles, no por haver vencido, fi por haveros religiofamente fabido vencer; en que obligareis al Cielo, al Rey y à vueftro General, de quien tendreis las recompenfas merecidas.

Concluyendo con efta oracion, fe acercò mas à Roma, yendo delante con las efcalas Afcanio Corna, y los Capitanes Palacios, y Mofquera, los quales bolviendo, refirieron al Duque, que todo fe mantenia en el mifmo filencio, y que el defcuido de los Romanos ofrecia la propicia ocafion del affalto. Entonces el Duque bolviendofe àcia Mardones y à otros confidentes les dixo: *O! què bien fazona el Enemigo del Genero Humano todo lo que no es del fervicio de Dios.*

Los Soldados eftaban en la ultima impaciencia, no podian tolerar las dilaciones del General, aborrecian fu moderacion, y que les quitaba la recompenfa debida à fus trabajos: no fe oìa en el

Campo sino voces confusas: todos decian ser libres del juramento hecho por sus Capitanes, como contrario al servicio del Rey è injurioso à su gloria: publicaban que ellos solos tomarian à Roma para vengar los insultos hechos à su Magestad, yà que sus Oficiales lo miraban con desprecio. Su audacia huviera passado à mas, si la presencia del Duque que visitaba à Cavallo el Quartel de los Españoles, no les huviesse puesto terror. Los Alemanes estaban yà amotinados, pero no igualmente aquellos acostumbrados à la disciplina del Duque, todos sin embargo no guardaban orden alguna, se havian yà apoderado de sus Vanderas, la noche lo permitia, la confianza de no ser conocidos y el ansia del Saquèo, los hacia mas amotinados: Los Italianos se havian dexado seducir: todo era amenazas y grandes disposiciones al motin general, quando Acuña con su Destacamento dando buelta al Campo, instruido por el Duque, fingiò haver hallado el Exercito Francès en batalla baxo de el Cañon de Roma, y los Romanos avisados, como lo significaba la quietud con que parecian estar.

Estas noticias aunque supuestas, se hallaron en parte verdadera; porque al otro dia se supo de un prisionero, que noticiosos los Carrafas de que algunos Ciudadanos de Roma favorecian à los Colonas, les havian quitado la Guardia de la Ciudad, confiandola à los Soldados, y que no havian cessado toda la noche de visitar los puestos, y puertas para ponerse en estado de detener al Enemigo: y fuè motivo para que dexando el motin, se bolviesse cada uno al cumplimiento de su obligacion. Al anochecer se bolviò el Duque à poner en marcha, retirandose à cinco millas de Roma, con gran disgusto de los Soldados y aun de los principales Oficiales que vituperaban esta retirada, que era ventajosa, y solo efecto de la piedad de este grande hombre, à quien su prudencia le inspiraba à preferir *el glorioso titulo de Conservador de Roma al*

de

de su vencedor ; y Dios que guiaba sus acciones como remunerador de virtudes , le recompensò luego esta. El Duque no queria forzar à Roma , solo sì à los Carraffas à dàr la paz à Italia , la que obtuvo sin efusion de sangre ; porque el Cielo tocando en el corazon de estos Señores la pidieron.

En este Campo recibiò el Duque Cartas de su Magestad , en que le avisaba el sucesso de sus Armas en la batalla de San Quentin , por haverse dado à la vista de esta Plaza , con la prision del General Francès , y la entera derrota de su Exercito , manifestandole : *Que no deseaba otro fruto de su victoria , que el que fuesse medio de reducir al Papa à que le admitiesse en su gracia.* En esto concordaba el deseo de ambos : El Duque pensaba mas ratos en obligar à su Santidad, que en ofender à sus Subditos.

Esta famosa batalla se diò el dia diez de Agosto de 1557. Su Magestad Christianissima havia embiado un poderoso Exercito à las ordenes del Condestable de Montmorency , para hacer levantar el Sitio de esta importante Plaza (que es una llave del Reyno de Francia) que los Españoles sitiaban. El Condestable los atacò , pero con tanta desgracia , que fuè enteramente deshecho y preso. A esta perdida se siguiò la de San Quentin , ganada por assalto el veinte y seis del mismo , al Almirante de Francia , Gaspar de Coligni , Duque de Chatillon , que havia sostenido este Sitio con mucha fama , y fuè tambien hecho prisionero. Este doble golpe hizo mudar en Francia los negocios de situacion. El Rey creyendose imposibilitado de rechazar à los vencedores , à menos de reunir todas las fuerzas , llamando al Duque de Guisa de Italia, le ordenò que à toda diligencia bolviesse con el Exercito que mandaba. El Duque prohibiò al Correo pena de la vida divulgasse esta sensible noticia : diòse prisa à juntar numero suficiente de Navios para transportar sus Tropas , antes que se hiciesse

ciesse

ciesse pública , mas no fuè possible , porque se supo en Roma quasi al mesmo tiempo.

Viendose destituidos de socorro los Carrassas,
hicieron saber al Duque de Alva , que sentido su
Santidad de las desgracias de la Guerra , deseaba
una paz decorosa , y que seria luego concluida , si
queria dàr la mano à tan saludable fin , y que ellos
siendo mirados como Autores de ella , serian mediadores de la paz , y en adelante sinceros amigos
de los Españoles , que los havian tratado con mas
equidad , aunque sus Enemigos , que los Franceses , siendo sus aliados. El Duque recibida esta
Carta , dixo con gran gozo à los Oficiales que estaban cerca de el : *Doy gracias al Cielo , Señores ,
de que por su piedad he ganado dos victorias en una
accion , sin ofender ni la Magestad de Dios , ni la de
el Rey , he satisfecho à uno y à otro , llegando al fin
de mis deseos.*

Dando la palabra al Diputado del Cardenal , y
recibiendo por el mismo la suya , señaló dia para
tratar. Los Cardenales Carrassa , Vitteloti y el de
Santa Flore se vieron con èl en Cavi , y despues
de los cumplimientos ordinarios dando la mano al
Cardenal Carrassa , le prometió se olvidaria todo lo
passado : que no pedia à su Santidad otra cosa que
aquello que juzgasse no herir la Magestad de la Santa Sede , ni la del Rey su Amo ; haciendo vèr que
su Magestad havia hecho todo lo que se podia prometer de su respeto : que no era el Autor de esta
Guerra , assegurando à los Cardenales que podia su
Santidad imponerle las mismas condiciones que le
huviera prescripto , si huviesse ganado la victoria,
prometiendo firmarlas en nombre del Rey y hacerla ratificar. Convinose en los Artículos siguientes.

I. *Que su Magestad Catholica por medio de sus Embaxadores , haria à su Santidad el homenage que le
debia por el Reyno de Napoles , y al respeto que estaba obligado como Principe Christiano.*

II.

II. *Que su Santidad no tomaria parte alguna en la Guerra que se hacian los dos Reyes de España y Francia; mas que el oficio de mediador, como Padre comun de la Christiandad.*

III. *Que el Duque de Alva haria arrasar todas las Fortificaciones hechas en las Plazas dependientes de la Santa Sede, restituyendolas al Papa.*

IV. *Que le seria permitido al Duque, perseguir à los Enemigos del Rey su Amo, en toda la extension de los Estados de la Iglesia.*

V. *Que serian perdonados los Rebeldes de uno y otro partido, y se les bolverian sus haciendas.*

VI. *Su Santidad se obligò à no dàr al Duque de Guisa viveres, ni Tropas, ni passo por las tierras de la Iglesia.*

Exceptuòse de esta Capitulacion à Marco Antonio Colona, Ascanio Corna y al Conde de Bagny: sus grandes bienes fueron causa de esta excepcion è infortunio. Haviaseles tomado mucho, y no creyeron poder bolverles tanto; remitiòse la decision de sus pretensiones al juicio de la Corte de Roma. Paliana fuè puesto en deposito en manos de Juan Carbon, hijo de una hermana de su Santidad, sugeto de gran merito y sublime virtud. La exaltacion de su Tio le havia hecho embidiosos, aunque no Enemigos. Prestò juramento al Papa y al Rey para no entregar la Plaza sin su mutuo consentimiento.

El Duque hizo prevenir al Cardenal Carraffa, que no debia empeñarse en guardar las Ciudades, que solo tenia de la liberalidad de su Tio y le podia quitar otro Papa. El Cardenal ofreciò abandonarlas, y se hizo un tratado secreto que confirmò su Santidad, por el qual se obligaba el Duque de hacer dàr en el termino de seis meses, à la Casa de los Carraffas, una Ciudad en el Reyno de Napoles en feudo perpetuo y hereditario, con reversion en caso de faltar la linea masculina, y que Colona, Ascanio Corna, y el Conde de Bagny fues-

fueſſen reſtituidos en todos ſus bienes en el eſtado
que ſe hallaſſen.

Eſta paz bolvió la tranquilidad à Roma, manifeſtaron ſu alegria por acciones de gracias à Dios,
Fieſtas publicas y diverſiones que duraron muchos
dias. No fueron contentos los Oficiales del Exercito, publicando perjudicaba ſu conciencia por haver concedido à los Enemigos las miſmas ventajas
que huvieran podido obtener venciendo: que no
ſe havia hecho coſa mas contraria à la ſeguridad
de los Eſtados de ſu Mageſtad, y que los Succeſ-
ſores de Paulo Quarto, havian hallado un camino
abierto à hacer ſus Caſas poderoſas, à coſta de los
Eſtados de los Reyes Catholicos. Colona, Aſcanio
Corna, y el Conde de Bagny no pudieron contener ſu indignacion, al vèr, que la fidelidad que
havian profeſſado à los Reyes de Eſpaña, fueſſe
ſu recompenſa la perdicion de ſus haciendas, pro-
firieron todo genero de injurias contra el Duque
de Alva, y paſſando à Flandes cerca de Phelipe
Segundo, le repreſentaron fuertemente que eſtaban vendidos y abandonados: que por haver ſeguido conſtantemente el partido de ſu Mageſtad,
ſe veian pribados de ſus bienes y reducidos à una
vida miſerable; que era de admirar, que haviendo expueſto ſus vidas y haciendas, y contribuido
à las ventajas que havia tenido en Italia, fueſſen
los unicos pribados de los beneficios de la paz, ſolo porque el Duque de Alva lo queria.

Esforzaban altamente eſtas quexas à la Corte
de Phelipe, à los Enemigos del Duque, y ſobre
todo al Miniſtro. Su Mageſtad que ſabia que el Duque havia obſervado puntualmente ſus ordenes,
aquietó à eſtos Señores, ofreciendo hacerles juſticia y que no tendrian motivo de arrepentirſe de
haverle ſido fieles.

Eſta paz que pareció facilidad en el Duque,
no fuè menos ventajoſa à los vencedores que à los
vencidos; porque ſi todo ſe ha de decir, la mas
mi-

ultima detencion, iba à hacer comenzar la Guerra de nuevo. En los preliminares de paz, que el Duque de Alva hizo presentar al Papa, por el Cardenal de Toledo, queria precisarle à que confessasse que los Carraffas eran los Autores de esta Guerra. Indignado su Santidad de este Articulo y possido de la colera, amenazò que daria todas las Ciudades del Dominio de la Iglesia en calidad de feudo à Henrique Segundo, y perpetuar por este medio la Guerra en Italia. El Duque pues, hizo en esta ocasion un servicio importante à la Christiandad y al Rey su Amo, evitando por su prudencia una sangrienta y perpetua Guerra, en que no mereciò menos elogios, que en todas las acciones mas señaladas de su vida.

Escandalizado el de Guisa de una conclusion de paz tan prompta, hizo venir su flota, sobre la qual se embarcò con sus dos hermanos, y lo mas lucido de su Exercito, para llegar mas presto à Francia, en donde su presencia era necessaria. Distribuyò los Suizos en las Ciudades y Fortalezas del territorio de Siena, que aùn posseian los Franceses. Lo restante del Exercito bolviò à Francia por los Estados de la Iglesia: estas Tropas que sus dilatadas marchas cansaban en estremo, huvieran sido tal vez deshechas por Octavio Farnesio, Duque de Parma, si Don Juan de Figueroa, Theniente General de los Exercitos Españoles en el Milanesado, le huviera dado los socorros que pedia. El Duque de Alva creyendo infaliblemente esta destruicion, no tuvo dificultad en conceder à los ruegos del Papa, no inquietarlos en su retirada, porque le havia pedido este favor por no ser de su honor, que los que havian venido en calidad de sus aliados, fuessen insultados en su retirada y serle digno de compasion.

Las injurias del tiempo los maltrataron bastante, sobrevinieron aquel año tantas tempestades y grandes lluvias, particularmente en las cercanias de

de Roma y en Toscana , que las aguas del Tyber
inundaron todas las Campañas subiendo à mas de
cinquenta pies (no parezca ponderacion , pues al
passo que escrivo esta Historia , se experimentò en
Roma , segun noticias publicas, la misma crecien-
te) en algunos parages , lo que impidiò al Duque
de Alva de embiar en nombre de su Magestad Embaxador de obediencia al Papa , como se havia
convenido en el ultimo Tratado de Paz ; pero se-
renado el tiempo , hizo partir à Don Fadrique,
Marquès de Coria su hijo primogenito , en calidad de Embaxador extraordinario , para assegurar
à su Santidad de los respetos y sumission filial del
Rey su Amo , y hacerle el homenage debido por
el Reyno de Napoles.

El Cardenal Carraffa , que deseaba por instantes vèr al Duque en Roma , noticioso que embiaba su hijo , y rezeloso se enfadasse el Papa , y
creyesse se procedia de esta suerte en menosprecio,
montando à Cavallo , y encontrando al Marquès à
algunas millas de Roma , le suplicò no entrasse
hasta avisarle , y passando en posta cerca del Duque , le rogò hiciesse por sì mismo la funcion de
Embaxador , protestandole que su Santidad ar-
dia en el deseo de vèr à un Capitan que le havia
hecho temblar , y merecia su estimacion por su
piedad. Convino el Duque , y junto con su hijo
entrò en Roma el 19. de Septiembre , entre las
aclamaciones del Pueblo y al estruendo del Cañon
de las murallas , y del Castillo San Angelo , acompañado de numeroso cortejo de Nobleza , que havia salido à recibirle fuera de las puertas de Roma , y llegando à Palacio , fuè recibido à besar
los Pies de su Santidad , que lo levantò y abrazò,
haciendole los mismos honores que se acostumbran
con las testas Coronadas. Hizo grandes elogios de
su prudencia , su conducta y valor ; alabò su piedad, Religion , deferencia respectuosa por la Santa
Sede, y aun procurò escusarse de la colera que

algu-

algunas veces havia manifestado contra èl, proteftando que huviera obrado de otro modo, fi lo
huvieffe conocido ; y concluyò affegurandole, que
le concederia tantas gracias, que conoceria no
haverle aborrecido, ni defeado mal alguno : que
queria amarle tiernamente, rogandole que cre-
yeffe que las fugeftiones, falfos teftimonios que
fembraban la difcordia entre los mayores amigos,
eran las unicas caufas de la Guerra precedente.

El Duque, haviendo dado las gracias à fu
Santidad, y hecho los demàs obfequiofos refpe-
tos, fuè conducido por la Nobleza al Palacio que
fe le havia preparado. El Pueblo le feguia y le col-
maba de alabanzas y bendiciones, llamandole el
confervador de fu falud. La alegria que fu arrivo
infpirò à los Romanos, fuè confiderablemente aumentada por la libertad que el Papa bolviò aquella mifma noche al Arzobifpo Colona, Garcilafo
de la Vega, Juan de Taffis, Hypolito Capilupo,
Pyrro Omphredo, y à todos los demàs detenidos
en prifiones en caftigo de fu afecto à España. El
Duque los abrazò à todos, haciendoles efperar grandes premios de parte de fu Mageftad, y prome-
tiendolos fu favor en quanto pudieffe contribuir.

Al otro dia, fiendo el Duque combidado del
Papa à comer, pafsò à Palacio cortejado de todas
las perfonas diftinguidas. La aceleracion de verle
fuè tan grande, que los Ciudadanos ocuparon hafta los tejados de las cafas que fe hallaban en fu
camino : eftaban las Calles tan llenas de gente, que
la guardia del Papa hacia con trabajo el camino
libre. Los victores y las aclamaciones de efte numerofo Pueblo, eran grandes, en alabanza de la
moderacion y piedad de efte grande hombre : todos le aclamaron por digno de fu amor y veneracion. Fuè femejante fu entrada à los triumphos de
los mayores Heroes que tuvo Roma fiendo Republica. Las perfonas de diftincion no manifeftaban
menos alegria, refpeto, admiracion y reconoci-

Tom. II. I mien-

miento que los Ciudadanos todos se esprimiesen
diacerle honor. Los Carrafas se esforzaban con mil
atenciones à que perdiesse la memoria de los sentimientos causados por la guerra precedente.

Comiò à la mesa del Papa en el orden que
tienen todos los que reciben esta honra. Su Santidad quiso entretenerle durante la comida, haciendole diferentes preguntas, à que respondiò con
grande espiritu. Levantada la mesa, todos se ocuparon en el cuidado de divertir al General Español. El Papa de motu proprio le concediò à los
Duques de Alva sus Successores, el importante y
perpetuo Patronazgo de las presentaciones Ecclesiás-
ticas de sus Estados pertenecientes al Papa, lo que
rehusò. El motivo que tuvo para no admitirlo, fuè
por no hacer en su Santidad y en sì, sospecho-
sos, el uno en concederle y el otro en aceptarlo:
Accion ilustre en ambos, en quienes pensaron con
igual alabanza, gratitud y modestia, pero lo que
es agena de artificio nunca queda sin premio. En
los años siguientes, governando Pio Quarto la Nave de San Pedro, assi como quando Cardenal havia sido testigo ocular de lo que el Duque mereciò à la Silla Apostolica en la Guerra yà referida,
siendo Juez, y juntando à ella los meritos de la
Guerra de Ungria contra el Turco, de Africa contra los Moros, y de Germania contra los Hereg-
ges, quiso aceptasse de su mano la gracia que rehusò de su Antecessor, à cuyo fin le mandò ex-
pedir Breve perpetuo, de no menor singular honor que prerogativas para su casa, no por via de
gracia y con derecho de Privilegio, sino de Fun-
dador, salvo siempre la presentacion Real. Despues la Santidad de Pio Quinto, confessando los
meritos de esta concession, la confirmò, declarando lo que en ella podia ser dudoso; como, y
en la forma que oy la goza la Casa de Alva.

Advertido su Santidad que el Duque estaba de
partida para Flandes, seguro de que sus grandes

naciones , calidad y merito perſonal , y los ſervicios importantes que havia hecho al Eſtado , le
grangeaſſen el debido credito cerca de ſu Mageftad , le encomendò los intereſſes de los Carraffas
ſus Sobrinos , encargandole no los mirara como
Enemigos , ni como Vaſſallos del Rey , ſi como
à quienes havia adoptado por ſus beneficios y le tenian en lugar de Padre. Ofreciò à ſu Santidad todo lo que dependieſſe de èl y de ſus Amigos , aſſegurandole no dexaria paſſar ocaſion de manifeſ-
tarle , y à toda ſu Familia , el reconocimiento de
las honras que le havia merecido : que ſabia que
el intereſs publico obligaba à los mayores amigos à
temer las Armas unos contra otros , y que ceſſar
de aquel motivo , era el amiſtad mas firme y cò-
lida : no ſiendo nuevo vèr gentes que tomando las
Armas , haciendoſe cruel guerra , lograron por la
paz una amiſtad indiſoluble.

Deſpues de tres dias de reſidencia en Roma,
deſpedido de ſu Santidad y de toda la Nobleza,
partiò à Napoles à toda diligencia , para oponerſe à las correrias de los Turcos que infeſtaban ſus
Coſtas , donde reforzò las Guarniciones de las Plazas Maritimas : Apoſtò Cavalleria en los parages
mas expueſtos , hizo quedar armados tres mil Eſpañoles y un Regimiento Alemàn : y deſpues de
haver proveido à la ſeguridad del Reyno , y dexado el govierno à la Duqueſa ſu mugen y à ſu
hijo , con el reſto de los Eſpañoles , ſe embarcò
para paſſar à Flandes , pareciendole preciſo deſpues
de haver terminado felizmente la Guerra de Italia,
aſſiſtir con ſus Conſejos al favorable ſuceſſo de la
de los Paiſes baxos.

Tomò tierra en Genova , partiò à Milàn,
aunque ſe hallaba indiſpueſto. La mala conducta y
poca inteligencia de los Governadores de aquel Eſtado , le havian reducido à la mas deplorable ſuerte el Reyno, el deſorden , y el Enemigo aprovechandoſe de èl , iba à lograr el ultimo golpe , ſi ſu

pru-

prudencia no huviesse antevisto este peligro. Acusabase el Cardenal de Trento que se apropiaba los fondos destinados à la paga de la Tropa, y para vindicarse de esta opinion, hizo demission de el Govierno que se le admitiò, y elogiò el Duque sus buenos servicios declarandole inocente de los cargos. Pescàra, que no era mas de General de la Cavalleria, havia excedido mucho de sus poderes, pretextando no estàr obligado à obedecer al Governador. Don Juan de Figueroa se havia dexado llevar à otras extremidades, procediendo à las empressas con imprudencia y exponiendo la Provincia saliendo mal en ellas; imponiendo con demasiada severidad muchos impuestos, se atraxo el odio del Pueblo, havia llegado el caso de no tener con que pagar sus Soldados.

El Duque para tomar fixo conocimiento de la raiz que producia estos desordenes, se informò de los sugetos mas sòlidos de la Ciudad y del Exèrcito, para instruirse à fondo del estado de las cosas. Reconociò facilmente que la codicia tenia mucha parte en ellos, y para desterrarla y evitar que se impidiesse el Real servicio, condenò à los que corrian con los manejos de la Real Hacienda en grandes multas; confiscò todos los bienes de los que conociò mas culpables; castigò severamente à los Cabos y Capitanes, convencidos de haver detenido la paga de los Soldados; desarmò à los unos à la frente de las Tropas declarandolos infames; priba à otros de sus Empleos, y obligò algunos à servir cierto tiempo como simple Soldado; biformado que algunos Senadores havian contribuido à la discordia, entre el Cardenal y Pescàra, los pribò de sus Empleos, haciendoles pagar gruessas sumas; disminuyò los impuestos que con excesso se hacian contribuir à los Mercaderes y Artezanos que hacian la opulència de Milàn, y muchos yà determinados à retirarse fuera de este Pueblo. Algunas personas de calidad, Reos de

gran-

grandes delitos, y dignos de los mayores caſtigos, obtuvieron ſu remiſsion à fuerza de dinero. Eſtas ſabias providencias hicieron ceſſar todos los deſordenes, quedando corregidos ſus Autores, y en poco, un fondo capàz de reſtablecer los negocios. Apaciguò el motin de los Alemanes, caſtigando con exemplar ſeveridad los què lo havian promovido y entretenido.

Terminados los negocios políticos, ſe dedicò enteramente à los de la Guerra, poniendo la Provincia à cubierto de los inſultos de los Franceſes. Engroſsò el Exercito del Milaneſado con diez Compañias de Infanteria veterana, y correſpondiente Cavalleria; y teniendo preſente las bellas acciones de Acuña y los notables ſervicios hechos à ſu Mageſtad en aquel Pais, le confiò la cuſtodia de Puente de Sture, con quatro Compañias de Infanteria, y dos de Cavalleria. Eſtas mudanzas dieron nuevo ſemblante al Milaneſado, ceſsò el deſorden y floreciò la abundancia, la paz y la ſeguridad. Acuña atraxo ſobre ſi las Armas de los Franceſes; deſgaſtò ſus Campañas y los tuvo ocupados por ſus continuas correrias.

De eſte modo conſervò el Duque al Rey ſu Amo una Provincia, que los deſordenes de ſus Governadores tenian expueſto à perderſe; ſiendo preciſo para impedirlo hacer caſtigos y dàr nuevas ordenes. Nadie ſe opuſo à ſu autoridad abſoluta, los miſmos què padecieron los caſtigos, reconocian la juſticia que los producia; ſu alta reputacion allanaba las dificultades inſuperables à qualquier otro; recibian ſus ordenes por ſentencias deciſivas, y ſus conſejos por leyes inviolables. Aſſegurado la tranquilidad y caſtigado los deſordenes, le llegò la de marchar à Flandes, en donde la Guerra ſe hacia con calor.

HIS.

HISTORIA
DE
D. FERNANDO,
ALVAREZ DE TOLEDO,
(LLAMADO COMVNMENTE EL GRANDE)
PRIMERO DEL NOMBRE,
DUQUE DE ALVA.
PARTE SEGUNDA.

CAPITULO PRIMERO.

Año de
1557.

LA pérdida de la batalla de San Quentin, huviera puesto à la Francia en un embarazo notable, si Phelipe Segundo huviera sabido aprovecharse de su victoria. No tenia Henrique Exercito que oponer à los tristes restos de el que acababa de ser passado à cuchillo, se havian juntado baxo de las ordenes de el Duque de Nevers y del Principe de Condè, demasiado endebles para sostener la Campaña. El Duque de Guisa,

J.

y el Marifcal de Briffac, los dos primeros Capitanes del Reyno, ocupados en Italia no podian en
mucho tiempo oponerfe à los Efpañoles fuertes y
victoriofos. El calvinifmo empezaba à hacerfe formidable en el Reyno: los mas fabios temian, que
eftos pretendidos Reformados fe firvieffen de la
ocafion, para obtener con la fuerza la libertad de
conciencia, y el libre exercicio de fu nueva Religion.

Reprefentófe con eficacia todas eftas cofas à
Phelipe: los mas fabios y prudentes Oficiales fueron de dictamen debia abanzarfe con el Exercito à
lo interior del Reyno, y encaminarfe en derechura à Paris. Hacianle facil la Conquifta de efta
Ciudad y que era el unico partido que debia tomar: todos eftaban tan perfuadidos, que Carlos
Quinto (que defpues de la abdicacion del Imperio y de todos fus Reynos, fe havia retirado al
Monafterio de San Jufte en Eftremadura.) preguntó al Correo que le traxo la noticia de la victoria, fi fu hijo eftaba yà en Paris; y haviendo fabido algunos dias defpues, que no fe havia apartado de San Quentin, dixo à fus Amigos: *Mi
hijo pierde el tiempo y el fruto de fu victoria; ig-
nora que fe debe aprovechar de la ocafion quando fe
prefenta, y teniendo por opofitores Enemigos infatigables y zelofos, que antes de el fin de la Campaña fe
pondràn en eftado de darle la Ley.*

Una fuerza de politica engañó al Rey de Efpaña. No le parecio conveniente dexar atràs una
Ciudad fuerte, defendida por una poderofa Guarnicion, que mandaba Gafpar de Coligni, Almirante de Francia, uno de los mas dieftros Capitanes
de aquel tiempo: detuvofe en batir efta Plaza, que
finalmente tomó por affalto el veinte y feis de él
mifmo, quedando por prifionero fu Governador.
Andelot fu hermano, gran numero de Oficiales de
diftincion, y parte de fu Guarnicion fuè paffada à cuchillo, y la otra prifionera. Defpues de efta Conquifta
fe

fe bolviò à entablar el fitio de Paris, y fe apóyò efte Proyecto con razones tán fuertes y demonftrativas, que fe creyò lo aprobàra Phelipe ; pero con admiracion de todos defiftiò de èl, y diò fus ordenes para el fitio de Catelet, que fe defendiò pocos dias por la cobardia de Solignac, que perdiò en efta accion la bella reputacion del mas intrepido de los Francéfes. Ham, fe defendia mejor, fin embargo fuè obligada de Capitular.

Eftas endebles Conquiftas, fueron el fruto de la victoria de San Quentin. Phelipe bolviò à los Paifes baxos, licenciò una parte de fu Exercito compuefto de Eftrangeros : eftos viendofe fin Empléo, fentaron plaza en el Exercito del Duque de Nevers, y otros indignados del menofprecio que fe hacia de ellos, quifieron abfolutamente retirarfe. Phelipe fe viò obligado à confentirlo, porque no llegaffen à las manos con los Efpañoles. No imitaba Phelipe à Henrique : Efte hacia grandes preparativos, no folo para refiftirle, fino para ofenderle. Llamò al Duque de Guifa de Itàlia : hizole Theniente General de fu Reyno, y las Tropas que havian fervido baxo fu mando, repaffando los Alpes con una buena parte de las que mandaba Briffac en el Piamonte, llegaron à fines de Noviembre al Campo demarcado en Compiene, y los feguian veinte mil Suizos y Alemanes para engroffarle. El Duque de Nevers que havia yà reünido los deftrozos del Condeftable, obrò con tanta diligencia el refto de la Campaña, que defpues de la Toma de Ham, fe hallò en eftado de oponerfe al Enemigo, è impedir fus defignios ; reftableciendo el perdido animo de los Francéfes, por la deftruicion de mil y docientos Efpañoles que eftaban en Chauny. El General Genlis los atraxo en una embofcada, en donde fueron cafi todos paffados à cuchillo, y los que quifieron refiftir en los Arrabales de Chauny, fueron muertos, ò quemados en una cafa que havian abujereado por todas partes, en donde fe defendieron baftante. Los

Los Efpañoles no penfaban en mas que en re-
hacerfe de las fatigas de la precedente Campaña,
quando fe refolvió en Francia el fitio de Calè. Efta Ciudad es uno de los mejores Puertos del Reyno : Eftà feparado de Inglaterra por un eftrecho
de fiete leguas , y puede en algunas horas recibir
focorros : la diligencia y el fecreto folo podian
affegurar la confecucion de efta empreffa , que fuè
impenetrable à los Efpañoles. El Duque de Guifa
hizo dos contramarchas para impedirles que lo ob-
fervaffen , y fe prefentò el dia primero de el año
1558. delante de la pequeña Fortaleza de Nieulay,
edificada fobre una Lengua de tierra , unico parage por donde Calè es accefsible : Efte Fuerte fe
rindiò al tercero affalto , y dexò franco el paffo
que fe folicitaba , y fin pèrdida de tiempo fe fitiò
el Fuerte de Risban , fituado entre la Ciudad y el
Puerto , que no fe defendiò mejor què el primero : porque amedrentado los Enemigos de la firmeza de los Sitiadores , que para ir à ellos fe me-
tieron hafta el pecho en las zanjas , entregaron el
Fuerte. La Ciudad y Ciudadela , aunque conociò
que fu retirada feria vana , pufo fu confianza en
el focorro que efperaba de Inglaterra , adonde el
eftruendo del Cañon que havia batido los Fuertes , llevò la primera noticia de efte fitio.

El Duque de Guifa , ayudado de el valerofo
Conde de Eftreè , Gran Maeftre de Artilleria (y
el primero , que por la invencion de una nueva
fundidura , lo hizo adquirir nombre fingular , por
el dilatado fervicio que fe experimentò con fu invencion) acometiò la Plaza con tanto valor,
que la obligaron à Capitular el fexto del mefmo,
abriendo fus puertas una hora antes del arribo del focorro. Era una de las mejores Plazas de la Europa,
inaccefsible , excepto por efta Lengua de tierra : El
Mar y Lagunas la cercan de todas partes, y el poco terreno que quedaba , eftaba ocupado por las
fortificaciones que fe ufaban en aquel tiempo. Eduar-

do Tercero, Rey de Inglaterra, se apoderó de ella
el año 1346. despues de un dilatado sitio, y aunque la acometia por la parte de tierra con un Exercito de treinta mil hombres, y por la del Puerto,
con una Flota de ochenta Velas, despues de un año
entero, estaba tan adelantado el postrero dia como el primero, y solo el hambre la pudo rendir:
sus Succeffores la conservaron hafta entonces, y no
se prometian ser expulsados de ella tan breve. Guines, y Ardres les quedaban, eran buenas Plazas,
y aunque los Españoles las havian socorrido, no
se defendieron mejor que Calè : assi feneciò en
Francia la dominacion Inglesa, que havia subsistido mas de quinientos años.

El Duque de Alva llegò à Flandes à principio
del Invierno : fuè recibido de el Rey con mil demonstraciones de alegria y agrado ; mas no pudiendole dàr el mando del Exercito sin quitarle al
de Saboya, que acababa de batìr à los Francefes,
le diò à entender era necefario en España su prefencia ; pero la expulsion de los Inglefes, y los
Francefes victoriofos y fuperiores, le hicieron
mudar de dictamen, conociendo que fus confejos
en esta ocasion le eran precifos, lo mantuvo en
su compañia ; y aunque no le confiriò el mando
de fus Exercitos, todo se dirigia por su orden.
Diòle la Prefidencia del Confejo de Guerra, donde sus dictamenes se recibian por decifsiones ; no
obstante, no huviera tenido mejores fucefos que
las Armas de los Inglefes, si las Cafas de Guifa
y Montmorency no huvieran preferido fus inte-
refses particulares al bien publico.

El Duque de Guifa era confiderable por su alto nacimiento y merito perfonal, y el de fus cinco hermanos : havia establecido su fama con mil
hechos gloriofos, à que la expulsion de los Inglefes no aumentaba poco. La hermofa, pero infeliz
Maria Stuardo, Reyna de Efcocia, fu Sobrina
acababa de Cafar con el Delfin, y este matrimo-

nio

nio havia puefto la Cafa de Guifa en la mayor
elevacion de grandeza. No era lo mifmo la Cafa
de Montmorency : hallabafe en la ultima ruina,
el Condeftable que era fu Gefe , padecia por eftàr prifionero de los Efpañoles ; al Marifcal fu hijo , no le afsiftia nada de fu prudencia , ni de fu
credito. La Vieja Diana de Poitiers , Duquefa de
Eftampes , que era fu apoyo el mas firme , fe foftenia con baftante trabajo ; el Almirante fu Sobrino , era prifionero , y el valerofo Andelot , hermano del Almirante , havia perdido el favor de el
Rey , por haverle confeffado haver abrazado las
nuevas opiniones. Seguro el Condeftable , que fu
prefencia reftableceria fu partido , y avivaria el
afecto del Rey , de quien havia fido mucho tiempo Miniftro y èl valido , acefto todos los medios
pofsibles para falir de fu prifion. Ofreciò un grueffo refcate , pero no fue efcuchado ; Phelipe Segundo le infinuò que folo pòr un Tratado de Paz
podia bolver à fu libertad.

En efte embarazo ocurriò al Duque de Saboya , defcubriendole fus penfamientos mas ocultos,
le dixo : *Vueftra Alteza no puede bolver à fus Efta-*
dos , fino por un Tratado de Paz: Si la Efpaña obra
fola , hay apariencia de no lograrlo en mucho tiempo.
Phelipe Segundo no quiere gaftar : No contaba hace un
año , mas que fobre el terror que vueftro valor , y
conducta havia internado en el alma de los Francefes,
batiendo mi Exercito delante de San Quentin ; pero
boy han refpirado , la Conquifta de Calè , de Guines
y de Ardres , los infunda nuevo aliento , animados de
un Gefe , que no refpira fino guerra ; porque no vè
otro medio para elevar fu Cafa y puede fer que pre-
tende algun dia verfe dueño de Napoles y de Sicilia,
que Efpaña conquiftò à la Cafa de Anjou , de quien
fe dice heredero. La Inglaterra no es yà zelofa à la
Francia : No tiene mas Puertos por donde invadirla; es
governada por una muger de mediana autoridad y efpiritu:
Vueftra Alteza fabe las diferencias que fe fufcitaron

K 2   en-

*entre Eſpañoles y Ingleſes, deſpues de la batalla: que
eſtos ſon vindicativos y ſoſpechoſos, ſe alegràran que
la Francia vengando ſu querella, abate una Potencia
que les parece temeroſa. Los Alemanes nos daràn tantas Tropas como à vos, con tal que les demos dinero, y aſſi veo las coſas en una ſituacion incomparablemente mas ventajoſa para noſotros, que para Eſpaña, y por conſiguiente, un obſtaculo invencible à
poneros en el goce de vueſtros Eſtados, à menos que
vueſtra Alteza favorezca mis deſignios: Que en eſte
caſo ofrezco poner las coſas en un eſtado bien diferente: Os pido ſolo un mes de tiempo para dàr una buelta à la Corte, y eſpirado eſte, os doy mi palabra
de bolver à la priſion.*

Advertido el Duque de Saboya, que podía
favorecerle la maxima del Condeſtable, intercedió
con Phelipe Segundo le permitieſſe hacer eſte viage à la Corte. Puſoſe eſte negocio en deliberacion
del Conſejo, y por diferentes dictamenes iba à
negarſe, quando el Duque de Alva, tomando la
palabra ſoſtuvo: *Que el Condeſtable cumpliria lo que
ofrecia, para que detenerle? dixo, tenemos miedo que
nos haga perder ſu reſcate y que no buelva? no eſpe-
remos eſto que primero perderà la vida, que falte ſu
palabra. Decis que podrà dàr al Rey ſu Amo conſejos ſaludables, pero eſtos, ſu auſencia los harà inutiles: Sus Enemigos ſon poderoſos en la Corte, y el Duque de Guiſa no harà la guerra ſobre ſus Proyectos:
dexemosle marchar, que acaſo nos procurarà la paz
por ſer de ſu interès ponerſe bien con ſu Amo, que
no le ſerà dañoſa viendoſe amenazado de una guerra
inteſtina y acabando de dàr que ſentir à ſus Pueblos,
exigiendoles tres millones de oro; y quando las razones del Condeſtable fueſſen vanas, ſu viage à la Corte no nos ſerà inutil. Su preſencia darà animo à ſu
partido, y opueſto al del Duque de Guiſa, que eſtà
de partida para el Exercito: Lograrèmos dividir la
Corte de Francia en dos facciones, que no nos ſerà menos
ventajoſa, que las que formaron las Duqueſas de*

Eſ-

*Estampes y de Valentinois , baxo del Reynado prece-
dente.*

La experiencia probò , que el Duque de Alva
penetraba mas que el resto del consejo ; porque
apenas estuvo el Condestable en Beauvais , quando
se internò en el cariño del Rey , haciendo triun-
far su partido. Entretuvolo muchas veces en secreto , y le diò pleno poder para terminar la guerra
por una paz ventajosa al Duque de Saboya.

Preparabanse todos de veras à la guerra ; mas
el Condestable tuvo bastante maña para dàr al Duque de Guisa un Exercito que creia sin disciplina,
y para hacerle tomar la empressa de Thionuila , que
passaba entonces por inconquistable , con animo de
que perdiesse parte de la gran reputacion que havia adquirido , como si un lance adverso fuesse capàz de desagradarle del alto concepto que tenia;
no obstante , la buena fortuna del de Guisa prevaleciò. La prision del Conde de Latzembourg , Theniente General del Duque Jorge de Saxonia , que
mandaba en Gefe à los Alemanes , hizo à estas
gentes obedientes à sus ordenes , y aunque eran
catorce mil hombres y no huviesse mas de diez
mil Franceses en su Exercito , no se amotinaron.
Thionuila capitulò despues de una defensa endeble;
Atlon , se defendiò aun menos , y se entregò. El
Mariscal de Thermes no fuè menos dichoso : con
diez mil hombres se apoderò de Dunkerque y de
Bergue San Vinox que fueron abandonadas al pillage,
y huviera hecho mayores Conquistas , si el Duque
de Guisa , de quien no era amado se huviesse unido à èl , como el Rey le havia mandado diversas
veces.

A los felices sucessos del Mariscal sucediò un
funesto accidente. El Conde de Egmont fuè à espe-
rarle à Gravelinas con un Exercito numeroso , aco-
metiòle al passo del Aà el trece de Julio de 1558.
fuè forzado à pelear , y despues de un combate de
quatro horas , logrò el Conde derrotarle entera-
men-

mente. Diez Fragatas Inglesas que cruzaban en las cercanias , con el designio de apoderarse de seis Navios Normandos cargados (segun se decia) del botin hecho en Dunkerque , se arrimaron à la Costa , movidos de la curiosidad de saber adonde era el ruido que oian : advirtieron , que la derecha de los Franceses bordaba la costa , se abanzaron lo mas que pudieron , haciendo sobre esta Ala una descarga de todos sus Cañones , que no fuè menester mas para hacerla huir , y cayendo en manos de los Paisanos , no les dieron quartèl. La izquierda que cayò debaxo los golpes de los Flamencos fuè parte presa , y parte passada à cuchillo.

La toma de Dunkerque , y las rápidas Conquistas del Duque de Guisa , atemorizaron al Consejo de España. Phelipe temia la invasion de los Paises baxos , y algunos de su Consejo le avivaban este temor con las funestas consequencias de la guerra. Don Rodrigo de Silva y Mendoza , Principe de Eboli , que se havia adquirido mucha autoridad sobre el espiritu de el Rey , y havia llegado à ser su primer Ministro , y Ayo del Infante Don Carlos , yà reconocido Principe de España , era desafecto al Duque , y tanto , que llegaba à publica enemistad. Parece que la naturaleza havia puesto entre estos dos Señores una antipatia irreconciliable , que no contribuyò poco al fomento de esta Guerra. Los Proyectos del primero miraban solo à la paz , oprimiale el menor estruendo de las Armas , por no acomodarse este movimiento à su gravedad. Al contrario el Duque de Alva le dominaba un espiritu marcial todo opuesto. La Guerra era su elemento , el ruido de las Armas le servia de gusto ; era recto y sincero , incapàz de lisonjas y de baxeza , solo aprobaba los sentimientos heroicos , y le horrorizaba el nombre de temor. Esta diversidad de genios dividia muchas veces las opiniones del Consejo de España , y

avigo-

vigoraba la enemiſtad de los dos , y quanto era
deſpreciable el dictamen del primer Miniſtro , el
favor de ſu amo le hacía temeroſo.

Eſtos dos ſugetos manifeſtaron en un conſejo
dos ſentidos diferentes. El Principe aconſejaba al
Rey que no debia fiarſe mas à la ſuerte capricho--
ſa de las Armas , ni eſperar que la mala conducta
de los Oficiales , ò la fortuna de los Franceſes , de-
fraudaſſe los laureles que havia cogido la precedente Campaña : repreſentabale que la Francia hacia
esfuerzos terribles : que la Alemania no ſabia què
partido tomar : que la Inglaterra , irritada de la
pèrdida de Calè , eſtaba en víſperas de ſublevarſe
contra la Reyna , que havía querido la Guerra,
por lo que no ſe debia eſperar ſocorros de aquella
parte : que la Eſpaña no eſtaba ſegura por las nuevas tentativas de los Moros : que era de temer la
irrupcion de los Muſulmanes ſobre las Coſtas , y
que para evitar eſtas deſgracias , era neceſſaria la
paz : que no ſe podia contar ſobre la fidelidad de
los Flamencos y debilidad de los Franceſes : Que
los primeros caſi infectados de la heregia , aborrecian la Guerra : que la expulſion de los Ingleſes
havia hecho olvidar à los ſegundos la pèrdida de
San Quentin , y que las Conquiſtas en los Païſes
baxos , los havian mas que indemnizado : que yà
eſtaban en Flandes y la llevaban à hierro y fuego:
que eſta irrupcion acabaria de irritar à los Flamencos y los precipitaria à la rebelion : que el unico
medio de evitar eſtas deſgracias era la paz , y que
ſi no ſe podia concluir con honor , poner las Ciudades fronteras à cubierto de inſulto y mantenerſe
ſobre la defenſiva : que porque no quedaſſe deſai-
rado la preſencia de ſu Mageſtad à movimientos
tan poco conveniente à ſu poder , aunque neceſſarios , ſe paſſaſſe à Eſpaña : que de alli ſe podia
atender à todo : que ſus cuidados infatigables le
harian victorioſo en los Païſes baxos , y que ſu
preſencia en Eſpaña apartaria de ſus Coſtas la flota
de los Turcos   Eſte

Efte dictamen difguftò à todos los Oficiales, nadie fe atrevia à replicarle; porque fabian el lugar que ocupaba en el corazon de Phelipe, y que efte Monarca manifeftaba fus defignios, por boca de efte Miniftro. No obftante, como no fe havia obfervado en el femblante de fu Mageftad ningun ademàn por donde fe infirieffe fi aprobaba, ò no, efte confejo. El Duque que no podia futrir fe paffaffe por un dictamen tan poco decorofo, mirando al Rey le hablò en eftos terminos: *Si yo creyera la prefencia de vueftra Mageftad neceffaria en Efpaña, os fuplicaria el primero, no pribaffe por mas tiempo fu vifta, à un Pueblo que os amà y os foftiene; pero, Señor, permitidme que os diga, que vueftra ida à Efpaña en la ocafion prefente os feria no folamente inutil, mas vergonzofo y muy opuefto al bien de vueftros negocios. Dexar la Flandes en la coyuntura prefente, es lo mifmo que perderla: los mas habiles de vueftros Generales, lo efcogido de vueftras Tropas, vueftra buena fortuna y los Soldados que eftàn en Flandes, paffaràn con vos el Mar: El Enemigo, que apenas nos es igual fe harà en breve fuperior: no fe hallan de eftos Soldados veteranos que vencieron los Francefes en San Quentin; pocos nos quedan, por haver perecido unos en los combates, otros en fitios, y otros quedaron invalidos; y gran numero haciendofe ricos con los defpojos del Enemigo, fe retiraron à fus cafas. No porque los que nos quedan fon de defpreciar, y fi vueftra Mageftad no fe retira, en breve podrà lifonjearfe de vèr un Exercito capàz de qualquier empreffa; pero fi fe aufenta, los pocos que dexa, no quedarà en eftado de foftener la Campaña: No veo motivo alguno que precife à vueftra Mageftad abandonar à Flandes. La Efpaña eftà foffegada, fi los Efpañoles manifieftan fu defeo à la paz, es porque carecen tanto tiempo de la vifta de un Rey amado y venerado. Hemos dado la paz à Italia, alejando à los Francefes de el Reyno de Napoles, y obligado por efte feliz juceffo al Duque de Ferràra à bolver à vueftra alianza: no*

hay

hay hoy nada que temer sino por la Flandes, de ella debemos apartar al Enemigo; que aunque alguno os diga, que es una pequeña parte de vuestros bastos Estados; sabeis, Señor, que si no se acude promptamente à la cura del dedo, se acangrena y pierde el brazo; y si esto no se hace, llega la enfermedad al corazon y se pierde la vida.

El temor de los armamentos del Enemigo no es cano, aprovechase de nuestra victoria y recoge los frutos: la Conquista de Guinés y de Calè, no solo le es ventajosa, sin que por colmo de infelicidades, nos atrae el odio de los Ingleses; siendo ordinario, que un Pueblo que pierde, vengue su injuria sobre los aliados que le han expuesto, primero que en sus Enemigos. Esto nos dice, que de ningun modo debe vuestra Magestad bolver à España, hasta dexar el Estado seguro: es menester poner un Exercito en pie, y oponernos al Enemigo y aprovecharnos mejor de las ventajas que nuestro valor y vuestra prudencia nos harán ganar: que aunque los principios nos parezcan dificiles, no debemos dexar de poner medios, para conseguir los fines. Carlos Quinto vuestra Augusto Padre, se abrió temporizando à lo largo del Danubia, el camino à la victoria que ganó despues à las orillas del Elba: juntad vuestras Tropas sin temor, que los Flamencos os seguirán y assistirán con sus fuerzas. Los Españoles vivirán con quietud: Vuestra fortuna os asegurará la victoria y sereis el arbitro de la paz, y regalareis con vuestra presencia victoriosa los ojos de vuestros Vasallos, alegres con los frutos de la paz.

Su Magestad salió de este Consejo sin dar à conocer su animo, ni declararse por uno ni otro dictamen. Cada partido esperaba con impaciencia: Los que sabian su deseo de passar à España, no dudaban se determinasse à este viage; pero haciendo serias reflexiones sobre el parecer del Duque de Alva, se publicó lo aprobaria con las ordenes que dió luego para la leva de diez Regimientos de Infanteria y alguna Cavalleria. Sensible fuè à Don

Rodrigo esta deliberacion , ni se atrevió à quexarse , ni à oponerse directamente à las ordenes del
Rey ; pero sus dilaciones afectadas y el negarse
entregar el dinero necessario para estas levas, inu-
tilizaron la orden , sin considerar que para satisfa-
cer su odio particular , arruinaba los negocios de
la Republica y exponía la estimacion de su Soberano.

Subsistia la division de la Corte , quando la
noticia de la victoria de Gravelinas participada por
un Correo , desterrando el temor , restableció la
esperanza. Supose al mismo tiempo que Henrique
Segundo acampaba debaxo de Amiens en Picardía,
con un Exercito de quarenta mil Infantes y quince
mil Cavallos del retrobando de su Reyno. Su Magestad le opuso fuerzas iguales y sin meterme à
juzgar del valor de los unos y de los otros , ni de
la pericia de sus Generales, resistió la prueba Henrique , y aunque se le presentó batalla , quedó firme en sus lineas. Su Exercito era compuesto de
gentes sin experiencia, y la mayor parte hacian su
primera Campaña.

No admiró poco al Duque de Alva que rehu-
sassen los Franceses la batalla , estando practico de
su fiereza en la Guerra ; hizose cargo de la poca experiencia del Exercito , lo que le obligó à
usar todos generos de estratagemas para hacerle salir de sus lineas , y porque no se le proporcionó
la idea , propuso el sitio de Dourlens. La mayor
parte de los Oficiales fueron de contrario dictamen. El Duque de Saboya no quería se empeñasse ; mas el de Alva representó con tanta eficacia ,no
se descubria otro medio para sacar al Enemigo de
sus lineas , que Phelipe huvo de aprobar su dictamen.

Puesto à la frente de un gruesso Destacamento que mandaban baxo sus ordenes los Duques de
Parma y de Castro , se abanzó à reconocer à Dourlens y toda la cercania: Hallabase poco distante de
la

Año de
1558.

la Ciudad , quando fuè avifado por fus batidores
que el Enemigo parecia : no detuvo por eſſo ſu
marcha , embiò à Montigny , à llevar la noticia
à ſu Mageſtad para que dieſſe ſus ordenes. Reconociò en el interin el terreno de mas cerca: ſeña-
lò el Campo , y ſe apoſtò à la entrada de un Boſque à propoſito para una emboſcada. Montigni bolviò con la orden de combatir. Yà eſtaban las Tropas en batalla , quando ſupo que el de Guiſa acababa de llegar , cuya noticia le hizo marchar à
rienda ſuelta , à participarla à los Duques de Parma y de Caſtro , tomando ſus pareceres ſobre lo
que havia de emprehender. Uno y otro fueron de
dictamen ſe cargaſſe à los Franceſes ; pero retirandoſe inſenſiblemente al Boſque , en donde ſe les podria hacer frente , haſta que el grande Exercito
que ſe abanzaba en batalla huvieſſe llegado ; no
ſiendo de preſumir que los Franceſes canſados , pudieſſen tener en contra Tropas freſcas. El Duque
no aprobò eſte ſentido ; Conocia al Principe Lo-
renes y que era el mejor Capitan que havia entonces en Francia : que no era facil engañarle: que
ſabia todos los parages convenientes à poner em-
boſcadas y que en vano ſe empeñaban en vencerle.

Suponiendo el ardor de los Duques , y eſperando , aunque en orden de batalla , à que ſe de-
terminaſe el Enemigo , no ſe movieron. El de
Guiſa firme ſobre un altura vecina , no le parecio
exponer tanto numero de Nobleza à la dudoſa
ſuerte de un combate ; contra un Capitan tan habil y ſuperior en Tropas : No quiſo la conſervacion de Dourlens à eſte precio. Obſervando el de
Alva , curioſamente haſta los menores movimientos del de Guiſa , inſtruido baſtante de que ſolo
tenia un mediano Deſtacamento , ſe abanzò ſin recelo à reconocer los exteriores de Dourlens , con
la miſma tranquilidad que ſi eſtuvieſſe en paz. Preſentò deſpues batalla à los Franceſes que no la ad-

L 2 mi-

mitieron; y no juzgando conveniente atacarlos en un puesto tan ventajoso, bolvió à unirse al grande Exercito con la satisfaccion de haver tenido en respeto à un Principe valeroso, habil, y dichoso, y que su sola prudencia le huviesse impedido entrar en una Plaza, à que su Magestad Christianissima le embiaba defender en caso de sitio.

El Condestable de Montmorency havia buelto de la Corte de Francia el dia prescripto: no havia cessado de trabajar en los preliminares de la paz, deseabala y era necessaria à los Pueblos y no la despreciaban los dos Monarcas. Nombraron Plenipotenciarios, para ella: Los de su Magestad Catholica, fueron el Duque de Alva, el Principe de Eboli, el Principe de Orange, el Duque de Arscot, el Obispo de Arras, y el Presidente Vigilius. Los de Francia, el Cardenal de Lorena, el Condestable, el Mariscal de San Andrès, el Señor de Morvilliers, el Obispo de Orleans, y el Señor Laubespine, Secretario de Estado. Los Ingleses empeñados en esta Guerra, y los que mas perdian, embiaron à este Congresso al Obispo de Heli, y Thomàs Houvard, Mayordomo Mayor de la Reyna de Inglaterra, que mientras duraron las Conferencias, se recibió la funesta noticia de su muerte, sucedida en diez y siete de Noviembre de 1558.

Empezaronse las Conferencias en Lila, despues prosiguieron en la Abadia de Ourcamp, y se concluyó la paz en Chateau Cambresi el 5. de Febrero de 1559. Fuè ventajosa à España, y solo la habilidad del Duque de Alva pudo conducir los negocios à este fin. Bolvióse todo lo que se havia perdido en esta Guerra y las precedentes, y sus Estado al Duque de Saboya, que los havia perdido por su Alianza con España. Un Matrimonio fuè el Sello de esta paz, casando la Princesa Elisabeta, hija mayor de su Magestad Christianissima (Princesa de singular virtud, y en quien no se deseò que una vida mas dilatada) con Phelipe Segundo.

La

Año de 1559.

La Francia tuvo que reſtituir mucho ; pero ſe le indemnizó con la poſſeſſion de San Quentin, Ham , y Chatelet , quedando dueña de Calè de Guines y de Ardres que tomó à los Ingleſes , en que no trabajò poco el Duque para hacerles dexar eſtas Plazas , que diò motivo à ſus compañeros, no ſolo à cenſurar ſu conducta , ſino à publicar que havia ſido ganado por la Francia, El Principe de Eboli lo participó à Phelipe y los Ingleſes ſe quexaron amargamente. Su Mageſtad perſuadido con certeza de los deſignios del Duque , deſpreció las impoſturas de unos y otros ; mas como eſte negocio hacia ruido en la Corte , permitiò al Duque no ſolo juſtificarſe , ſino hacer publicas las razones de haver conſentido en lo que ſe decia , parecer tan poco conforme à los intereſſes de Eſpaña.

No tuvo trabajo en hacer evidente que no havia tenido otra mira que el bien de ſu Mageſtad, y el de ſus Vaſſallos. Repreſentò que los Ingleſes dueños de Calè , teniendo à ſu mando todo el eſtrecho , y ſiendo eſte , ſujeto à las tempeſtades, ponia muchas veces los Navios que lo paſſaban , en la neceſſidad de tomar Puerto , por no maltratarſe con los eſcuellos y bancos , cuyas cueſtas de uno y otro lado eſtàn cubiertas, à encallarſe ſobre los baxos fondos que ſe encuentran ; y por conſiguiente , los Vaſſallos de ſu Mageſtad ſe arrieſgarian paſſando el eſtrecho , en caſo de una Guerra con los Ingleſes , y que ſeria neceſſario para paſſar de Eſpaña à Flandes , hacer grandes rodeos; que los Flamencos no podrian negociar con la Francia ſino por tierra , y arruinaria ſu comercio: que ſe evitaban eſtos inconvenientes , dexando à Calè à la Francia , por preſumirſe que eſte Reyno y el de Inglaterra no vivirian en paz , por los motivos que tenian de quererſe mal : que los Ingleſes ſe quexaban de que los Franceſes los havian deſpoſſeído injuſtamente de muchas grandes , y ricas Provincias , que componian el Patrimonio de ſus

Re-

Reyes , rehufando reconocerlos por los fuyos, aunque tuviellen grandes derechos fobre la Corona: que la Francia nunca perderia de vifta los males que le havian caufado los Inglefes , por haverle facado lo mas puro de fu fangre ; faqueando fus Templos , llevando fus riquezas y fomentando en fu cafa turbulencias y revoluciones : que eftos concurfos de averfion havia producido la antipatia entre eftas dos Naciones : que no fe debia temer fu union , debiendofe creer antes , que ambos contribuirian à fu mutua inquietud : que la Inglaterra no negaria fus Puertos en cafo de una Guerra contra los Francefes , ni la Francia los fuyos, quando tuviefle por conveniente dàr que fentir à la Inglaterra ; y que fi fucedia la defgracia de alguna revolucion en Flandes , era del interès de fu Mageftad , que el Imperio de los Mares eftuviefle repartido entre dos Naciones tan opueftas , para que firviendofe de los Puertos de uno , ù de otro , tuviefle la facilidad de poner à cubierto las Flotas neceffarias para obligar eftas Provincias à fometerfe à fu obligacion.

El Rey aprobò efte difcurfo que le pareciò muy jufto , diciendo publicamente , que nunca havia creido que el Duque huviefle podido obrar fobre otros principios : que fu prudencia , experiencia , è integridad le era bien conocido para tener la menor fofpecha. Demafiadas pruebas fe tuvieron en adelante , de que el Duque de Alva tuvo en efto ideas mas penetrantes que los otros Miniftros. Las Flotas Inglefas que tantas veces corrieron nueftros Mares , y fitiado nueftros Puertos, nos han hecho conocer los motivos que tuvo efte grande hombre , para hacer que una Nacion ya tan poderofa por Mar , no aumentaffe fus fuerzas por el recobro de Calè.

CAPITULO II.

COmo se havia convenido en el Articulo duodecimo de Paz, que Phelipe Segundo casaria con Isabel de Francia, que despues se apellidò de la Paz, por haver sido esta union el motivo de ella. Todos los Grandes de España pretendieron la honra de dàr la mano à esta Princesa en nombre del Rey su Amo. Don Rodrigo hizo quanto pudo y todos se persuadieron que obtendria este favor; pero Phelipe quiso preferir à todos el merito del Duque. Nombròle para exercer esta honrosa funcion: hizole acompañar por algunos Grandes y numeroso cortejo de Nobleza: entrò en Francia y todos los Pueblos por donde passaba, à porfia salian à verle, holgandose con tan agradable nuncio, que poco antes miraban como sangriento Ministro de su peligro. Llegò à las cercanias de Paris y à gran distancia de aquella Ciudad, fue recibido por el Duque de Guisa, acompañado de lo mas ilustre de la Nobleza de Francia. El Duque de Alva estaba magnificamente vestido, montaba un cavallo sobervio y ricamente enjaezado: todos se apresuraban à verle. El Pueblo llenaba las Calles: Los Oficiales se hacian merito de ser conocidos ò conocer un Señor, cuya fama era tan grande. Los Franceses son corteses, y se esmeran con los Estrangeros; mas tambien quieren que con ellos se obre del mismo modo: Las modales duras y altivas les son intolerables, no concuerdan con estos los arrogantes, ni sobervios, opuestos naturalmente al genio de esta Nacion. El Duque que los conocia mejor que nadie, satisfizo à todo, sin perder nada de aquella gravedad cortesana que sienta tan bien à los grandes hombres. Manifestaba una verdadera alegria, saludaba à todo el mundo con una gracia admirable aunque natural; era jocoso en la converſacion y procuraba no herir à nadie.

Acercandoſe al Duque de Guiſa le hizo mil expreſſiones ; fueron reciprocos los cumplimientos entre los dos mas ſobreſalientes Capitanes de la Europa , que ſe hacian mutuamente temblar à la frente de ſus Tropas , hallandoſe armados muchas veces uno contra otro , y dandoſe todos los poſſibles de eſtimacion , amiſtad y reſpeto : *Sois , Señor* , dixo el Duque de Alva (hablando al de Guiſa) *de quien he admirado el valor y buena conducta en Metz : En la Guerra de Italia no lo haveis lucidos mas confeſſamos que la mala fe , y los enredos de vueſtros Aliados han batido vueſtro Exercito antes de ponerme en Campaña , y reducidole à retroceder delante del mio. Eſtos malos ſuceſſos no diſminuyeron la grandeza de vueſtra gloria , no ſiempre la fortuna favorece la virtud. Un Heroe , por grande que ſea , ſe vè muchas veces expueſto à ceder à los esfuerzos de la perfidia y traycion.* El de Guiſa recibió admirablemente eſte cumplimiento , y bolviendo àcia à los Franceſes que ſe hallaban cerca , les dixo : *Cavalleros , el Duque es un Capitan , cuya habilidad y prudencia exéde al reſto de todos los hombres : ſabe evitar los golpes de la mala Fortuna y hacerlos inutiles, ſiempre la victoria coronò ſus empreſſas.*

La converſacion que ſe ſiguió deſpues fuè menos ſeria : Hablóſe de diverſas coſas con tanta ſatisfacción , quanto el Duque de Alva hablaba bien el Idioma Francés. Llegó con toda la comitiva al Real Palacio de Tournell , en donde reſidía la Corte , y concedido Audiencia , y hallandó à ſu Mageſtad Chriſtianiſſima en el gran Salón , ſe arrodilló , y quiſo beſarle la mano : Henrique Segundo lo levantó y abrazó , y aſiendole de la mano le conduxo al quarto de la Princeſa. El Duque la ſaludó del miſmo modo que al Rey, quedandoſe deſcubierto. La Princeſa que ſabia el tratamiento de los Grandes de Eſpaña , y no ignó-

-taba el merito perſonal y nacimiento del Duque,
le mandò cubrirſe, alegando mil razones agrada-
bles para hacerſe obedecer. El Duque imitandola,
reſpondiò con profunda ſumiſsion: *Eſtoy, Señora, en
la poſicion que debe tener un Vaſſallo reſpectuoſo delante de una grande Reyna. El pueſto que ocupo en el
mundo, me permite cubrir delante de los Reyes; mas
eſte privilegio no concuerda con las modales de un hombre, que pone toda ſu felicidad en no diſguſtar à
vueſtra Mageſtad.* (Accion que puſo en obligacion
à ſu Patria, pues eſcrivieron algunos, que fuè
notada por nobiliſsima y digna de la crianza Eſpañola) Y poniendo una rodilla en tierra le preſentò las Cartas del Rey ſu futuro Eſpoſo, y al
miſmo tiempo los regalos de eſte Monarca. Ha-
blòle del amor de ſu Mageſtad por ſu perſona en
los terminos mas expreſsivos, entreteniendo muchas veces à eſta Princeſa con noticias de lo que
la Corte de Eſpaña tenia de mas curioſa; de modo que ſe adquiriò ſu eſtimacion con tal empeño,
que ella ſola era capàz de conſervarle el favor del
Rey, aun quando no huviera tenido mas merito
que el de un apoyo tan poderoſo.

Terminadas las ceremonias de las Audiencias,
fuè conducido al quarto que ſe le havia preparado
con magnificiencia Real, donde ſe le regalò ſump-
tuoſamente, manifeſtando Henrique Segundo quanto eſtimaba al Duque. El de Guiſa, el Condeſtable y algunos otros Grandes le acompañaron à la
Cena; y fenecida eſta, le ſitiaron mil Perſonas diſ-
tinguidas por ſus Nacimientos y Emplèos en los
Exercitos. Suſcitaronſe mil queſtiones ſobre el modo de vencer un Enemigo, ò ganarlo ſobre un
Miniſtro en un Conſejo, ò en una negociacion,
ſatisfizo à todo con juicio admirable. Aquella baſ-
ta comprehenſion que le hacia deſenredar las materias mas obſcuras; aquel conocimiento profundo
que la Guerra y la politica tienen de mas util, y
de lo que ſe hàlla de mas ſingular en cada Na-

cion : todas juntas lo hallaron en èl , y no pudieron dexar de decir , que un hombre que juntaba en sì todas las apreciables calidades , que la naturaleza avarienta distribuye à cada uno , era digno de ser colmado de todos los bienes de la fortuna, y de rehunir en sì todas las dignidades y recompensas.

Llegando el dia señalado para la ceremonia de el Matrimonio , que fuè el de San Juan Bautista de 1559. se conduxo al Duque en la Iglesia Cathedral de nuestra Señora , con el mismo cortejo que passò à recibirle quando llegò à Paris. El Rey siguiò con toda su Corte , y conduxo à la Princesa al lugar destinado para los Desposorios , y leidos los Poderes , en que el Rey su Amo le autorizaba para desposarse con esta Augusta Princesa en su nombre , y hechas las demàs formalidades , dando la mano à la Princesa , recibieron la bendicion nupcial por el Cardenal de Borbon, que hizo esta ceremonia. La descarga del Cañon avisò à todo Paris como se acababa de celebrar el Desposorio de esta Princesa con el Rey de España. No se veia por toda la Ciudad mas que alegria , diversion y fuegos para celebrar con mas pompa la feliz conclusion de un Matrimonio , que aseguraba la Paz tan deseada. Henrique quiso hacer mas plausible esta funcion , con un Torneo que durò tres dias, y se concluyò con un funesto accidente ; pero antes de hablar de èl se notò , que apenas la ceremonia fuè concluida , quando tomando Henrique Segundo la mano al Duque y apretandosela , le dixo: *Os ruego Señor , mireis à mi hija como vuestra, haciendo veces de Padre , asistid à sus Bodas con Phelipe , imprimid en este Monarca por ella , la misma aficion que vos procurariais hacerle tener à un hijo vuestra:*

El Duque besando la mano à su Magestad con mucho respeto , le aseguró , que no solamente asistiria à esta ceremonia ; mas que no perderia ocasion

ñon de manifeftar à la Reyna , que no tenia Vaffallos mas afectos, ni prompta en fervirla en quanto pendieffe de èl y de los fuyos. Su Mageftad le
prefentò regalos de una magnificiencia Real , que
rehusò recibirlos , proteftando fu agradecimiento,
y que fu reconocimiento no feria menor àcia fu
Mageftad , de lo que le havia juzgado digno. El
Rey infiftia à que los tomaffe ; pero el Duque mucho mas firme en fu refiftencia , alegando que los
hombres oomo èl no fe cautivaban por regalos , si
por la aficion y eftimacion : que èl fe hallaba con-
fufo de lo que fu Mageftad le havia querido hon-
rar : que tenia el mayor galardon en que Phelipe
Segundo le huvieffe preferido para una funcion tan
gloriofa , à numero tan grande de Vaffallos de merito eminente , cuya Corte eftaba llena, y con conocer la prueba de quien fu Mageftad Catholica
miraba con mas agrado , que de ordinario fe tiene à los particulares.

Si fe negò conftantemente à recibir del Rey
hafta los mas minimos regalos , no fe efcusò à los
que le hizo la Reyna Ifabèl , aceptandolos con
gran gufto , y dando à conocer en efte procedimiento que no le dominaba la avaricia , si el refpeto y fu deferencia à una Princefa yà fu Soberana:
perfuadiafe que los prefentes de efta gran Reyna
no ferian murmurados ; no fe prometia otro tanto
de los del Rey , conocia muy bien el caracter fofpechofo de fus Enemigos : que el numero de fus
embidiofos era grande , y que no defpreciarian la
ocafion de malquiftàrle , aùn fe recelaba , que el
agrado favorable de fu Mageftad Chriftianiffima,
los honores que le havia hecho , y el gran numero de Nobleza Francefa , que le acompañaba por
todas partes , fueffe mirado como confequencias,
ò principios de amor poco ventajofos à los intereffes de Efpaña. No ignoraba que fus Emulos interpretaban finieftramente fus mejores acciones : què
huvieran hecho à vifta de los prefentes que le fue-

ron ofrecidos por Henrique Segundo, infinitamente superiores à todo lo que los Soberanos havian
dado jamàs à particulares? Nunca tuvo la Corte de
Francia mas alegria ni hizo admirar tanta magnificiencia como en este Matrimonio. El Rey quiso
passarse en esta ocasion, sin vèr que celebraba mas
presto los juegos de sus Funerales, que los de las
Bodas de su hija, y las de su hermana Margarita, que casò con el Duque de Saboya.

Quando haviamos de hablar de fiestas, y re-
gocijos, iluminaciones, juego de sortija, y otras
diversiones que ocuparon la Corte y la Ciudad, desde el dia veinte y seis de Junio hasta el veinte y
nueve, me veo precisado à mezclarlas con llantos,
lutos, y suspiros, que produxo la desgracia que
las acompañò. El dia veinte y nueve se dispuso un
magnifico Tornèo, de que el Rey quiso hacer Juez
al Duque de Alva, el qual procurò con suma im-
portunidad, que el imperio de su Tribunal, se ex-
tendiesse à poder estorvar que el Rey fuesse man-
tenedor, lo que no pudo conseguir por mas que
le esforzò: los Cortesanos hicieron demonstracion
de su fuerza y destreza: El Rey que no excedia en
este exercicio à ningun Cavallero de la Europa, tuvo la ventaja sobre todos los que lidiaron
con èl. La funcion havia sido de las mas agrada-
bles y plausibles los gustos, quando su Magestad
advirtiò al Joven Gabrièl de Montgommery, hijo
del famoso Capitan de Lorges, que havia mandado en el Reynado de Francisco Primero, la Compañia de Guardias de Corps Escosèz. Este Joven
Cavallero tenia la Lanza derecha y entera, passaba por uno de los mas diestros y fuertes del Reyno. Henrique entrò en la Baila, desafiando à
Montgommery, à romper su Lanza contra èl, por
la honra de las Damas: escusòse dos veces, las
Reynas de España y Francia que se hallaban presentes, suplicaron al Rey no corriesse mas, pero
arrastrado por su destino, nada fuè capàz à dete-
ner-

nerle. Una orden expressa obligò à Montgommery à entrar en lista. El encuentro fuè furioso, las Lanzas se rompieron hasta los puños: Un pedazo de la de Montgommery penetrò al ojo izquierdo del Rey por la visera del yelmo, que se hallaba entreabierta, por la inadvertencia de no haverla cerrado: fuè tal la herida, que le dexò aturdido: Llevaronle à Palacio donde muriò doce dias despues de el, absceso que se formò en el celebro. Este generoso Principe perdonò à Montgommery, prohibiendo se le maltratasse por no tener delito, y ser un puro accidente, que su Magestad se havia atraido; no obstante, haviendo este Cavallero abrazado las nuevas opiniones y seguido su partido, fuè preso en 1575. en Domfront, pequeña Ciudad de Normandia y degollado en un Cadahalso.

El fatal sucesso de esta funcion dexò al Reyno en una consternacion tanto mayor, quanto su Magestad no dexaba hijos que se le pudiessen comparar: Su Successor Francisco Segundo, era Joven, delicado de cuerpo, y tibio de espiritu. La Francia se hallaba agitada de las heregias. El Duque de Alva despues de los debidos sentimientos, por un Principe, que le havia mirado con tanto cariño y agrado, partiendo de Paris, conduxo à Phelipe Segundo la Reyna Isabèl su nueva Esposa. La presencia de esta Augusta Princesa restituyò à la Corte de Phelipe la alegria, que la muerte de Henrique, y los negocios de Flandes le havian quitado. Puede decirse sin exageracion que no logrò España Reyna mejor; mas tuvo la desgracia de perderla luego, haviendo muerto el tres de Octubre, de 1568. de edad de veinte y dos años.

Fenecidas las funciones, que duraron algunos dias en celebridad de esta union, se bolviò al cuidado de los negocios. Los mas considerables eran los de Flandes, cuyos Pueblos meditaban aquella famosa conspiracion, que haciendo tan gran ruido en el mundo, fuè causa de las grandes pèrdidas,

de

de España. Como el Duque fuè embiado para reſtablecer la Paz , y aſſegurar la dominacion de el Rey , y que ſus acciones en aquel Pais agitò los diſcurſos , y produxò muchos eſcritos en ſu deſdoro , me parece à propoſito pintar la revolucion en ſu origen , exponiendo, las cauſas de ſu motivo, aunque ſe dexarà mucha parte por no juzgar ſer del aſſumpto,

CAPITULO III,

LAS heregìas de Lutero , y Calvino , que havian corrumpido yà parte de Alemania y Francia , y toda la Inglaterra , ſe havian introduci-do en Flandes , por ſu immediacion à eſtas Provincias. Algunos Grandes , y mucho numero de Particulares , no eſperaban mas que el regreſſo de el Rey à Eſpaña para declararſe abiertamente , prometiendoſe con facilidad conſeguir eſte pernicioſo fin , baxo del govierno de una muger regularmente poco reſpetada. Su Mageſtad le havia dexado à Margarita de Auſtria ſu hermana natural , Princeſa prudente y muy politica , mas zeloſa por ſu hermano , que por Octavio Farneſio ſu marido ; pero le faltaba aquel eſpiritu è intrepidèz neceſſaria à contener unas Provincias yà reſueltas.

Los Flamencos hereges ſe prometian grandes progreſſos de la timidèz de eſta Señora ; y aumentar conſiderablemente ſu numero , haciendo venir de los Paiſes vecinos , Sacerdotes , y Predicadores Calviniſtas. Son eſtos Pueblos naturalmente propenſos à todo genero de novedades : Bien ſe perſuadian que eſte procedimiento les atraeria toda la indignacion del Principe , y las amenazas de ſus Miniſtros ; mas no deſconfiaban de los medios de ſuperarlo todo. Los Principes Proteſtantes de Alemania no tenian afecto à la Caſa de Auſtria , naturalmente enemiga de los impios , y de todos
aque-

aquellos que se separaban de la Fè Catholica. Esperaban grandes socorros de estos Principes , que
les aseguraban sus Ministros ; los Emisarios de los
Ingleses asistian con cuidado à las Assamblèas he-
reticas : No predicaban sino la impiedad, y la rebelion contra Dios y su Principe ; ofrecian soste-
nerla con dinero y Tropa , insinuando con audacia , que España no conservaba su dominacion en
Flandes , sino por las fuerzas del mismo Pais : que
no era menester mas que querer , para sacudir el
yugo y lograr su libertad.

Los consejos de los Hereges Estrangeros , y
los designios de los Flamencos no eran tan ocultos , que no se hallasse la Corte instruida de sus
intentos , discurrió mejorar las cosas con la mul-
tiplicidad de Obispados , que queria erigir à modo de España. Este , que à la Corte parecia remedio , fuè para los Flamencos el mas terrible de
los males : aumentaron sus quexas , oyendose por
todas partes amenazas y gemidos , protestaban muchos que perderian la vida antes que consentir esta mutacion. Los antiguos Obispos que temian
verse pribados de sus bienes , para fundar nuevas
Cathedrales , y los Abades que tenian el segundo
lugar en los Estados de algunas Provincias que no
tenian Obispos , gritaron mas que nadie , haciendo obrar baxo mano sus parciales : lamentabanse
unos y otros , que se abrogaban las Antiguas Leyes del Pais , para constituir otras nuevas : se abo-
lian los loables Estatutos , y Ordenanzas de Carlos
Quinto , sujetando los Pueblos à pesar suyo à una
servidumbre intolerable , pribandolos de su libertad : que los Obispos debiendo à España y Roma
su nominacion , no atenderian à mas , que à los
interesses de una y otra Corte ; lo que no sucede-
ria de los Abades , que siendo originarios de el
Pais , y debiendo sus Baculos à la eleccion de sus
Monasterios , serian zelosos por la conservacion de
su Patria , sin contemplacion à la Corte : que los
Pue-

Pueblos se hallaban bastante arruinados , sin fundar de su propia substancia nuevas Cathedrales: que con el pretexto de Religion se añadia nuevo peso à las cadenas de los Flamencos yà pesadas: que estos Prelados teniendo grande renta mantendrian numerosa comitiva de criados , y gente armada , y con facilidad se harian dueños de las Plazas mas fuertes , y que para sostener con mas lucimiento este fausto , ò por efecto de su avaricia, harian de las menores cosas delito de *lessa Majestatis* à los mas ricos , para aprovecharse de sus confiscaciones , en detrimento del Pais.

La Nobleza no parecia menos descontenta, manifestando haverse arruinado en la ultima Guerra por servir à su Magestad ; y que derramando su sangre para cogerle laureles , la paga de tanto servicio era la ingratitud : que el Rey no admitia en el ministerio sino Españoles naturales : que ellos solos tenian entrada en sus Consejos , por cuya conducta passaban las mercedes : que la confianza , las honras , las riquezas y las recompensas eran para ellos : que menospreciaban à los Flamencos con el pretexto de sospecha contra su fidelidad. El Conde de Egmont , à quien su merito, rectitud , y grandes acciones havian acreditado, y à cuyo valor fueron debidas las dos memorables batallas de San Quentin y Gravelinas , publicaba tambien , que sin mirar sus hechos heroicos, y la debastacion de su hacienda sirviendo al Rey., sus Ministros le miraban con aversion y como el objeto de su odio. Era el mas considerable de los Flamencos y sus quexas comunes à toda la Nobleza, y el que mas se esmerò en servir à su Magestad, aunque los demàs havian procedido con el mismo zelo. Era general el sentimiento de verse tratados con desdoro , y aùn como rebeldes , y amotinados.

El Duque de Alva , que conocia bien los Flamencos por el trato en la ultima Guerra , y en la
de

De Alemania, y fabia eran gentes attevidas que no fufrian el defprecio, y que eran incapaces de tolerar una autoridad defpotica, reprefentò à fu Mageftad: *Que no debia agriar la Nobleza, que era conforme à fu jufticia, fu magnificiencia y gratitud, no dexarla defcontenta: Que nada era mas intolerable à un Cavallero, que la indigencia, quando havia gaftado fu hacienda en fervicio de fu Principe, è impofsib'e à los que fe havian criado en la grandeza y el faufto, conformarfe con la pobreza: que no havia cofa que no hicieffen para libertarfe de ella; ò por el recobro de fus bienes, ò una muerte gloriofa: que la pobreza para los Nobles era el mas terrible de los males è infufrible à un hombre bien nacido, arraftrandole tal vez à lances defefperados: que era mas conveniente y aventajofo al eftado, recompenfar los fervicios de la Nobleza, que llenar el Erario, precifandole tal vez derramarlo por una rebelion: que havia demafiadas pruebas de que la efcasèz en la Nobleza havia caufado la ruìna del eftado, por fer inquieta, y prompta à todos acontecimientos; al contrario, la abundancia lenta, floja, inclinada à la quietud, à los deleytes, y à ningun trabajo, no producia eftos recelos, porque los que fe vèn ricos, folo fufpiran por la duracion de fu fortuna prefente; y por no decaer de ella, no penfaban en otra cofa: que Tyberio aunque avariento, hacia remefas confiderables à fus Pueblos y en particular à los grandes, no por amor, magnificiencia, ni liberalidad, sì para contenerlos, è impedir que fu miferia los obligaffe à bufcar remedio à fus males en el teforo publico.*

El Cardenal de Granvela, natural del Franco Condado de Borgoña, cuyas modales fobervias, y altivas parecian mas de Secular que de Prelado, bufcaba las ocafiones de elevar fu credito, y autoridad fobre las ruìnas de una nobleza, que por ferlo tanto, le hacia recordar fu baxeza, oponiendofe à los loables fentimientos de equidad del Duque, foftuvo: *Que un Rey no tenia mas de*

la sombra de la Magestad, y que no Reynaba sobre
una Nobleza rica y poderosa ; que nunca quedaba satisfecha por desear mas, pareciendose à un incendio
que no consume, sino para estender sus llamas mucho
mas lejos : que un Principe no era respetado mientras
sus Vassallos no tuviessen que esperar de su liberalidad
y agrado : que no se dudaba que Tyberio havia ali-
viado algunas personas caìdas en la miseria ; pero que
se sabia tambien havia deshechado con desprecio, el
Memorial de Cierto Hortalo de una de las primeras familias del Imperio, alegando que sus rentas no basta-
rian à sostener lo que la vanidad, y locos gastos havian arruìnado : que convenia para el bien del estado,
que el Pueblo fuesse dichoso y rico, para que no ne-
cessitando la Nobleza, cessasse el odio, que la arrogancia de los nobles, tiene como natural con los que no
lo son : que dividiendo estas dos ordenes con igualdad,
no havia nada que temer ; porque los Pueblos no pudiendo nada sin la Nobleza, y esta sin ellos, subsis-
tiria la sumission de los Pueblos : que los Flamencos no
tenian razon : que sus quexas eran injustas y criminales, no teniendo por objeto mas que el luxo y la prodigalidad : que pretendian igualar la magnificiencia de
los Españoles, aunque la mediocridad de sus bienes no
lo permitiesse ; de manera, que lo que servia para
dàr un gran nombre à la dignidad de los primeros,
havia causado la ruìna y el desorden de los Flamencos, unico motivo de sus quexas, y de formar el designio de enriquecerse con las ruìnas de su Patria.

Los consejos duros y poco justos del Cardenal
no impidieron al Duque de hacer presente à su
Magestad, previniesse las desgracias de que estaba
amenazada la Flandes, aquietando tan valerosa
gente por una liberalidad voluntaria, aunque mediana, y que se debia en caso que España fuesse
exhausta, imponer alguna gavela sobre el Pueblo,
y assegurar con su producto la fidelidad de los Nobles, y seguridad del Pais ; porque de dividir el
Estado, haciendo igual la primera hierarquia con
la

Año. de
1559.

la segunda , sería constituir un monstruo de mil brazos , y sin cabeza , que se junta sin orden y se disipa sin razon : que las revoluciones de las Comunidades de España eran bastante exemplo , y no lo mismo de la nobleza , que solo tomaba las armas despues de maduras deliberaciones , y no las dexaba sino con la vida , ò la consecucion de los fines que la impulsaban.

Estas razones hacían peso à Phelipe , y era el medio de atraer aquella nobleza ; mas escusandose que no podia aprompтar las sumas necessarias para estas recompensas , por haver dexado la Guerra exhausto su tesoro , se contentó con hacerles promessas ; y que luego que llegasse à España , haria una remesa de doscientos mil escudos de oro para recompensar sus servicios , y que pagassen las deudas contrahídas durante la Guerra. Si esta generosidad se huviesse verificado , huviera producido el deseado efecto ; pero como se quedó en promessas, tomaron motivo de ello los malcontentos, para fomentar el odio , y engrossar su partido , que aunque secreto , comenzaba à ser formidable.

El Principe de Eboli , seguro de regir los negocios en España , y Granvela los de Flandes , baxo las ordenes de la Princesa Governadora, exhortaban al Rey à partir. El Estado de la Flandes , y los mas Sabios de sus Ministros lo retardaban; estuvo mucho tiempo indeciso , porque su mansion en los Paises Baxos era provechoso à los Mercantes , y Labradores , que vendian con estimacion sus frutos , siendo su Corte muy numerosa : es verdad que la nobleza se arruinaba. Los Españoles no vivian gustosos con tanta ausencia de su Patria. Su Magestad no tenia menos deseo de hacer vèr à Madrid , el vencedor de los Franceses en San Quentin , y Gravelinas , seguido de los placeres que acompañan el Himeneo , y la paz.

Determinóse finalmente à partir, y para mantener à los Flamencos en la esperanza , y los amo-

ti-

tinados en el respeto, hizo publicar que su jornada solo duraria mientras pusiesse en orden los negocios de España, y que bolveria à fixar su residencia en Bruselas, y manifestar à los habitantes
de los Países Baxos quanto los estimaba. Encargò à
la Princesa Margarita, imitasse el exemplo con què
havian governado la Duquesa de Saboya, y Maria Reyna de Ungria, aquellos Estados, dexando al Cardenal Granvela para vasa y govierno de las
cosas Eclesiasticas, y Ministro de esta Princesa; y
el de Olanda y Zelanda, à Guillermo de Nassau,
Principe de Orange, el de los Condados de Flandes al de Egmont, los de Frisia y Groningue à Juan
de Ligne, Conde de Aremberg, los de Artois y
Haynaut à Juan de Glimes, Marquès de Bergues,
El de Namur al Señor de Barlaimont, el de Gueldres y Zutfen à Carlos Conde de Meghen, De
Luxembourg, al Conde de Frisia Oriental; y por
Almirante General de estas Provincias, à Phelipe
de Montmorency, Conde de Horn.

Como el gran numero de los Consejos que se
tuvieron sobre el modo de impedir la revolucion
de los Países Baxos, y que el Duque havia insisti-
do fuertemente en que se dexasse un Cuerpo de
Tropas, al mando de un General habil y fiel, su
Magestad resolvió quedassen quatro Regimientos de
Españoles naturales, distribuyendo los dos en las
Plazas fuertes, y haciendo acampar los otros: no
dudaba que esta novedad hiciesse ruido, y que los
Flamencos se opusiessen; pero le parecio haver
hallado un medio de hacerlo tolerable, dando al
Principe de Orange, y al Conde de Egmont su mando. Uno y otro le suplicaron no dexasse Guarniciones de Tropas Estrangeras en los Países Baxos,
ò que pusiesse à su frente otros Comandantes; porque de aceptar ellos este Empleo, se conciliaban la
aversion de sus naturales, por parecerles se des-
confiaba de ellos: que era Nacion muy fiel, y
propensa à derramar hasta la ultima gota de sangre,

gre, para acreditar mas las pruebas que havía dado de su fidelidad, y amor à la dominacion Española: que si su Magestad amaba à los Flamencos, debia contar con su afecto, sacando de el Pais las Tropas Estrangeras: que estaban acostumbrados à la suavidad de sus Príncipes, y rendirlos una obediencia sincera y voluntaria: que nunca sufririan se guardassen sus Plazas por los Estrangeros, ni que se les gravasse para la construccion de nuevas Fortalezas: que este procedimiento les era injurioso, por dar à entender se les trataba como rebeldes, y como que se debia castigar su humor inquieto: que este solo pretexto bastaba à hacerlos tomar las armas: que nadie ignoraba que los Flamencos estaban acostumbrados à cierto modo de libertad, conservado baxo el dominio de sus Soberanos, sin faltar en hada al respeto que le debian: que el amor, la confianza y el agrado eran leyes mas firmes à mantenerlos en su obligacion, no la fuerza de las armas, por no atemorizarles la muerte, ni el horror de los suplicios, porque la libertad les parecia preferible à la vida.

Ofrecieron defender à los Paises Baxos con sus unicas fuerzas, mantener la paz, la obediencia, y la tranquilidad con el castigo de los que fuessen rebeldes, ò muertes de sus Gefes: que si se fomentasse una Guerra Estrangera, pedirian à su Magestad les embiasse à los Españoles, y que en el interim se opondrian à todo Enemigo para probar mejor que con palabras, quanto se eran afectos. Estas protestas hicieron menos efecto en el corazon de Phelipe, que las platicas sordas y murmuraciones de los Flamencos: creyó que cessarian quando las Guarniciones, de que todos se quexaban huviessen salido del Pais, como lo prometió y execuió, pero tarde.

Estos rumores y la aversion que manifestaban los Flamencos, dió que discurrir al Consejo, sobre el modo de que como se debian governar los Pai-

ſes Baxos divididos en parcialidades. Si ſe debia
confiar à un Capitan famoſo, que por ſu nombre
ſe hicieſſe reſpetar, ò ſi era mas conveniente la
dulzura; aunque el Duque de Alva inſiſtiò en lo
primero, la Corte defiriò en lo ſegundo. Confiò-
ſe como queda referido à la Duqueſa de Parma,
que aunque ſu genio, ſu agrado, y politica de
Carlos Quinto ſu Padre, la conciliaban el amor,
como la contemplaban ſin fuerzas para hacer executar los Edictos que ſe acordaban en el Conſejo
de Madrid, la faltaban al reſpeto, eſto hizo la autoridad de Phelipe menoſpreciable: Alentò à los
malcontentos, por dexar ſin caſtigo los delitos,
viendoſe obligada à diſſimular, quitaronſe el velo al reſpeto y ſe atrevieron à todo: ſin duda que
ſu govierno huviera ſido mas feliz, ſi el Rey no
huviera dexado por ſu primer Miniſtro al Cardenal Granvela, cuya ambicion deſmenſurada en hacerſe eſtentar mas allà de los limites de ſu poder
llevò las coſas al eſtremo. Los grandes, à quienes
queria humillar deteſtaban de ſu orgullo, indignados que un hombre producido del polvo, ſe atrevieſſe à deſpreciarlos; parecales duro el deſpotiſ-
mo de ſu autoridad, y que quiſieſſe exceder de la
miſma Goyernadora, y que ſu Mageſtad no la
permitieſſe hacer nada, ſin la participacion de eſte
Prelado. La nobleza reſuelta conſpiròà ſu perdicion, no pareciendole eſtàr ſegura mientras ſe le
conſervaſſe en los Paiſes Baxos; embiò Diputados
para que ſolicitaſſen ſu llamamiento à la Corte.
Guillermo de Naſſau, Principe de Orange, Governador de las Provincias de Olanda y Zelanda,
y el Conde de Egmont, eran ſin contradiccion los
dos mas grandes Señores de los Paiſes Baxos, y
que tenian mas credito. El ultimo valiente, liberal, generoſo, y populario, de un candor admirable; no havia aun perſuaſion de que huvieſſe
formado deſignios contra ſu Mageſtad; mas no podia
ſufrir al Cardenal. El de Orange, aunque no tan va-

lien-

Año de
1559.

1560.

mente , le excedía en lo político , por ser el mayor que huvo en su siglo : nada se escondía à su idèa , le dominaba una ambicion extrema, que sabia ocultar debaxo de una moderacion fingida, era populario , activo , arriesgado , y provido de recursos : sabia perfectamente formar liga , y poner en pie un Exercito numeroso : era adorado de los Pueblos , estimado de los Grandes, acreditado entre los Estrangeros, rico y bien emparentado. Phelipe lo miraba como cabeza de los malcontentos: sabia que en lo interior era Hérege , aunque afectaba lo Catholico. Su muger y hermanos hacian publicamente en su casa el exercicio de la Religion Protestante.

Haviase establecido un Consejo en los Paises Baxos , à cuyo parecer se hallaba sujeta la Governadora à diferir. Estaba compuesto de Señores Flamencos , y Ministros Togados : estos ultimos que eran el Cardenal , el Presidente Vigilius y Barlaymon , tenian la direccion de los negocios secretos, solos ellos estaban informados y los terminaban. Esto irritó el resto de los que tenian entrada en este Consejo. El de Orange y el de Egment hicieron una fuerte representacion sobre esto al Rey en 1563. tan insinuante , que obtuvieron el llamamiento del Cardenal , que haviendo passado à España , y admitidole su Magestad al Consejo Secreto , hizo mas daño à los Flamencos à quienes aborrecia , que el que huvieran recibido estando en su Pais. no se hizo tan de golpe este llamamiento que no se tuviessen sobre este assumpto diferentes Consejos , en donde el Duque de Alva, que conocia bien el Cardenal , opinò se le debia hacer venir (aunque es lo mas cierto que lo motivaron las amenazas sordas que hacian los Flamencos , si este Prelado no era llamado) y reemplazar su lugar con un General de alta reputacion, que bastasse à detener los perniciosos efectos que se preparaban.

Aun-

Aunque la segunda parte de este sentir no pareciò aceptable, huvo presto motivos de arrepentirse; porque apenas la Flota que conducia à los Españoles que havian quedado en el Pais, se alejò de las costas de Zelanda, quando los Hereges Flamencos no guardaron mas medidas. Auxiliaron los llamados Ministros Calvinistas de Inglaterra y de Francia à que predicassen publicamente su Secta, injuriando à los Catholicos, y despreciando los Edictos, que la Governadora daba contra ellos. Tomaron las armas, pidieron socorros à los Faccionarios de Inglaterra, Francia, y Alemania. Fortificaron algunos Puestos, apoderaronse de algunas Ciudades, y por ultimo se sublevaron enteramente para (segun decian) hacerse conceder libertad de conciencia: Hicieron ligas entre si, y la primera fuè concluida en Breda, entre nueve Rebeldes; sus principales Articulos fueron: Que nadie seria exempto de trabajos y peligros, que se presentassen en la execucion del designio, que havian formado de defender sus nuevas opiniones, y la obediencia debida al Principe, la salud y libertad de la Patria: Que se quitarian los impuestos, y se embiaria à España el resto de las Guarniciones: Que se asistiria à las personas acusadas de hayer executado el presente Tratado, que se hallassen presos ù oprimidos por este motivo, tomando su proteccion, y que si la via de dulzura no bastaba à declararlos inocentes, se servirian de las armas.

Este Tratado se hizo publico presto en todas las Ciudades de los Paises Baxos: admiròse la aceleracion con que los Flamencos concurrieron à firmarle, yà fuesse animado del zelo de sus nuevas opiniones, ò la mutacion de el govierno: Tossundale, Rey de Armas, de la Orden del Toyson, refiere, que en menos de dos meses, mil Cavalleros firmaron aquel Tratado; pero lo cierto es, que passaron de quinientos, y con ellos gran numero

de

de Mercaderes, Artezanos y otras gentes. Los principales que le firmaron, fueron Henrique de Brederode que lo havia dispuesto, Luis, y Adolfo de Nassau, hermanos del Principe de Orange, Phelipe Marnix, Señor de Santa Aldegonda, y los Marqueses de Culembourg y de Berghes.

Deciase en secreto à los que se presentaban à aumentar el numero, que el Principe de Orange, los Condes de Egmont, de Hora y de Hocstract, lo havian aprobado, y que si no lo havian firmado, era por conservar el exterior de fidelidad, para que teniendo el mismo accesso en los consejos de la Princesa Governadora, pudiessen hacer servicios importantes à los Confederados. Estos quatro Señores entraban como de costumbre en los Consejos. El de Egmont era el mas continuo, por menos afecto à la revolucion, aunque no inculpable: como no veia nada que temer de este gran numero de Rebeldes, impedia à la Governadora por sus discursos, de usar con ellos de severidad, tratandolos como gentes despreciables.

CAPITULO IV.

ESTE Conde passò à España de orden del Rey, el año de 1564. permaneciò algun tiempo en la Corte; y como era entre los Conjurados el que havia conservado mas afecto por su Soberano, y zeloso Catholico, entrò facilmente en todo lo que los Ministros tuvieron por bien de significarle; y bolviendo à Bruselas à fines de Abril de el año siguiente, hizo saber à los Confederados la indignacion del Rey, que juntaba grandes fuerzas con el animo de deprimir à los Rebeldes, assegurar la quietud, y castigar à los Hereges; y aunque esta noticia los atemorizò, no impidió tomassen su partido: y juntandose en Tenremonda, resolvieron que si el Rey iba armado en los Paises Baxos, harian

1565.

rian todos fus esfuerzos para rechazarle, con las armas : que ante todas cofas fe debia interpeffar en fu defenfa al Emperador Maximiliano Segundo, poniendofe baxo de fu proteccion, y ofrecerle la Soberania de los Paifes Baxos, para que logrando la divifion de la Cafa de Auftria, y atrayendo la Alemania à fu partido, pudieffen con ventaja oponerfe à los Efpañoles, Enemigos terribles, y capaces de arruinarlos. Otros demafiados prudentes, no creyendo fueffe facil deshunir la Cafa de Auftria, y que los Flamencos pudieffen rechazar con folo fus fuerzas las de los Efpañoles, eran de parecer; que yà las cofas fin remedio, para contener la colera al arribo del Principe, fe hicieffe de la Flandes un bafto defierto de que pudieffe triumphar; mas no de ellos, que eftimaban fu vida mas que fu Patria, y fu libertad mas que fu vida. A efte extremo llegò la tenacidad de los Flamencos, para que fe vea que no fin razon fe embiò para contenerlos un fugeto de tan alto merito.

Como efte fentir fe mirò como genero de defefperacion, fuè defaprobado por los prudentes. El Principe de Orange, y el Conde de Egmont fe encargaron del cuidado de hacer tomar las armas à toda la Nobleza, y confeguir poderofos focorros de Francia, y Alemania. Toda la Affamblèa ofreciò de guardar fecreto, por pender de èl el fin de fus Proyectos, y ocultando en el filencio fus defeos quedarian fin caftigo, en cafo de no falir bien. Efta refolucion que parecia prudente, quedò fin execucion por la ceguedad de los Hereges, y la fidelidad del Conde Ernefto de Mansfeld, que folicitado entrar en la confederacion, defcubriò el intento à la Governadora.

Los mas atrevidos, ò rezelofos de el peligro que los amenazaba de defcubrir fu intencion, fe juntaban mas à menudo, y en una Affamblèa general que tuvieron en Amfterdam, y à la que concurrieron los ricos Mercantes de efta Ciudad, fuè con-

convenido, que se pusiesse un Exercito en pie ; que
saliendo à la frontera al arribo de su Soberano, se
opusiesse à qualquier precio à impedirle su entrada en los Paises Baxos. Como muchas gentes creian
impossible el Proyecto , Luis de Nassau que presi-
dia à la Junta, leyò las Cartas, que el Principe de
Orange su hermano, havia recibido de Isabèl Reyna de Inglaterra , del Principe de Condè , del Almirante Chatillon , de los Electores y otros grandes Señores de Francia , de Alemania , Inglaterra
y Escocia , en que todos con juramento ofrecian
poderosos socorros para mantener la nueva Religion ; esperanzandolos tambien (segun se dice)
que el Judio Micheè , poderoso en el Serrallo de
Constantinopla , empeñaria al Sultàn Selim à una
poderosa diversion , atacando las costas de Italia.
Tantas bellas esperanzas restablecieron el animo à los mas timidos: Todos adhirieron à la opinion del Conde Luis de Nassau , quien disuelta la
Junta y recibido dinero de los Confederados, passò à Saxonia , acompañado del Baron de Brederode,
à levantar Tropas. Estas noticias, percibidas por la
Governadora , la consternason , y sin poder tomar
partido , ni fuerzas capaces de oponerse à los Faccionarios , fatigaba al Principe de Orange , y al
Conde de Egmont por Cartas , y al Pueblo por
sus Edictos , que fueron el objeto del menosprecio
y la burla ; pues fortificados los Hereges con la
debilidad de esta Señora , y la proxima esperanza
de la subversion del dominio , arruinaron las Iglesias, sorprehendieron algunas Ciudades ; y desesperados de perdon , se abandonaron à todo genero de
excessos contra la autoridad Real. Como sus Tropas se aumentaban cada dia ; procurò la Governadora ponerse en estado de humiliarlos , haciendo
levas, publicando que el Rey venia à Flandes ; que
su Flota estaba yà en las costas de Vizcaya ; y obrò
con tanto vigor por la toma de Valenciena y de Am-
béres , que los menos penetrantes creyeron el par-

O 2   tido

tido difipado. Lo publicò de el mifmo modo, fea que fe lo perfuadieffe, ò ignoraffe las practicas de el Principe de Orange, ò que quifieffe impedir el viage de fu Mageftad à los Paifes Baxos, por ceffar fu autoridad al arribo de efte Monarca; y aun efcriviò à la Corte que las Provincias eftaban en paz: que havian buelto à fu obligacion, y que fe debian alejar las armas y amenazas por evitar mayores turbulencias.

El Principe de Orange, los Condes de Egmont, y de Horn efcrivieron al Rey, dando quenta de todos eftos movimientos afectando fu fidelidad, quando mas defcubrian fu malicia; y manifeftando fe reconocian inutiles, fuplicaban à fu Mageftad nombraffe Succeffores à fus Empleos, para que no llegaffe el peligro que temian baxo fus goviernos. Bien conociò el Rey, y el Confejo de Eftado, que el defprecio que hacian de sì eftos Señores, era el grado mas eminente, à que puede llegar la fobervia: Trabajòfe mucho fobre efte negocio; porque fe conociò que el achaque de Flandes, era como bala de nieve que corre por una Campaña nevada y para que no fe le agregaffe nueva cantidad, que de bola la convirtieffe en Monte, fe refolviò llevar alli la Guerra.

Las Cartas de la Governadora no tuvieron el fuceffo que fe prometia, por perfuadirfe el Rey las producia el defeo que tenia la Princefa de la permanencia en fu govierno; y perfuadido que folo las armas podian exterminar las revoluciones, diò fus ordenes para poner fu Flota en eftado de tomar el Mar el año figuiente, y para que eftuvieffe prompto el Exercito: pafsò defpues à Valfain para defcanfar de las fatigas del govierno, y ocuparfe en efte agradable Sitio en la diverfion de la Caza: Defahogabafe de el pefo de fus cuidados, divertido entre fus Arboledas, quando recibiò una Carta de Don Juan Manrique de Lara, de el Confejo de Eftado, Miniftro prudente y zelofo de-

deseando el bien de la Monarquia, y evitar las
dilaciones que causaban su ruina, por las compe-
tencias y oposiciones, regularmente ordinarias entre los Ministros. Le advirtió las causas de sus de-
sazones: lo que podia contribuir à su union, y à
que todos concordassen en un sentido por la causa
comun, que aunque pudiera insertarla la omito por
evitar digressiones: y como era concebida esta Carta en terminos bastante claros, desnuda del artificio propio de los Cortesanos, y que siempre los
Soberanos, aunque se les diga la verdad, quieren
que sea con sumission y que no se les advierta,
respondió à Manrique: *Que sabia desde mucho tiem-*
po lo que le avisaba: Que conocia los humores de sus
Ministros y su oposicion; pero que la era notoria su
fidelidad, y que tendria cuidado que la parcialidad no
triumphasse en su Corte.

Las voces de la partida del Rey à Flandes,
no solamente se havian esparcido en este Pais, sino en todo el Imperio. Hacianse grandes preparativos para aumentarlas: Levantabanse Tropas, aunque en menos numero de lo que se publicaba: Tra-
bajabase en el equipamento de la Flota que apromp-
taba formidable; para intimidar à los Confederados, tener en armas à los Principes vecinos, en la
incertidumbre del parage adonde caeria la tempestad, obligandolos por este medio à mantener sus
fuerzas en sus Estados, sin embiarlas en socorro
de los Flamencos.

Estas voces y preparativos aturdieron de tal
modo à los Confederados, que muchos pensaban
en bolver à su obligacion è implorar la clemencia
del Rey, quando el Principe de Orange, politico y sagàz, les asseguró, que no havia nada que
temer: que el Rey era lento en sus procederes y
no amaba la Guerra, ni se debia creer passasse à
Flandes; si, se debia rezelar embiasse en su lugar
al Duque de Alva, Capitan diestro y severo, que no
perderia ocasion de manifestar su odio à los Fla-
men-

mencos. Este temor que en adelante se halló fundado, obligò poco tiempo despues à este Principe à retirarse à Breda, Plaza muy fuerte y de su Patrimonio, en donde despues de alguna mansion, no creyendose seguro, passò à Alemania, deteniendose en Dilemberg, uno de los mas antiguos Dominios de la Casa de Nassau, De alli empezò à exhortar por sus Cartas, y por sus Emissarios à los Principes, y Ciudades de Alemania, à los Hereges de Francia, y Reyna de Inglaterra, para que con presteza le proveyessen de los socorros que necesitaria en breve.

Agitado su Magestad de varios discursos sobre su partida personal à esta Guerra, ò sobre conferirla à algun General habil, se hallaba indeciso sobre el partido que tomaria. Por una parte, temia la invasion de los Moros, y la rebelion de algunos que havian quedado en el Reyno de Granada despues de su Conquista, y por otra, los negocios domesticos de la Corte (sin hacer manifiesto estos rezelos, que bastante ruido hicieron en el mundo) y avivando la voz de su partida, hizo preparar sus equipages, nombrò los que le debian acompañar, y arreglòlo conveniente à su marcha. Tuvo diversos Consejos sobre la eleccion de sugetos, à quienes debia fiar en su ausencia el govierno de España: Embiò à pedir passo por la Francia al Rey Carlos Nono, para èl y algunas Tropas. Despachò à Don Juan de Acuña, à Filiberto Duque de Saboya, para formar un Mapa Geografico de todos los passos del Apenino, y de los Suyzos, y en particular de los Desfiladeros, de los Rios y Bosques, para que instruido, no huviesse obstaculo alguno en su camino.

Estas fatigas le causaron unas tercianas, que dieron lugar al vulgo, para decir era pretexto para no partir, ò diferir su viage, hasta atraer à sus Interesses los Principes sus vecinos; mas haviendo recibido Cartas de la Governadora, en que avisafaba que los Rebeldes meditaban oponerse à su entrada en los Paìses Baxos, y que tenian à este fin en Francia, y Alemania promptos socorros: Diò immediatamente ordenes precisas para poner su Armada en estado de hacerse à la vela, juntar sus Tropas, y acabar quanto antes los preparativos que de exprofesso havia dilatado. Esta que parecìa aceleracion, no subsistiò mucho: no pareciendole decoroso exponerse à la insolencia de un Pueblo rebelado; temiendo empezar una Guerra, que segun sus apariencias havia de durar mucho tiempo, estando la Flandes distante de sus otros Estados, y à mano para recibir socorros de los antiguos Enemigos de la Casa de Austria, que se aprovecharian de la ocasion de debilitarla, y que pereciesse mucha gente para afirmar su autoridad menospreciada, y atraerse sobre sì una parte de los Estados de la Europa, empeñados en las nuevas opiniones: no juzgaba correspondiente declarar la Guerra à los Vassallos hasta el ultimo extremo, y sì, de su importancia el passar à Flandes; porque muchas veces la presencia del Soberano apacigua los amotinados, aunque vencedores. La experiencia de Carlos Quinto su Padre se lo manifestaba bastantemente, pues con solo verle los de Gante, depohiendo su sobervia, imploraron la clemencia de su Magestad Imperial.

Como el Papa San Pio Quinto, y la Governadora le molestaban por sus Cartas, sobre poner fin à los desordenes de Flandes que se aumentaban cada dia, juntò el Consejo de Estado, mas para conocer los sentires y capacidades de sus Ministros, que para diferir à sus dictamenes. Concurrieron à la hora señalada, el Duque de Alva, que aunque criado en los Exercitos, tenia una politica, que sino excedia, igualaba à la de los mas envejecidos Cortesanos: Entendia perfectamente los artificios, al passo que los aborrecia: Seguia el Principe de Eboli, insinuativo, de espiritu suave y facil,

cil , comprehendia las inclinaciones del Rey, y con-
formaban admirablemente : Sus consejos no tenian
mas fuerzas , que las que notaba en los ojos de su
Amo , à quien deseaba complacer en todo. El Cardenal Spinosa , que aunque su nacimiento era menos distinguido , su alto merito y dignidad le hacian superior : Era Inquisidor General , y despues
de la desgracia del Principe de Eboli, le succedió
en el Ministerio. El Duque de Feria , Decano de
este Consejo , y gran politico , concordaba en
todo con el Ministro. Don Juan Manrique de
Lara , hermano del Duque de Naxera ; admirable
por su eloquencia sincera , costumbres integras, firmeza intrepida , y zelo por el Estado ; cuyas calidades heroicas le hacian semejante al Duque de
Alva. Don Antonio de Toledo , Capitan de las
Guardias de à Cavallo de su Magestad , muy conocido por la severidad de sus costumbres ; y eloquencia modesta. El Padre Bernardino de la Fresne-
da , Religioso de San Francisco , Confessor de el
Rey , recomendable por su gran sabiduria , y una
piedad de las mas solidas. No hablamos de Don
Antonio Perez , personage astuto , sagàz y de una
ciencia profunda , ni de otros muchos que assistie-
ron à este Consejo.

El Rey assistió à él , tanto para descubrir los
verdaderos pareceres de cada uno, quanto para detener con su presencia los espiritus acalorados. El Ministro seguro de la voluntad del Rey , tomando
la palabra el primero , dixo : *Que era lamentable*
y muy peligroso , dexar sin Governador un Pais tan
basto , cuya Nobleza era tan belicosa y los Pueblos tan
ricos : Que no era de presumir que se pudiesse resta-
blecer la Paz en Flandes , y bolverla à su obligacion,
quando la autoridad Real no fuesse mas respetada:
Que era insufrible que el Rey se viesse precisado à
acometer unas Vassallos Rebeldes con peligro de su vida,
por sacar una parte de sus bastos Estados de las ma-
nos de un pequeño numero de Vandidos : Que si el

Es-

Estado estaba en peligro de perderse, estaba su Magestad obligado à sacrificar voluntariamente la vida para salvarle: pero no siendo mas de una Provincia turbada por algunos amotinados, querer que su Magestad passasse en persona à ponerlos en la razon, era confessar que yà no havia en el Reyno Tropas, ni Capitanes para castigarlos: Que un medico se contemplaba poco habil, si desde el principio de una enfermedad empleaba los ultimos remedios: Que luego que los Flamencos viessen à su Magestad armado para castigar su rebelion, se precipitarian à mayores delitos, y arriesgarian con desesperacion: Que en efecto era peligroso à un Principe conservar su vida, quando un infinidad de desesperados hallan su salud con su muerte: Que no era imposible hacer bolver à los Flamencos de sus errores; porque lo que havian hecho hasta entonces, un Juez pacifico, y recto, podia hallar lugar à la justificacion; siendo mas facil reprimir los vicios con suavidad, que de corregirlos con rigor. Que pues su Magestad era de genio compasivo y dulce, no se detuviesse sobre los delitos de estos Pueblos: Que si, se procurasse quitarles el motivo de cometer otros nuevos; siendo mas agradable dexarse engañar alguna vez, que hacerse temer demasiado; porque lo uno atraìa el cariño, y lo otro fomentaba el odio: que el solo nombre de su Magestad haciendose oìr de lejos, era suficiente à mantener la autoridad; pero que si los Rebeldes le veìan reducido à la condicion de los Generales ordinarios, perderian el respeto, tomarian las Armas, y se opondrian abiertamente à destruir esta autoridad que tanto se debia atender: Que con embiar à Flandes un Governador suabe, zeloso y de autoridad, seria suficiente para aquietar las sediciones, reprimir los Rebeldes, mas como buen mediador, que vencedor: Que de este modo se atraeria el amor y aficion de aquellos Pueblos, enseñados à la libertad concedida por sus antiguos Principes, y cessaria el motivo de exponerse su Magestad à los riesgos de una Guerra intestina.

Todos parecian con el silencio aprobar este discurso. El Cardenal Spinosa, y el Duque de Feria le aplaudieron; el primero por ser hechura de el Ministro; y el segundo por creerse nombrado Governador de los Paises Baxos, y saber que havia hablado segun la mente del Rey, por haver notado en el semblante de su Magestad no le displacia. Como los otros Ministros no havian observado con menos curiosidad la deferencia de el Rey, iba passar por decissivo el dictamen de Don Rodrigo, quando levantandose el Duque de Alva, dixo: *Señor, no venimos aqui para instruir à vuestra Magestad: sin embargo, estimulado del honor, y de lo que he aprehendido de vuestro Augusto Padre (y me hicieron conocer mil experiencias) en los importantes negocios que he manejado baxo de su Reynado, como que este ilustre y grande Emperador, solo me encargó de ellos y confió sus secretos, para bolverlos à Vos. Conservò à los Flamencos por su magnificencia, sus liberalidades y amor sincero; estimò aquel Pais, y algunos amotinados sublevando solo la Ciudad de Gante, abandonò el cuidado de España y del Imperio; atravesò la Francia, aunque sospechosa, para bolver esta Ciudad à su obligacion, impidiendo por este medio que tomando cuerpo la revolucion, fuesse mas funestas sus consequencias. Esta aceleracion es para vuestra Magestad un grande exemplo. Aunque os parece pequeña la Flandes, teneis pocas Provincias que le sean comparables. Una pequeña chispa, suele causar un grande incendio, un delito sin castigo sirve de imàn à otros...*

Es de la obligacion de un Principe, velar sobre todo y no omitir nada, que para esso le sacrificamos nuestra libertad, empleamos nuestros brazos y nuestra vida; y assi la naturaleza instruida por su Autor, ha querido, que los miembros estèn en disposicion de defender la cabeza, silla y residencia de los espiritus, proveyendola de ojos para vèr y precaber el daño que puede amenazar al resto del cuerpo. Las manos y los pies no obran, ni se mueven sin su orden: Assi, Se-

ñor,

tor, la tenemos en vuestra Magestád: pero, es menester no alucinar los sentidos, para mandar bien los
miembros. Convengo que los Consejeros y Ministros fieles, de que Dios os ha proveído, pueden ser mirados
como antorchas, que os conduzcan al camino de el govierno: mas es imprudencia servirse de luces agenas,
quando sobran las propias. Porque, nó haveis de seguir el exemplo de vuestro Augusto Padre, y los de
otros grandes hombres que hicieron lo mismo en semejantes ocasiones? Por qué tan avisado, confiais à otro
que à vos la seguridad de vuestros Estados? No importa que los Flamencos se os presenten armados, pues
vuestro animo y presencia los acobardàrà. Dícese que la
España pribada de la vista de su Principe, no siendo
detenida por el temor de las Tropas que le acompaña-
van, se llenarà de turbulencias y divisiones: Hà! Si
me fuera licito enojarme à los ojos de vuestra Magestad, me propassaria contra una proposicion tan ver-
gonzosa. Pero se me dirà, nada amenaza ruina, para qué empeñarse con tanto calor en una Guerra tan
fatal à los vencedores, como à los vencidos, y que
producirà en el espiritu de unos y otros un odio mortal? Por mi assentiria al parecer de Don Rodrigo, si
es bastante atrevido atacar armado de su sola clemencia, un Exercito furioso de ingratos Vassallos, que despues de beneficios superiores à los que han merecido,
ofenden al Cielo y à vuestra Magestad: Las Iglesias
estàn derribadas, ù profanadas, pribadas de todo
exercicio, y sin Sacerdotes: Los Campos no tienen
quien los labre: las Ciudades estàn desiertas, no se
vèn en Flandes sino expectaculo de horror, movimientos sediciosos, y preparativos à una revolucion general.

Don Rodrigo podrà acaso libertar estos Países de
tantos males por su prudencia, y sin castigo? Qué
esperar pues? Como de tratar de vagateles los delitos
mas enormes? Quien querrà exponerse à esta furia,
sin estàr sostenido de la presencia del Rey? Ella sola
puede sin armas, ni suplicios, apagar las llamas ar-
dien-

dientes de la rebelion. Replicaráseme *una rebelion se
disipa mejor con armisticio, que con suplicios. Yo res-
pondo que solo un Principe cobarde, puede comportar-
se de un modo tan poco decoroso à su honor : Còmo la
enormidad del delito se ha de dexar sin castigo? Què
no serà permitido pues? Quien estarà seguro? No
se sabe que el castigo de algunos amotinados, buelve
la tranquilidad à todo un Exercito, que la gracia que
se concede à los demàs passa por clemencia. No aconse-
jo à vuestra Magestad sea cruèl, ni cosa que sea capàz de disminuir su gloria : Es caridad cortar un miembro dañado para que el resto del cuerpo no peligre : abor-
recemos nuestros miembros, ò los de nuestros hijos,
quando los damos al Cirujano à cortar? Se debe quitar todo aquello que puede perjudicar, prefiriendolo à
qualquier dolor que padezcamos. No dudo que los remedios suabes y la quietud no curen una enfermedad
que empieza, y que no ha tomado aùn profundas raì-
ces ; pero la de los Flamencos es inveterada, no se
puede curar sin recurrir à los cauterios del hierro y el
fuego. No soy tampoco de dictamen, que sea propio
de la Magestad exponerse sin primero hacerse preceder
de un Exercito poderoso, mandado por un General firme è intrepido, que atrayendose sobre sì todo el odio,
prepare à los Flamencos, para que reciban à su Soberano con respectuosa obediencia y sumissión.*

Don Juan Manrique de Larà, tomando des-
pues la palabra, esforzò la justicia concebida por el
Duque, insistiò con todo vigor que su Magestad
hiciesse preparar su camino por un Capitan, de
las calidades que se hallaban solas en el Duque.
El de Feria fuè de sentir contrario, atacándo per-
sonalmente al Duque y à Manrique, tratandolos
de un modo tan injurioso, que no púdiendolo tolerar Don Antonio de Toledo, lo interrumpiò ; ibase
reducir à contienda, quando sentido el Rey, diò
orden à todos se retirassen.

Estaba la noche abanzada, quando salieron de
el Consejo. Don Rodrigo no la tuvo buena ; ima-
gina-

Empezabase yà vèr desfilàr los vagages del Rey para Flandes, y que el Duque posseeria todo su favor, por ser el unico sugeto que havia de mandar el Exercito, y que sus laureles le havían de atraer toda la estimacion de su Magestad, y el cortejo del Exercito; y por libertarse de estos zelos, hay opiniones que el mismo solicitò se le diesse el mando, ofreciendo hacer bolver à los Flamencos en su obligacion sin sacar la espada. Negòselo el Rey, y aun la vulgaridad tuvo que censurar.

Hallabase su Magestad determinado havia algunos tiempos, à nombrar un Governador de los Paises Baxos: Muchos lo deseaban por la suprema autoridad, ignorando à què precio la havian de assegurar. El Rey lo conocia todo, bien sabía que nadie otro que el Duque de Alva, podia ocupar este puesto: Por ultimo, le nombrò con el mismo poder y facultad que su misma persona: Señalò el numero de Tropas que debian acompañarle. Esta determinacion no sorprehendiò à nadie: Los Emulos del Duque se persuadieron, à que este grande Empleo le seria fatal, por los riesgos que havia de correr, y que à lo menos seria obligado à mantenerse mucho tiempo en los Paises Baxos, y que algun accidente podria disminuir su reputacion; y que si contra todo lo que se esperaba salia bien, se hacia un merito de tal calidad, que no pudiendo el Rey recompensarle, lo apartaria de sì, por ser esta, maxima comun entre algunos Principes.

Preparabase todo para la partida del Duque. Su Magedad havia embiado yà sus ordenes à los Governadores de Italia, Cartas à los Duques de Saboya, de Lorena, y à los Suizos para pedir passo por sus Estados para la Tropa. El Rey Christianissimo se lo havia rehusado con el pretexto de las Guerras Civiles que combatian su Reyno. El Principe de Condè, el Almirante Chatillon y otros Gefes de los Hereges lo assolaban: Estos temiendo alguna invasion en Ginebra, embiaron Tropas,

pas , recelandose de que el Duque de Saboya , que tenia juftas pretenfiones fobre efta Capital de el Calvinifmo , ayudado del Duque de Alva , interteffe reducirla : era comun la voz que efta empreffa fe havia concertado en Efpaña : El Duque la intentò , pero no le correfpondiò fu idèa. Hacia por fu parte la diligencia pofsible para marchar à la Primavera, y difpuefto todo , fe defpidiò de la Corte el dia diez de Abril de 1567. Abrazòle fu Mageftad , y le encomendò fobre todo la Religion en los Paifes Baxos , permitiendole edificar Ciudadelas , mudar Governadores , caftigar los Autores de la rebelion , perdonar al Pueblo , y arreglarlo todo fin dependencia de la Governadora.

HISTORIA
DE
D. FERNANDO
ALVAREZ DE TOLEDO,
(LLAMADO COMUNMENTE EL GRANDE)
PRIMERO DEL NOMBRE,
DUQUE DE ALVA.
PARTE TERCERA.

CAPITULO PRIMERO.

Aviendo marchado yà el equipage, partiò de Madrid el catorce del mismo mes, acompañado de diversas Personas de calidad, llegò à Carragena à principio de Mayo: pusose à la vela el tercero de el mismo, y el diez y siete tomò tierra en Genova. La Mar le havia fatigado, cayò malo, y estuvo obligado à hacer alguna mansion en Genova para restablecerse, aunque sin guardar Cama. Los Nobles Genoveses le regalaron magni-

nificamente en las Casas de Campo que tienen à la
falda del Apenino: De Genova passò à Alexandria, adonde el Duque de Alburquerque, Governador del Milanesado le esperaba para festejarle.
El Conde de Anguisola, Embaxador de su Magestad à los Suizos, havia obtenido de ellos, no
solamente el passo del Exercito, mas aùn la leva
de algunas Tropas. Los Diputados de Casal que
fueron à visitarle à Alexandria, le suplicaron pusiesse Guarnicion en su Ciudad, y los libertasse de
la dominacion dura del Duque de Mantua. Como
esta ocasion era de las mas ventajosas, no le pareciò despreciarla ; pero la Guerra de los Paises
Baxos, que tal vez daria bastante que hacer à España, sin atraerle nuevos Enemigos en Italia, los
despidiò con buenas esperanzas, encargando al Duque de Alburquerque, no perdiesse la ocasion de
apoderarse de una Ciudad de aquella consequencia,
y que hiciesse entrar Guarnicion en ella, luego
que recibiesse noticia de la pacificacion de Flandes.

Despachò desde Alexandria à Don Bernardino de Mendoza al Santo Padre, para asegurarle
de sus profundos respetos, y protestarle que iba à
emprehender todo lo possible, para restablecer la Religion Catholica en los Paises Bixos. De Alexandria passò à Asti y de alli à San Ambrosio, en
donde passò Revista à su Exercito, poco considerable por su numero, mas formidable por su valor, y el de su General, que tenia por maxima
no querer Exercito muy numeroso, que se mueve
con mucho trabajo y embarazo, es menos disci-
plinable, y el gran numero hace al Soldado arrogante y dispuesto à amotinarse: No sucede lo
mismo en el pequeño, hace pocos gastos, y baxo la orden de un habil General, no hace menos
servicios. Queria buenas Tropas y pocas.

Antes de partir de la Corte, havia obtenido
facultad del Rey para sacar de Italia los Soldados
de

Año de
1567.

de su Escuela, y substituirles Thenientes en los Castillos y Plazas que ocupaban. Su Exercito consistia en tres mil Infantes Españoles, que Don Alphonso de Ulloa, principal Cavallero de Caceres, havia sacado de las Guarniciones del Reyno de Napoles, en mil y doscientos hombres de el Regimiento de Milàn, baxo las ordenes de Don Sancho de Londoño su Coronèl, en mil seiscientos hombres de el Tercio de Don Julian Romero, (no menos distinguido que los demàs que acompañaron al Duque, pues siendo hijo de si mismo, (como dice un Autor) no pudo tener mas noble Progenitor) igual numero de Españoles, que obedecian à Don Gonzalo de Bracamonte, de la Casa de Peñaranda. El Duque juntò à estos ultimos, quatro Brigadas de Soldados escogidos, por lo que este Exercito era todo de Tropa Veterana, la Visoña havia sido distribuida en las Ciudades donde se mantenian Guarniciones. La Cavalleria consistia en mil y doscientos hombres, entre Españoles, Italianos, y Alvaneses, que mandaba Don Fernando de Toledo, Gran Prior de Castilla, su hijo natural, teniendo à su lado Don Lope de Acuña. Chapin Vitèli Marquès de Suetone, era Mariscal de Campo General de este Exercito, y Zerbellon General de Artilleria, Don Antonio Olivera hacia de Comissario General de Cavalleria. Este Empléo era nuevo, le havia creado Fernando de Gonzaga, y solo se havia servido de èl en los Exercitos de Italia, y el Duque conociendo su utilidad le hizo passar en Flandes. Este Exercito le aumentaba gran numero de Nobleza voluntaria y Oficiales de raro merito: Los mas distinguidos, eran Cesar Davalos, hermano del Marquès de Pescàra, Don Raphaèl Manrique, Don Bernardino de Mendoza, Don Juan de Guevara, Don Lope Zapata, Gentil-Hombre de Camara de su Magestad, Don Christoval Mondragòn, que de simple Soldado subió por su valor, hasta el Generalato de los Exercitos, Don Sancho

Tom. II.   Q   Da-

Davila de la Cafa de las Navas, Governador de Pavia, Don Geronimo de Salinas, Governador de Puerto-Hercules, Don Juan de Salazar, Governador de la Ciudadela de Panorma, Don Francifco de Bobadilla, defpues Conde de Puñon Roftro; Don Alonfo de Vargas de la Cafa de Sierra-Brava, y otros muchos, que feria molefto referir.

El Duque que no penfaba mas, que en adelantar el Arte Militar, pufo en cada Compañia de Arcabuceros quince Mofqueteros. Como los Mofquetes eran entonces muy pefados y gruelfos, folo fe fervian de ellos en las Plazas fitiadas, el Soldado le apoyaba de un lado fobre el parapeto, y del otro, fobre un madero compuefto de tres pies unidos por arriba, con un pedacito de madera muy eftrecho, que componia un triangulo, fobre el qual eftaban dos clavos, que foftenian la culata de el Mofquete. El Duque havia puefto eftas armas tan pefadas al Soldado fobre las efpaldas; pero para darle mas facilidad de tirar, inventó eftas horquillas que fe ufaron defpues.

Los Flamencos fueron confternados, quando fupieron que el Duque paffaba armado à fu Pais: Importunaron à la Duquefa de Parma fu Governadora, con ruegos le hiciefle defiftir, afeſtando una fumifsion tan verdadera de fu arrepentimiento, que efta Princefa efcrivió en fu favor al Rey fu hermano, diciendole: que na la eftaba mas humillado, que la Flandes: que el Exercito feria no folamente inutil, mas aun peligrofo; pues haria revivir las yà apaciguadas turbulencias, eftimulandole penfaffe en efto con reflexion, y haciendole prefente fe diria en el mundo, que fe embidiaba la reputacion que havia adquirido, con haver pacificado y reftablecido la concordia, y el refpeto en aquellas baftas y ricas Provincias: Procuró aun hacer retroceder al Duque, participandole por reiterados Correos, que la Flandes eftaba en paz, y no fe acordaba de movimientos inquietos. Todo fuè

fuè inutil , el Rey no mudò de idèa , ni el Duque
en suspender su marcha. Partiò del Milanesado el
ocho de Julio , embiando delante à Zerbellon , con
orden de demarcarle un parage en los Alpes , en
donde pudiesse acampar comodamente. Diviòò su
Exercito en tres Cuerpos : El primero de tres mil
Infantes Españoles y quatrocientos Cavallos , y
puesto à la frente de este Cuerpo , se abanzò à descubrir los Bosques , Rios y Desfiladeros que se hallaban en su camino : Seguia el segundo Cuerpo,
compuesto de las Tropas del Milanesado à las ordenes de su hijo Don Fernando de Toledo , y despues el tercero à las de Vireli.

Como tenia que passar un Pais estèril , cortado de Selvas, Peñascos escarpados , Gargantes , y Desfiladeros , muy penoso de seguir el Exercito junto , y era falto el Pais de Viveres , y que no permitian los caminos se transportassen en carros , dispuso que estos tres Cuerpos marchassen separadamente. La Avanguardia levantaba su Campo , quando el Cuerpo de Batalla llegaba , y este quedaba
acampado hasta el otro dia que seguia la Retaguardia : de modo que siempre estaban ocupados
tres Campos , y el del Avanguardia servia à los
otros dos Cuerpos : En esta disposicion atravesò el
Pais de los Grisones y Suizos , y despues de catorce dias de marcha acampò à Mont-Fleury, en
el franco Condado de Borgoña : Alli se juntò todo el Exercito , y le reforzò con quatrocientos Cavallos de este Pais , de que hizo un pequeño Regimiento ; y aunque los Pueblos de aquella Provincia siempre fieles à España , le ofrecieron un
Cuerpo de Cavallería mas numeroso , y dos Regimientos de Infantería , con lo demàs que pendia de
ellos , no los admitiò , y correspondiò à su efecto
dando las gracias. Siguiò su camino y entrò en
Thionvila à fines de Agosto , sin haverse adquirido Enemigos por donde transitò , ni haver sido
atacado en su camino ; porque aunque Tabannes

Q 2   Ge-

General de los Exercitos de Francia, le costeó por
orden de Carlos Nono à su passo por la Frontera.
No fuè mas que para Impedir à los Soldados de
que apastandose, cometiessen algunos desordenes.

Ninguna Historia nos enseña haya passado un
Exercito por Pais tan dilatado y marchas tan continuas, sin cometer excesso: La del Duque es la
unica que nos la hace vèr. Encantò à todo el mundo: No se viò à ningun Soldado tomar la mas
minima cosa; los Rebaños pacian con seguridad en
medio de ellos, y los otros animales domesticos no
corrian riesgo. Solo à tres Soldados se acusò de haver
hurtado algunas Ovejas, fueron arrestados, y los
iba hacer ahorcar, quando los Gentiles-Hombres,
que el Duque de Lorena havia embiado para cum-
plimentarle de su parte, intercediendo por ellos,
consiguieron que dos fuessen perdonados, y que ti-
rando à la suerte para vèr à quien de ellos tocaba
el fallo, cayò el villete negro al delinquente, con-
fessòlo ingenuamente, y declarò que sus dos compañeros no havian tenido parte en el hurto. Esta
que pareciò demasiada rigidèz no fuè inutil; pues
el exemplo mantuvo à los Soldados en su deber,
no prometiendose siempre intercessores semejantes.

Carlos de Barlemont, Governador de Namur,
y Phelipe de Noircarmes, fueron à recibir al Duque à las Fronteras de Flandes, y despues de haverle cumplimentado de parte de la Governadora,
le preguntaron à què fin era su venida? Manifestò-
les la Patente de su Magestad, con que quedaron
satisfechos. Despachò à Don Francisco Ibarra para cumplimentar de su parte à esta Princesa, à
quien hizo entender con sumission, que era de la
Magestad del Rey, que estaba para passar à Flandes, estuviesse con mas seguridad en su Capital.
Hizo ocupar las Puertas, y los Arrabales con buenas Tropas: Distribuyò otras en los Lugares cir-
cun-

cunvecinos, por mas que dixesse la Governadora para
impedirlo. El Duque apenas pisò las tierras de Flandes, quando reconociò la poca fidelidad de muchos
de sus magnates, pues acusados del remordimiento de su conciencia, se havian retirado à Alemania, el Principe de Orange, con sus dos hermanos Luis y Adolfo, los Condes de la Marche, de
Calemberg y otros muchos de inferior classe. Luego que llegò à Bruselas, hizo ocupar à Amberes
por quatro mil Alemanes, que mandaba el Conde
de Lodron con que venia à juntarsele. Passò despues à Palacio, seguido de numeroso cortejo de
Oficiales y Nobleza, saludò à la Governadora, y
despues de haver estado muy poco tiempo con su
Alteza, se retirò al Palacio de Culembourg, señalado para su alojamiento.

Al otro dia bolviò à Palacio con mas sequito
que el antecedente; y queriendo hablar à la Duquesa, se escusò de verle, con el pretexto de
una incomodidad que le havia sobrevenido, creyendo fuesse de algun lauro à su grandeza, que el
Duque la esperase algun tiempo en su Ante-Cama-
ra, persuadiendose que la autoridad de este General recibiria alguna diminucion. Los especulativos discurrieron que havia querido bolverle el cam-
bio de la breve visita que el dia precedente le hizo, esperò un poco, y finalmente se dexò ver.
Introducido en su quarto, y retirada toda la gente, le manifestò los Poderes en que su Magestad
le autorizaba para el mando de las Tropas, edificar Ciudadelas, mudar los Governadores y Magistrados; añadiendo que su Magestad le havia dado mas Poderes que convenia callar, por estàr èl
solo expuesto al odio de los Pueblos; que con todo no emprehenderia nada sobre su autoridad, deseandola governasse la Flandes dilatados años y
con mucho aplauso.

Estos Poderes que no dexaban à la Duquesa de
Parma, mas que el nombre de Governadora, la
irri-

irritaron de tal modo , que dixo : *El Rey , pues hallò un Vaſſallo mas fiel y mas lleno de zelo que ſe puede confiarle los ſecretos y la conſervacion de la Flandes? Doyle la enhorabuena ; me alegro que tenga tantos grandes hombres , y que eſtè perſuadido baſtante de ſus capacidades , para preferirlos à ſu propia hermana. Què debo eſperar y prometerme en eſte Pais , ſino verguenza y menoſprecio? Os hacen dueño de la Guerra , de los hombres y de las Ciudades: Eſtoy muy reconocido à mi hermano! Me dexa las Igleſias y los Campos ; las primeras naturalmente para rezar , y los ultimos para paſſear. Tomad , Señor , tomad el cuidado de Flandes , mandad à la Juſticia , y à las Leyes , confundid todas coſas por el terror de vueſtras armas , pues todo os es permitido.*

El Duque usò de mil ruegos y ſuplicas para moderar el ſentimiento de la Governadora , y hacerla tragar con mas ſuavidad aquella pildora: Proteſtò que no haria nada ſin ſu conſentimiento ò por ſus ordenes ; que ſolo le animaba el ardor de ſervirla , ſignificandola que lo que miraba como motivo de mortificacion le ſeria muy ventajoſa , y podria por eſte medio conſervar la eſtimacion y favor del Rey. Emplèo para ſoſſegarla los apreciables nombres de hija de Carlos Quinto , de hermana de un Rey poderoſiſsimo , y todo lo que era capàz hacerle impreſsion , pero ſin efecto. La Duqueſa de Parma era muger , ſin la debilidad de ſu ſexo : tenia la grandeza de alma , las virtudes heroicas de Carlos Quinto ſu Padre , y ſolo eſcucho ſu agravio.

Eſcriviò al Rey ſu hermano , pidiendole la demiſsion de ſu encargo , quexandoſe de que pagaba ſus ſervicios con ingratitud : que deſpues de haver eſtado nueve años expueſta al motin de los Flamencos , haver aniquilado ſus fuerzàs , y ſu ſalud para contenerlos ; ſe pretendia obſcurecer ſu eſtimacion , cubriendola de infamia , con dàr à conocer la mundo ſe tenia ſoſpecha de ſu procedimiento.

No

No haviendo podido el Duque fofegar à efta Señora, ni mitigar fu finfabor, fe retirò à fu Palacio, eftuvo algunos dias fin falir, con pretexto de defcanfar de las penalidades de fu viage y reftablecerfe. Para forprehender mas facilmente à los Rebeldes, pareciò darfe todo à la clemencia, tratando à los mas principales del modo mas agradable y pacifico, combidandolos muchas veces à comer; pero recelandofe de ellos, nunca quifo vifitarlos, ni comer en fus cafas, por mas que fe le fuplicaron, fiempre fe efcusò con fus achaques, y empleando las primeras femanas en hacerfe inftruir de las caufas de efta rebelion y fus Autores; luego que eftuvo bien impuefto, refolviò caftigar los Gefes, para que el refto cayeffe de si mifmo.

El ocho de Septiembre de 1567. hizo juntar el Confejo, y convocar à todos los Flamencos que tenian entrada y afsiento, deftinando aquel dia à la prifion de los principales Rebeldes: para que fe hicieffe con orden y fin tumulto, mandò à Juan Spucio, y à Don Andrès de Salazar, prender à Cafembrot, Secretario de el Conde de Egmont, que fe creia fupieffe el fecreto de toda la conjuracion. Don Sancho Davila y el Conde de Lodron tuvieron el encargo de affegurar à Antonio Strales, Bourgmeftre de Amberes, à quien cogieron en un carro cargado de heno, en donde por remordimiento de fu conciencia, fe efcapaba para huir con mas feguridad. El Conde de Hooftrate, fe falvò por fu buena fortuna, el Duque lo havia hecho avifar para el Confejo, en donde debia fer arreftado; pero una indifpoficion le impidiò llegar à tiempo; y recibiendo en el camino la noticia de eftas prifiones, por huir el riefgo, tomò la Pofta y pafsò à Alemania cerca del Principe de Orange. El Duque tomaba con fofsiego los pareceres del Confejo, fobre el modo de hacer entrar à efte Principe en fu obligacion, proponia nuevas dificultades para ganar tiempo; mas avifado sado que sus ordenes estaban executadas, despidiendo al Consejo, dixo à los Condes de Egmont, y de Horn, si gustaban ver algunos Planes de Ciudadelas, que queria construir: Hizolo de tal modo, que en un instante los separò, quedando siempre con el de Egmont, conduciendole hasta la entrada de una pequeña Galeria, en dònde se hallaban algunos Oficiales armados, que mandaba Don Sancho Davila; y dexando las cortesias, le dixo con voz imperiosa: *Señor Conde, daos à prision, ù os mato. Entregad vuestra Espada,* poniendole la suya à los pechos. Este, no esperado cumplimiento lo sorprehendiò; mas como era animoso, bolviò luego con su acostumbrado espiritu; y entregando su Espada, respondiò al Duque con una voz igualmente arrogante, y firme: *Os entrego un hierro, mil vezes mojado en la sangre de los Enemigos de mi Rey, y de mi Patria, vengando las injurias hechas à mi Soberano: mirad lo que haceis, temed de veros algun dia obligado à bolverme esta Espada y mi libertad; porque acaso la necesitareis para hacer bolver à su obligacion à los Flamencos, de cuya rebelion me haceis Autor.* Y con rostro sereno, siguiò sus Guardas con mucha tranquilidad, y sin hacer mencion de lo que acababa de suceder, se entretuvo con ellos en materias diferentes y aun alegres.

El de Horn, fuè arrestado al mismo tiempo, por Don Fernando de Toledo, y puesto à la custodia de Don Geronimo Salinas: Ambos fueron llevados à la Ciudadela de Gante, que tenia una gruessa Guarnicion de Españoles naturales, donde se les puso separadamente. El Conde de Buren, hijo Primogenito de el Principe de Orange, fuè preso el mismo dia en Lobaina, en donde se hallaba estudiando. Todo el mundo quedò assombrado de esta, que parecia violencia, jamàs consternacion fuè igual à la de los Flamencos. Amaban al Conde de Egmont como à su Padre, vieronse agitados
de

dé diverfos fentimientos de colèra y de amor; hu-
vieranfe amotinado , fi el Duque no fe huviera af-
fegurado de todos los Pueftos de la Ciudad , y
avenidas del Palacio de Culembourg , con buenas
Tropas de Infanteria , mientras la Cavalleria corria la Campaña.

El Pueblo folo pudo explicarfe con quexas y
amenazas , lloraba la fuerte del Conde de Egmont,
daban mil elogios à la conducta y prudencia del
Principe de Orange , y de los demás fugitivos.
Dicefe que efte Principe havia exhortado muchas
veces al Conde , à feguirle en fu fuga , y no contar fobre lo que era debido à fus grandes fervicios , ni fobre las bellas promeffas de los Efpañoles. Efte havia no folamente reprobado eftas propoficiones , mirandolas como efecto de un terror
panico , fino que burlandofe del defignio de falir
de Flandés , le reprefentó con baftante fuerza , las pefadumbres infeparables de una refolucion femejante : *Veo* (le refpondió el Principe)
lo que podrè fufrir durante mi deftierro , que prefu-
mo largo , y que ninguna de las pefadumbres que ten-
drè que padecer , no fe apartan de mis ojos : fin em-
bargo , no me ferán tan fenfibles , que la confidera-
cion de los males à que os exponeis , y de los peligros
que corren con vos ; los que fe fometen à la difcrecion
de los Efpañoles. Riendofe el Conde de efta refpuefta , dixo al Principe : *Tendrè , pues , un Pa-*
riente fin hacienda , y fugitivo en los Paifes Eftran-
geros. Replicole el Principe enojado : *Y yo tendrè*
uno fin cabeza ; porque haveis de faber amado Conde,
que la vueftra fervirà de Puente à los Efpañoles , pa-
ra entrar en los Paifes Baxos , y eftablecer en ellos,
una autoridad defpotica.

El Principe partió fin detenerfe , repitió Cartas è hizo grandes , pero inutiles esfuerzos para fa-
càr al Conde de Flandés : Nada le movió , arraftrado por fu infeliz deftino , y el amor à fu Familia , por lo grande de fus fervicios ; las promeffas

de la Governadora, y tal vez por lo inadvertida
prevencion de no poder hacerse evidentes sus delitos, y quando fuessen algunos, no podrian causar su perdicion, esperò con demasiada tranquilidad los efectos del enojo del Rey, sobre cuya clemencia havia contado.

Y Arrestados con esta precaucion, y sin ruido
ambos Condes, embiò el Duque à Mansfeldt, y
Barlemont à dàr cuenta à la Governadora de lo
que havia executado, y disculparse de no haverle
dado parte de este negocio, porque assi lo pedia
la importancia, y tenia orden de no hablarla de
todas las resoluciones que parecian violentas, para
atraerse sobre si el daño que de ellas resultaria.
No respondiò nada à esto, mas despachò luego à
la Corte de España, al famoso Machiavelo su Secretario (bien conocido por el nombre, y perni-
ciosas maximas), para pedir se la permitiesse salir
de los Paises Baxos, pretextando que el ayre gros-
sero de estas Provincias, havia causado tal mutacion en su salud, que no podia hacer mas mansion sin riesgo de su vida. Notaba en las Cartas
que este gran Politico, presentò al Rey, todo lo
que acababa de suceder en Bruselas, sin dissimular quanto sentia, que el Duque obrasse de esta
suerte, sin su participacion. Como no havia aun dexado el govierno, hizo publicar un Decreto severo contra los Mercaderes, y demàs personas que
querian retirarse de las diez y siete Provincias con
sus efectos, declarando, que los que fuessen cogidos en
esta huga, serian castigados como Desertores.

La Francia se hallaba à la sazon combatida por
las armas de Catholicos, y Protestantes, y no creyendose los unos y los otros con bastantes fuerzas,
para arruinar su Patria, mendigaban las de los
Principes vecinos. El Embiado de Carlos Nono, Rey
de Francia, cerca de la Governadora, le pidiò socorros de parte de su Amo. Esta Princesa le em-
bio al Duque de Alva, el qual pareciendole esta

pe-

ocasion oportuna para suavizarla, passó à Palacio
mas temprano de lo que acostumbraba, y preguntandole la Duquesa el motivo de tanto madrugar,
le respondió el Duque de un modo muy sumisso:
El Embaxador de Francia acababa de traerme vues-
tras ordenes, para el socorro que pide su Amo; pe-
ro Señora, no me ha dicho si quereis que lleve todo el
Exercito, ò si debo embiarle solo un Destacamento.

Esta cortesania, aunque no disgustó à la Duquesa, respondio que no havia ordenado nada; que
al contrario, havia dicho al Embaxador que no se
mezclaba en manera alguna en disponer de los Exercitos, ni de otro negocio de este assumpto: *Es*
(respondió el Duque) *bacerme una injuria sensible,*
que no creo haver merecido, siendo yo enteramente so-
metido à las ordenes de vuestra Alteza; que aunque
su Magestad me ha confiado el mando de sus Exerci-
tos, solo lo acepté con gusto, porque me preparaba
ocasiones de servir à vuestra Alteza. Mi fidelidad, mi
respeto y obligacion no me permitieron nunca otros de-
seos por la hija de un grande Emperador, y seria delito
criminal, si me apartasse en la mas minima cosa de
todo lo que le debo.

Encantada la Duquesa de esta galanteria, dando gracias al Duque de sus ofrecimientos, y por
no parecer su Enemiga rehusando dàr las ordenes
en esta ocurrencia, le dixo; *Que le haria mucho*
gusto en que passassen buenas Tropas en socorro de su
Magestad Christianissima. Es verdad que la urgencia
lo pedia, y que Carlos Nono estaba vivamente aco-
sado de los Hereges; porque, aunque este año y
el precedente havia ganado victorias considerables,
fuè à costa de tan valerosa gente, que se hallaba
mas debil, que antes de conseguirlas; y los Hereges continuaban en recibir poderosos socorros de
Alemania, de modo que le eran superiores. El Duque le embió al Rey Christianissimo un socorro en
dinero, dos mil y quinientos Infantes, y quinientos Cavallos, baxo la conducta de el bravo Conde

de Aremberg, que sirvió utilmente à la Francia, y à la Religion, y no bolvió à los Païses Baxos, hasta que el Principe de Orange amenazaba entrar en ellos.

Como los Uguenotes eran poderosísimos en Francia, y que sin un esfuerzo considerable, era imposible arruinarlos, el Duque havia ofrecido à su Magestad de llevarle dentro de treinta dias quince mil Infantes y cinco mil Cavallos; mas dandole las gracias, se escusó de este socorro, con temor de que los Españoles, en la precision de asegurarse de los passos para su regresso, ocupando buenas Ciudades, huviesse sido dificultoso echarlos de ellas, bastantes Enemigos tenia sin atraer mas; no pedia sino dinero. El Duque queria añadir Tropas, con la mira de obligar mas à un Rey emparentado con el suyo, dàr un golpe à los Hereges, mas furioso, y aguerrir sus Soldados en un Pais Estrangero, à costa agena, para que no dexandolos en inaccion, no se hiciessen cobardes, y perdiessen la inclinacion à las acciones de valor.

Mientras la Corte de Bruselas preparaba los socorros que discurria embiar à Francia, negociaba Machiavelo en la de Madrid, la demission de la Duquesa de Parma de su govierno: obtuvola, passó luego cerca de esta Princesa, y le presentó las Cartas en que el Rey le permitia retirarse, entregando al mismo tiempo al Duque la Patente de Governador General de las diez y siete Provincias de los Países Baxos, con Poderes casi Soberanos Contenta la Governadora de haver logrado lo que deseaba, salió de Bruselas el ultimo dia de Diciembre de 1567. para Italia. El Duque la hizo acompañar hasta salir de estos Estados por toda la Nobleza, haciendola los debidos honores à su grandeza.

Cumplida esta obligacion, passó à Amberes à echar los fundamentos de su famosa Ciudadela, y la unica que en las successivas Guerras le permitie-

ron.

pon acabar. Hizo allanar los Valuartes de la Ciudad por la parte de la Ciudadela, y confiando su construccion à la experiencia de Chapin Viteli, al Coronel Zerbellon, y al Ingeniero Pariot, diò la buelta à Bruselas, en donde establecio un Consejo à Jurisdiccion Soberana de doce personas, afectas todas y fieles à España, reservandose la presidencia.

Este Consejo solo conocia de los delitos de lesa Magestad. En èl se mandò juridicamente citar en rebeldia al Principe de Orange, y sus sequaces por un Edicto publico, en que se epilogaban las mercedes, favores, confianzas, y cargos, de que eran deudores à Carlos Quinto, y à Phelipe Segundo, y las culpas que havian cometido, procurando usurpar el absoluto govierno, tomando las armas contra el Rey, levantando sus Vassallos, incitando la Nobleza, publicando falsedades para irritar los Pueblos, fomentando ligas, alentando conspiraciones, facilitando conjuras, tomando proteccion de Rebeldes, ayudandolos à formar partidos y à salir à Campaña, intentando sorprehender Plazas, consentido el exercicio heretico, y ereccion de sus Iglesias, recogido tesoros publicos, y cometido otros delitos inseparables de estos.

El Principe de Orange rehusò comparecer porque siendo Cavallero de el Toyson, no podia ser juzgado sino en Capitulo General de la Orden, sin que otro Tribunal fuesse competente. Alegaba la calidad de Principe Soberano, reconocido por tal de los Dominios que possela en Alemania, probando que no estaba obligado à responder, sino delante del Emperador en plena dieta del Imperio. El Conde de Hoostrate publicò tambien otra respuesta, que se reducia à declinar jurisdiccion como Cavallero del Toyson, para el Capitulo de su Orden, à quien desde su Instituto, se adjudicò el conocimiento de las causas criminales de los Cavalleros de ella, aprobado por Carlos Quinto en el Capitulo General de Tornay,

nay, à que añadia los Privilegios del Pais. Estas razones, ni las demàs que los Confederados expusieron en un dilatado Manifiesto, no los justificaron, fueron condenados à muerte en rebeldia y sus bienes confiscados.

Lo primero quedò sin execucion, mas lo segundo fuè enteramente executado. El Duque se apoderò de Breda, que pertenecia al Principe de Orange. Hizo conducir à Madrid à Phelipe Guillermo de Nassau, Conde de Buren su hijo primogenito, que fuè muy bien criado en España, y despues el Archiduque Alberto, le llevò à los Paises Baxos, donde muriò sin sucession. El Principe su Padre, por una parte sentia esta prision, por otra haciendose cargo, que si la fortuna no le era ventajosa, se consolaba, con que haciendo el Rey criarle en la Religion Catholica, y aficionarle à las costumbres Españolas, tendria tal vez el gusto de que fuesse reintegrado en los Estados, que la Casa de Nassau posseìa en los Paises Baxos; y si al contrario la fortuna protegia sus ideas, sabria bien hacerse bolver à este hijo, y quando todo cesasse, le quedaba el Principe Mauricio su segundo hijo.

El Duque no perdonò aùn à las cosas inanimadas. Hizo arrasar el Palacio de Culembourg, solo porque en èl fuè hecho el famoso Proyecto de los Confederados, y sido la Oficina de su liga, mandò elevar en medio de su recinto una Columna de Marmol, sobre cuyo Pedestal se leìa en gruessos caractères el motivo de su demolicion, por las ordenes de quien, y quando se havia hecho.

Acostumbrados los Flamencos al suave y moderado govierno de una muger, quedaron assombrados, al vèr al Duque executar cosas que no creìan huviesse la ossadia de pensar: Mirabanse como destinados à la cuerda ò al destierro. Los unos lo esperaban, y los otros mas impacientes lo querìan hacer por sì, y en los diversos movimientos que agi-

año de
.1568.

agitaban fus conſternadas eſpiritus, ſiempre ſe determinaban à algunos grandes delitos.

El Principe de Orange que eſtaba bien informado de todo lo que paſſaba, no dexò reſfriar el furor de eſtos Pueblos, avivavalo por ſus Emiſſarios de que abundaba gran numero, tanto en las diez y ſiete Provincias, como en Alemania, pintando al Duque de Alva como un hombre, cuyos ojos, y roſtro no amenazaban ſino furor, fuego, y ſangre: que no veia coſa mas agradable que los ſuplicios mas crueles. Serviaſe para ſu dibujo de los colores mas negros que los antiguos han pueſto jamàs en uſo, para repreſentarnos las furias y otros monſtruos del infierno. Mientras obraba de eſte modo con aquellos Pueblos, fatigaba con ſus Memoriales al Emperador, y Electores, exhortandolos à no ſufrir, que un Pais, cuya parte havia ſido ſiempre miembro del Imperio, fueſſe expueſto à la crueldad del Duque de Alva, que iba à hacer de èl un deſierto.

Dexandoſe penetrar de eſtos diſcurſos el Emperador Maximiliano, diò orden à ſu Embaxador en Madrid, para ſolicitar del Rey, que no ſolo llamaſſe al Duque de Alva, ſino que concedieſſe à todos los Flamencos, ſin excluir à los fugitivos, un armiſticio general, y que le inſinuaſſe que en caſo de negativa, obtendria por las armas, lo que no ſe concedieſſe à ſus ruegos. El Rey no ſe dexò mover, ni por eſtos, ni amenazas; y no queriendo aùn mezclarſe en eſte negocio ò negarſe por ſi miſmo à las inſtancias del Emperador, lo remitiò al Duque, à quien no atemorizaban amenazas; è inſtruido del animo del Rey, reſpondiò à los Miniſtros del Emperador: *Que los delinquentes no podian juſtificarſe ni eſperar perdon, mientras por ti miſmos no acudieſſen à defender ſu cauſa, y reſponder à los hechos de que ſe les acuſaba: Que no ſe podia abſolver à los que cada dia agravaban ſus delitos, con amenazas y menoſprecios, à las ordenes del Rey: Que de-*

debían confessarlos antes de recibir la clemencia de su
Magestad, sin cuya circunstancia no havia para ellos
gracia; y que ultimamente, si por ella llegassen los
Alemanes à las armas, la España les opondria Soldados, cuyo valor havian probado.

Aunque el Principe de Orange no salió con su
intento, no desesperó de èl; recurrió à los Principes Protestantes, y à los Diputados de las Ciudades empeñadas en la nueva Religion: hallaban-
se en la dieta, y les expuso con tanta fuerza, como eloquencia, lo que el Governador de los Países Baxos, emprehendia por la destruicion de la libertad de estas Provincias, y la total ruina de su
Religion, que yà tomaba fuertes raices: que era
de su interes oponerse à este furioso Enemigo, y
no sufrir que la Casa de Austria introduxesse el
despotismo en un Pais, que era como yugo à una
parte de Alemania. Dexaronse seducir de estos discursos: ofrecieron Tropas, dinero, y municiones
para hacer salir al Español de los Paises Baxos, y
que floreciesse su Religion y libertad.

El Landgrave de Hesse-Cassel, hijo del que
Carlos Quinto detuvo tanto tiempo en prision, el
Elector de Saxonia, el Palatino, el Duque de
Wirtemberg, el Conde de Latzembourg y otros
muchos magnates, con diez y siete Ciudades Imperiales se unieron à esta Guerra. El Rey de Dinamarca engrossó esta liga, en donde entraron presto los Hereges de Francia, y los Ingleses, pudiendose decir, que todos los Hereges de la Europa venian à caer sobre los Paises Baxos, y traer
una señalada Victoria al Duque, Señor de los mas
piadosos, y zelosos por la Fè Catholica.

El de Babiera siempre fiel à la Religion y à la
Casa de Austria, no quiso entrar en esta Sacrile-
ga liga, protestó mantenerse neutro; pero como
los Alemanes deseaban que contribuyesse por algun
medio à la paz de las Provincias unidas, le suplicaron se interpusiesse con el Duque de Alva, y

lle-

llevaſſe los ruegos de todos los Alemanes, ſin diſ-
ſimularle las amenazas : hizolo aſsi., y el Governador eſcuchó pacificamente à los Diputados de
eſte Duque, à quien miraba como à ſu Amigo
particular, y aliado fiel de la Caſa de Auſtria.
Dióles buenas palabras, y no eſtaba diſtante de
llegar à los efectos, à no ſaber que mientras los
Confederados le entretenian con propueſtas de paz,
armaban por todas partes para ſorprehenderle : Deſ-
pedidos los Diputados, ſolo puſo el cuidado de
hacer inutiles los esfuerzos de los Hereges, y proveer à la ſeguridad de las Provincias. Aceleró la
conſtruccion de la Ciudadela de Groningue, y la
de Fleſsingue poco adelantadas : no era lo miſmo
de la de Amberes ; porque Vireli y Zerbellon llevaban la obra à toda diligencia ; empleaban en ſus
trabajos, no ſolamente los Peones del Exercito y
los Paiſanos, mas aun los Soldados, y càſi eſtaba
en ſu perfeccion.

Eſta Ciudadela es un pentagono el mas regu-
lar de la Europa, ha ſervido de modelo à quaſi
todas las que ſe fabricaron deſde aquel tiempo, eſtà ſobre el Rio Eſcaut ſuperior, manda à toda la
Ciudad y el Campo, cuya ſituacion aunque ventajoſa, no ha ſido del guſto de todos ; algunos dixeron huviera ſido mejor edificarla ſobre el Canal
inferior del Eſcaut, por cuyo medio huviera ſido
dueña del Canal, y tener de el miſmo modo la
Ciudad en reſpeto. Eſte dictamen parece juſto y lo
es en efecto, deſde que ſe notó en las Guerras ſiguientes, lo importante que huviera ſido, que la
Ciudadela huvieſſe mandado el Eſcaut ; pero, à
mas que el Duque no tenia el dòn de profecia, no
parecia còmoda eſta diſpoſicion ; porque la mandaba enteramente la Ciudad, y en caſo de una
revolucion, puede facilmente batirla, y de haverla edificado ſobre eſte Rio, no huviera podido ſacar Viveres, ſino por la Ciudad ò el Eſcaut, ſiendole impoſsible en caſo de ſublevacion ; ademàs

S que

que este Río, es muy sujeto à salir de madre, y
sus aguas se detienen por los diques, que cediendo muchas veces à la impetuosidad de sus olas, se
rebientan, y la Campaña se cubre de agua; y sobreviniendo esta inundacion ordinaria, se huviera sumergido la Ciudadela, ò minado de tal manera sus baluartes, se verian presto derribados.

Quando la Flandes estaba amenazada de la irrupcion de los Alemanes y Estados vecinos, parece que quiso el Cielo dàr à conocer su justo enojo por algunos prodigios. Una Señora del Pais de
Liejar, parió un niño de dos cabezas, quatro
brazos, y otros tantos pies. Este monstruo de naturaleza dió lugar à muchos discursos; y los especulativos lo atribuyeron à estas Confederaciones hechas por los desterrados. Advirtieronse en el ayre
otros prodigios. El fuego prendió en un Almagacem
de Polvora en Malinas, y la hizo volar, duró poco su incendio, y no tuvo consequencias peligrosas; pero como fuè acompañado de un estruendo
horroroso, y que el ayre pareció todo de fuego,
assombró à los Pueblos del Brabante.

El Duque à quien su conciencia no acusaba,
no le admiraron estos prodigios: juzgabase seguro para con Dios, y solo pensaba en fortificarse
contra los esfuerzos de los hombres. Las fuerzas de
los Rebeldes se hallaban en movimientos de todas partes: Los dos hermanos de el Señor de la
Nove, conducian de Francia las Tropas Alemanas, que acababa de licenciar el Príncipe de Condè. Algunos Regimientos Franceses se preparaban
à entrar en el Artois. Luis y Adolfo de Nassau, hermanos de el Príncipe de Orange, amenazaban la
Frisia con siete mil Infantes y dos mil Cavallos.
Los Condes de Hoostrate y de Lumey, à la frente de tres mil Infantes, intentaban sorprehender
algunas Plazas en el Brabante, donde tenian inteligencias: El Príncipe de Orange se disponia à seguillos con el grande Exercito con que se reser-
va-

vaba el ataque de Bruſelas, y de las mejores Ciudades de los Paiſes Baxos : prometianſe todos la perdicion del Duque, à quien ſu animo ſuperior inſpiraba alientos, mirando ſu gran numero, como aumento de ſus laureles,

Noticioſo de que el Conde de Hooſtrate ſe acercaba al Brabante, deſtacò à Don Sancho de Londoño con un Regimiento de las Tropas de Milàn, para aſſegurarſe de Maſtrik. Hizo partir al Prior Don Fernando ſu hijo, y à Don Lope de Acuña, con ocho Eſquadrones de Cavalleria, para poner el Pais de Liejar à cubierto de los inſultos de los Rebeldes. Don Sancho Davila que mandaba en Gefe, haviendo ſabido que los Confederados, ſe havian preſentado delante de Ruremunda, ſin poder ſorprehenderla como havian eſperado, diò orden à Londoño, que con ſus ſeiſcientos Eſpañoles ſe le vinieſſe à juntar. Con eſte refuerzo fuè à buſcarlos, alcanzòlos entre Erguelen y Dalem, pequeñas Plazas del Pais de Liejar : havianſe atrincherado yà, y pueſtos à cubierto por las eſpaldas del cañon de eſta ultima Ciudad, penſaron defenderſe ; pero Londoño aſſaltò con valor la Ciudad y la tomò, cuyo deſpojo fuè conſiderable ; mientras el Prior Don Fernando, Davila, y Acuña hicieron horroroſa carneceria en los vencidos, que queriendo retirarſe en un Lugar vecino, fueron caſi todos paſſados à cuchillo. Los Condes de Hooſtrate y de Lumey, tuvieron la fortuna de eſcaparſe, ſeguidos de un pequeño numero de los ſuyos : Perdieron nueve Vanderas, que el vencedor preſentò al Duque de Alva con gran numero de priſioneros de conſequencia : No ſe ſupo à punto fixo el numero de los muertos ; hay quien dice que en los Eſpañoles no fuè mas de catorce, y hacen ſubir la pèrdida de los Enemigos haſta dos mil y quinientos hombres. Deſde ſu principio, la Guerra de Flandes parece que fuè ſymbolo de la hydra, en que cada cabeza cortada, produxeſſe mil.

El

El Conde de Megue , no fuè menos dichoſo delante de Grave , que los Enemigos acababan de ſorprehender. Mandò à Don Gonzalo Bracamonte, y à Don Ceſar Davalos , que con alguna Artilleria ſacada de Nimega., acometieſſen la Ciudad , la qual ſe rindiò deſpues de una endeble defenſa , y, viendo los Rebeldes el poco tiempo que ſe les daba para ſentar el pie en ninguna parte , ſe retiraron cerca de los Condes de Naſſau, que intentaban la Conquiſta de Friſia. El Duque informò al Rey de eſtos felices ſuceſſos, y recibiò por el miſmo Correo , ordenes preciſas de caſtigar à los Rebeldes.

El Conde de Coſsè , à quien el Rey Chriſtianiſsimo havia embiado en ſocorro del Duque de Alva, deshizo quaſi al miſmo tiempo à Coquevila , que havia entrado en el Artois à la frente de ſeis mil Franceſes, con el deſignio de juntarſe al Conde de Hooſtrate ; fuè preſo , llevado à Paris, y degollado de orden del Rey , como Reo de leſa Mageſtad. El Conde de Aremberg que havia mandado en Francia las Tropas auxiliares , que Eſpaña diò à Carlos Nono , bolviò à los Paiſes Baxos, con la noticia de acercarſe los Confederados. Era Governador de Friſia, puſoſe à la frente de el Exercito , que el Duque havia deſtinado para la cuſtodia de aquella Provincia , en donde los Condes de Naſſau acababan de entrar , y apoderarſe de los Caſtillos de Vvede , Dam y Delfzul , corrieron el Pais llano , lo puſieron todo à fuego y ſangre. El Conde de Aremberg ſe abanzò haſta la orilla de la Baìa de Dulart , con ſu pequeño Exercito , compueſto de un grueſſo de Alemanes , el Regimiento de Cerdeña , y treſcientos Cavallos; bolviò à recuperar el Caſtillo de Dam , que guarnecia tres Compañias de Enemigos : allí ſe atrincheraba , interin llegaba el Conde de Megue que venia à juntarſele , y ſe hallaba yà cerca , quando los Eſpañoles quiſieron combatir , y por mas que

hizo

hizo su prudencia para impedirlo fuè inutil ; estos
amotinados tuvieron la insolencia de acusarle de
inteligencia con los Rebeldes , y amenazandole ir
solos à la batalla , sino los llevaba.

No pudiendo contenerlos y por complacencia
(que es la unica accion que se le censura) los puso en batalla , y los llevò al combate. Arrepintie-
ronse presto los Españoles de su temeridad; porque
el terreno en que estaban empeñados lleno de pan-
tanos , y lagunas , no podian retirarse , ni abanzar , fueron casi todos muertos à fusilazo. El Conde que veia este desorden procurando evitarlo;
opuso su Cavalleria à la del Enemigo , y viendo-
la maltratar como la Infanteria , quiso señalarse con
una accion de valor , y corriendo àcia al Conde
Adolfo de Nassau , passandole con su Lanza le dexò muerto: No tardò en tener el la misma suertes
porque haviendole muerto su Cavallo , se retirò
junto à un atrincheramiento , adonde acometido
por un gran numero de Enemigos , se defendia con
tanto valor , que cansados de no poderle vencer,
le mataron à escopetazos ; assi muriò el Conde de
Aremberg , Cavallero de merito singular , Gran
Capitan , fiel à Dios , y à su Principe , dotado de
todas las virtudes que hacen los grandes hombres,
y digno de mejor suerte.

La victoria de los Rebeldes fuè completa, quinientos Españoles murieron , y entre ellos Don Alvaro de Ossorio , y doscientos prisioneros fueron
degollados à sangre fria por los vencedores , los que
trataron con mas moderacion à mas de mil Alemanes , que igualmente hicieron prisioneros: Contentos de haverlos desarmado , los embiaron à sus
casas : El vagage , y Artilleria de los vencidos,
fuè el botin de los vencedores , que no se atrevieron
à perseguir su victoria ; porque Don Andrès de
Salazar , à quien el Conde Megue havia destacado para saber lo que passaba , apareciò al instante,
y creyendo que fuesse el Conde , tocaron la retirada.

rada. Efte Conde à quien el ruido del Cañon y de
la Mofqueteria havia avifado del combate, acudiò
con fu Cavalleria, y recogiò los triftes reftos de el
Exercito deshecho, y no dudando que el de Naffau atacaffe à Groningue y la ganaffe, fe affeguró
de ella con mil hombres, con que reforzò la Guarnicion, cuya precaucion falvò la Ciudad. Luis de
Naffau no fe atreviò à prefentarfe delante, aunque fu Exercito engroffaba cada dia. Las voces de
efta victoria, y la efperanza de hacer un rico faquèo en Groningue, cuya conquifta parecia fegura,
havia atraido à fu Partido gran numero de eftos
aventureros que bufcan acafos.

Efte infeliz fuceffo no causò poco cuidado al
Duque de Alva, y con el recelo que la conquifta
de Frifia, fueffe el fruto de efta victoria, embiò
al Conde de Megue mil y quinientos Cavallos de
las Tropas de Brunfwick, y veinte Batallones à
las ordenes de Chapin Viteli, y del Señor de Hierges. Groningue es la Capital de Frifia, y fi fe dà credito à los Annales de aquel Pais, toma fu nombre de Grunius Capitan Troyano: el mifmo, añaden eftas Hiftorias, traxo en la Frifia una Colonia
de Troyanos, y para perpetuar el nombre de fu
Patria, le diò el de Phrigia, de donde por cor-
rupcion fe ha formado en Latin el de Frifia. Efta Provincia en otro tiempo limitada por el Rhin, fe
eftendia hafta las Fronteras de el Jutland; el Rio
Ems la divide en Oriental y Occidental, ò Frifia
particular. Su territorio es baxo., combatido de los
vientos del Norte, no muy propio para producir
frutos, mas fiendo regado de muchos Rios y Canales, es muy fertil en paftos, donde fe cria cantidad extraordinaria de Ganados. Druzo Cefar fo-
metiò los Frifones; Germanico los hizo bolver à fu
obligacion, pero no fuè por mucho tiempo, porque aquellos Pueblos ligeros, inconftante, y apaf-
fionados por fu libertad, nunca han podido fufrir
el yugo de la Soberania. . . . .

El

El Príncipe de Orange havia hecho publicar
por sus Emissarios, entraria en los Países Baxos
por el Brabante, ò Haynaut. No obstante, el Duque recelando que la victoria de la Frisia lo conduxesse à aquella Provincia, y que junto al victo-
rioso Exercito de su hermano, hiciesse algun pro-
gresso en estos Países del Norte de la Flandes, en
donde los Hereges hacían mayor su partido; resolvió passar quanto antes à la Frisia y echar de ella
à los Rebeldes: Hizo à este fin los preparativos
necessarios, sacó del Arsenal de Malinas diez gruef-
sos Cañones, y ocho de Campaña: embió à Noircarmes al franco Condado; à levantar mil Cavallos; dió orden para completar ocho Esquadrones
de la Cavalleria Italiana, que repassaban los Alpos
por no ser ya necessarios à Carlos Nono, Rey de
Francia, que acababa de sossegar las turbulencias
que las Heregias havian ocasionado à su Reyno.
El Conde de Roeux, y Blandy, levantaron dos
Regimientos de Infanteria Valona, de los quales sacó el Duque seis Brigadas para ponerlos de Guarnicion à la Ciudadela de Amberes: Assegurôse de
la Ciudad de Mastrick, de las Ciudades de Flefingue, y de Gante con buenas Guarniciones; embió à Don Fernando de Toledo con la mayor parte de la Cavalleria, à hacer Almagacenes de Municiones de Guerra, y Boca à Devventer, Plaza
señalada para la Assamblèa General de el Exercito.
Este joven Cavallero fuè encargado al mismo tiempo de hacer reparar los Caminos, y Puentes que
las aguas del Rhin havian rompido.

Como la custodia de los Condes de Egmont,
y de Horn, ocupaban un Cuerpo considerable de
Tropas, que serian mas utiles en otra parte, recelandose que los Flamencos que miraban al primero como Padre de la Patria, y su defensor,
aprovechandose de su distancia en la Frisia, pro-
curassen la libertad de ambos prisioneros, resolvió
hacerlos morir. Sus amigos y los principales de el
Exer-

Exercito, le suplicaron con grandes instancias no se precipitasse, representandole, que no debia temer nada de los Flamencos, mientras tuviessen miedo por la vida de estos dos Condes: Que eran buenos Rehenes de la fidelidad de sus compatriotas, y que no guardarian mas medida, luego que huviesse derramado una sangre tan preciosa para ellos, exhortabanle esperar hasta que vencedores de los Confederados, y libre de todo motivo de pavor, pudiesse emprehender lo que juzgasse conveniente al servicio de su Magestad.

El Duque no desirió à esta representacion, respondió à sus amigos: que estas, solo harian impression à un Juez timido, que seguramente guardaria con cuidado tan buenos Rehenes; que él no queria otra seguridad que la de sus armas y su propia conciencia; que no se dexaba arrastrar de las razones humanas; que hacia igualmente justicia al endeble y al poderoso, castigando con la misma severidad el delito de uno y otro; que despues de esta execucion tan justa, y necessaria, dexaria à los Flamencos la libertad de escoger, y probar si estimaban mas sentir los efectos de su justicia despues de haverle enojado, ò de su clemencia, manteniendose en los terminos de la obligacion.

Recibió varias Cartas sin firmas, en las que despues de haverle rogado en los terminos mas sumissos, que no exerciesse el rigor sobre un hombre, que tantas veces havia hecho triumphar los Exercitos de su Magestad, sin tener mas delito que el haver nacido en un País, à quien sus primeros Soberanos havian concedido grandes Privilegios, que España queria abrogar: amenazabasele con todas las extremidades que la desesperacion lleva en los pechos valerosos y violentos, y aun de el assesinato. Estas Cartas, ni los Papeles que se fixaron à las puertas de Palacio, ni las quexas llenas de amenazas de el Pueblo, fueron capàz de

apar-

apartarle de fu defignio : Hizo levantar un Cadahalfo en la Plaza publica de Brufelas , el primero
de Mayo de 1568. fobre el qual veinte Cavalleros
fueron degollados el mifmo dia , por haver firmado el Proyecto : Los dos hermanos Vandernooth
fueron tratados del mifmo modo dos dias defpues:
Srrales., Bourgmeftre de Amberes , y Cafembrot,
Secretario del Conde de Egmont, fufrieron la mifma pena en Vilvorden : Todos eftos fueron condenados por el Confejo. El Duque hizo vèr al mundo fu juftificacion y que las confideraciones humanas no le vencian. Juan Spigel refultò delinquente;
lo hizo ajufticiar como à los demàs , fin atender
à lo mucho que le havia fervido en el defcubrimiento de los Confederados , y en otros de baftante importancia , fuficientes para hallar gracia,
ante un Juez de menos equidad.

Los Condes de Egmont , y de Horn , fe hallaban prefos havia nueve mefes. Los Cavalleros
del Orden del Toyfon , y las Ciudades libres del
Imperio, los Electores y la Duquefa de Parma mifma , no omitieron nada cerca del Rey y del Governador para obtener fu perdon ; pero nadie fe
havia dado mas movimientos, que Maria de Montmorency , hermana del Conde de Horn , y Sabina de Baviera , muger del Conde de Egmont.
Efta generofa Señora , llevada de el Amor Conyugal , y la confideracion de las calamidades , à que
la perdicion de fu marido iba exponer una Familia numerofa y amada , empleò todos los medios
pofsibles para apartar efte furiofo golpe : hizo
prefentar al Rey , por la Duquefa de Parma un
Memorial , que excitò movimientos mas que ordinarios en el efpiritu de efte Monarca , inflexible
à los ruegos de los Reos : reprefentaba de un modo tan patetico como fuerte , los altos hechos del
Conde , fus victorias , los peligros à que tantas
veces fe havia expuefto , y la Sangre derramada
en tantas ocafiones , en fervicio de fu Principe;
traia

traìale à la memoria lo que havian hecho por Eſpaña los Señores de la Caſa de Egmont, ſuplica-
bale por lo que la clemencia, la ſociedad civil, las
promeſſas y la confianza tienen de mas ſagrado,
no perdieſſe un hombre, cuya vida le podía ſer
util: le perſuadia à que ſe dexaſſe ablandar por las
lagrimas de una Madre afligida, y las de once pequeños inocentes; que iban ſer huerfanos, y reducidos con ella, à vagear por el mundo, è inſpi-
rar por ſus miſerias preciſas, movimientos de com-
paſſion, y tal vez de ira, en el alma de todos los
que les vieſſen en aquel miſero eſtado, rogandole
no permitieſſe ſe manchaſſe por un ſolo golpe la
reputacion de tantos iluſtres Capitanes, que unos
havian perdido la vida, y otros havian ſali-
do glorioſos de las Batallas, y todo por la Caſa de
Auſtria: que ſu Mageſtad hicieſſe reflexion que
era hija del Duque de Baviera, y ſus hijos nietos de eſte Soberano, cuya alianza no le diſguſta-
ba, y no havia ſido infructuoſa à ſu Caſa; Que ella
y ſus hijos eran inocentes, y que la deſgracia de
ſu Padre los haria fugitivos, y tal vez delinquentes; pediale à lo menos, que quando no huvieſſe
lugar al perdon que ſolicitaba, hicieſſe proceder à
la muerte del padre, la de la madre, y ſus hijos
de conceder eſta gracia à ſu dolor, è inocencia, para
que una vida mas dilatada, y la conſideracion de los
trabajos à que ſolo la muerte de ſu padre los exponia,
no los arraſtraſſe à la fealdad de los delitos.

Eſte Memorial tan ſenſible, hizo una impreſ-
ſion tal en el Eſpiritu de ſu Mageſtad, que ſe creia
huvieſſe perdonado al Conde de Egmont, ſi el Cardenal de Spinoſa entonces ſu valido, no le inſpi-
raſſe ideas contrarias: hizòle preſente que no eſtaba en ſu mano perdonar delitos ofenſivos directamente à Dios: que ſeria reſponſable à la Mageſtad Divina dexar ſin caſtigo la profanacion de tantas Igleſias, y el aſſeſſinato de numero tan grande de Sacerdotes, y perſonas Conſagradas à Dios:
que

que bien lejos de penfar en la clemencia , debia empezar caftigando al Duque , por haver retardado la execucion de fus ordenes.

Sea que el Cardenal huvieffe hecho efta exprefsion al Rey, con la idèa de precipitar al Duque , ò folamente para incitarle con mas viveza en abreviar el caftigo de los Condes ; fu Mageftad embió ordenes precifas à la conclufion de fu proceffo , fin que el Duque tuvieffe mas accion que fometerfe à ellas. Hizo condenar à los Reos fobre diverfas acufaciones , en cuya inftruccion fe havia ocupado quatro mefes el Procurador General del Confejo , y fe havian dado cinco à los Reos para refponder. Los principales Articulos de fu acufacion fueron : *Haver refuelto con el Principe de Orange y los otros Confederados , de fubftraer las diez y fiete Provincias del Dominio de Efpaña , de repartirlas entre ellos , ò hazerlas Republica : Que los ridiculos Caparbos con que havian adornado fus gentes, Que las Aljabas de Saetas bordadas fobre fus mangas , alforjas , horteras , y otros nombres de bribages , eran otras tantas mueftras de rebelion , y feñales para diferenciarfe de los Fieles Vaffallos de fu Mageftad : Que havian libertado de las prifiones à los Incendiarios y Profanadores de Iglefias , que la Governadora havia confiado à fu cuftodia , y deftinaba al fuplicio para fervir de exemplo al refto de los Flamencos : Que havian afsiftido à la Affamblèa de Tenremonda , en donde los Confederados concluyeron oponerfe à fu Mageftad con Exercito fi venia à los Paifes baxos ; y que ultimamente Infieles à Dios , havian afsiftido à las predicas de los Hereges y favorecido fus Miniftros.*

Los dos Condes hicieron lo que pudieron para refutar eftas acufaciones , negando todo lo que miraba al delito de lefa Mageftad ; pero no pudiendo deftruir lo que fe probaba por infinidad de Teftimonios , y Teftigos prefenciales ; recufaron al Duque , alegando que fiendo Cavalleros de el

Toy-

Toyfon , no podian fer juzgados fino por un Capitulo General de la Orden. No les valió efte efugio; pronunciófe la Sentencia de muerte contra ellos , y fe encargó al Obifpo de Ipres les llevaffe la nueva y afsiftieffe à fu muerte.

El Conde de Egmont , à quien defpues de acompañarle un raro merito , le adornaba una intrepidèz heroica , y una conftancia fin exemplo, recibió fin mudar femblante noticia tan fenfible: Refignófe à la muerte , y fin quexarfe de fu fuerte, encargó al Obifpo entregaffe à fu Mageftad un Memorial , en que le recomendaba fu muger è hijos , y fuplicaba derramaffe fobre ellos las gracias que tantos fervicios hacian acreedor al Padre ; y con efta prevencion olvidado de los cuidados de el mundo , fe empleó en los del Alma el poco tiempo que le quedaba de vida. El de Horn , aunque menos firme , fe prepard à da muerte con mas refignacion que lo que fe havia prometido.

La vifpera de Pàfqua de Efpiritu Santo de 1568. fe hizo elevar en la Plaza Mayor de Brufelàs un Cadahalfo , que fe cubrió de paño negro, y fobre èl puefto un Altar con el mifmo lugubre, aparato , y un Crucifixo de plata : Conducidos los dos Condes à èl al medio dia , fe executó la Sentencia , primero en el de Egmont , y defpues en el de Horn : Sus cabezas fueron expueftas dos horas de tiempo en la punta de dos Alabardas , para que los Flamencos no dudaffen de la execucion que creian impofsible : defpues juntando eftas cabezas à fus cuerpos , les fue concedido el permiffo à fus parientes, depofitarlos en los Panteones de fus Anteceffores.

Una multitud increible de gentes concurrió à ver efte afrentofo , y trifte expectaculo , y todos poffeidos de un dolor extremo , pareciendoles que fus cabezas iban à fer abatidas por el mifmo golpe , que hacia caer la del Conde ; que luego que la vieron feparada de fu cuerpo , gritaron en una

voz

Voz tan laftimofa , que confternò toda la Ciudad,
à que refpondieron los que eftaban en fus cafas, imaginandofe haver vifto cortar con la cabeza del de
Egmont , la de toda la Flandes con fus efperan-
zas. Los que mas cerca eftaban del Cadahalfo , fe
aprefuraban à quien le befaria , mojaban fus pa-
ñuelos en la fangre que corria de aquel infeliz
Conde , acelerabanfe à recoger la que caia de el
Cadahalfo : Todos lloraron , todos amenazaban,
y todos iban à amotinarfe , fi el Regimiento Efpañol de Don Julian Romero , que eftaba en Batalla en la Plaza , y numerofo Cuerpo de Guardias
apoftadas en fus avenidas, no los huvieffen conte-
nido.

El Conde de Egmont merecia verdaderamen-
te la eftimacion del Pueblo ; era un Cavallero en
quien la naturaleza prodigamente havia depofitado
todas las amables calidades, que encantan à los pequeños , y les infpiran amor y refpeto , cautivan
à los iguales y guftan infinitamente à los Superiores : era univerfalmente amado , lucia à la frente de un Exercito , y en el Gavinete ; era ciertamente digno de mejor fuerte. No fe le puede tachar otra cofa , que el demafiado amor à
fu Pais , y tener mucha confianza , dexandofe ar-
raftrar à la dulzura de la libertad. El Principe de
Orange le engañó , y atraxo à la defgracia que
caufó fu ruina. Era de las Familias mas diftinguidas de los Paifes Baxos , y fus Predeceffores havian fido Condes , y defpues Duques de Gueldres.
Carlos Quinto lo havia criado y hecho Cavallero
del Toyfon , hizo largo tiempo honor à efta Orden. Las dos Victorias de San Quentin y Gravelinas le havian adquirido un lugar de reputacion,
de donde parecia no poder decaer : atribuyòfele el
buen fuceffo de la primera , y la fegunda fuè enteramente debida à fu valor y bella conducta. Fuè
marchitada fu apreciable vida, en la edad de quarenta y ocho años , dexando de fu Efpofa Sabina
de

de Baviera, à quien amó tiernamente once hijos,
tres varones y ocho hembras. Fueron restituidos todos
sus bienes à su hijo Primogenito à ruego del Duque
de Baviera y del de Alva; heredò las grandes virtudes de su Padre, y si brillaron menos, fuè porque
no se le puso en estado de exercitarlas. No le imi-
tò su hermano segundo, que tentó para vengar la
muerte de su Padre todas las vias possibles: El tercero fuè fiel al Rey y à su Patria; fuè hombre de
raro merito, en que no huvo mas que desear sino
una dilatada vida, haviendo muerto mozo.

Esparcióse la voz que luego que perdió la cabeza el Conde, havia llovido sangre à la parte de
Lobayna: yà fuesse cierta ò aprehension del cariño que le professaban, hizo mas vivo el dolor de
los Flamencos, haciendola passar como señal segura del justo enojo de Dios, y como produccion
de las desgracias de que se veia amenazar la Flandes, con las Guerras Civiles que yà se meditaban.

Puede decirse, que haviendo llegado el sentimiento de los Flamencos hasta lo sumo, no tuvo
que renovarle con la muerte del de Horn: es verdad que no era muy amado del Pueblo, por lo arrogante y sobervio; y acaso ninguno se huviera
lastimado, sino fuesse compañero en la desgracia
de el de Egmont. Era riquisimo, Almirante de
los Paises Baxos, y el Gefe de la Casa de Montmorency en Flandes. Carlos Quinto le havia con-
ferido el Toyson, tenia cinquenta años quando
perdió la vida, y como no tenia hijos, fueron sus
grandes bienes Confiscados al Patrimonio Real.
Montigny su hermano fuè degollado el mismo dia
en el Castillo de Simancas, con que se acabó esta
funesta tragedia, que ha costado tanta sangre y lagrimas à España, y à los Paises Baxos, que fuè
lo mismo que empezar una revolucion general:
assi se dirigió el Rey, su Consejo y el Duque.

Expuestas yà con la puntualidad que queda notado

rado las circunstancias intervenidas antes de la muerte de los dos Condes, para desterrar la opinion vulgarmente esparcida de la severidad del Duque, y para convencer al mundo no estuvo en su mano preceder de otra suerte, se me hace preciso justificar sus operaciones, para que no se le tenga por Autor, aunque haya sido el instrumento, y responder al mismo tiempo à los que añaden que el Rey no debia convenir en la muerte de aquellos dos Condes. En quanto à lo que mira à su Magestad, digo, y todos convienen que ha podido y debido castigar delitos tan enormes, como son los de lesa Magestad, Divino y humano; en que seguramente se hallaban complices estos dos Condes: y en quanto al Duque, que solo ha executado las ordenes del Rey. Se hallan en los Archivos de la Casa de Alva dos Cartas escritas de la mano de su Magestad: en la primera le manda este Principe positivamente hacer castigar à los Rebeldes, y acelerar la construccion de las Ciudadelas, segun le havia prescripto à su partida de España: en la segunda le ordena el no dilatar esta execucion, tachandolo de timido sobre lo que yà el Duque havia escrito, que el medio mas facil de impedir los Flamencos à una rebelion abierta, y de correr à las armas, era el detener à los dos Condes, como Rehenes de su fidelidad; de que se evidencia que el Duque no ha pecado en esto, y antes bien se le culpa por haver procedido con demasiada lentitud, en la execucion de las ordenes de su Soberano, quien por otra Carta le amenazò con terminos duros, embiaria quien le succediesse, y con mas presteza le obedeciesse; y sin que me detenga en refutar lo que muchos Autores dixeron de esta execucion, dirè solamente con Lorenzo Surio Cartujano, que se le vieron al Duque verter lagrimas, quando llegò el caso de la Sentencia de los dos Condes; porque si aborrecia sus delitos, apreciaba sus virtudes, particularmente las del de Egmont.

CA-

CAPITULO II.

MUertos los dos Condes, y terminados los negocios civiles que retardaban sus grandes
designios, se dedicó enteramente à la Guerra de
Frisia ; y hechas las honras al Conde de Aremberg à quien estimaba, pasó à Amberes : puso
ocho Compañias de Alemanes en su Ciudadela à
las ordenes de Zerbellon, à quien encargó aca-
basse sus Fortificaciones, y se fué à Malinas. Allí
recibió la noticia que el Conde de Brandemberg,
Suegro del Principe de Orange, se havia apoderado de Berguen : como esta Plaza era importante,
y facilitaba la comunicacion de la Frisia con el
Brabante, y de que se podia hacer Plaza de Armas, destacó para recuperarla à Don Sancho Londoño ; lo que logró con toda felicidad, y bolvió
à juntarsele cerca de Boisleduc. Cressonieres havia
hecho yà conducir diez y ocho Piezas de Cañon, cantidad de municiones de Guerra, y todo lo necessario para el servicio de la Artilleria. El Duque
pasó el Mosa junto à Grave, fué à acampar à
Devventer, en donde hizo la Revista del Exercito, que Hanz Capitan Suizo, engrosó con quatrocientos Cavallos : Atravesó la Frisia à grandes
jornadas, pasó el Duvelf-cultz, y el quince de Julio entró en Groningue. Su Exercito atravesándo
esta gran Ciudad, causó admiracion à sus habitantes, y les dió à conocer bastantemente la disciplina de sus Tropas. Los Soldados passaron en medio de los Mercados, donde todo estaba expuesto
en venta, sin tomar aùn la fruta, ni el vino que
los Ciudadanos les ofreoian, con tanto agrado como cortesania.

El Duque salió de Groningue, puso su Exercito en Batalla y acompañado de su hijo, de Viteli, de Londoño, de Noircarmes y de dos de sus

P2

Pages , fuè à reconocer el Campo de los Enemigos , que se hallaban à una legua de distancia. El
Conde Luis de Nassau apenas supo su arribo, quando levantando su Campo , se desvió à ocupar
otro, una legua del primero. El Duque aunque cansado de las dilatadas marchas , y agitado del dolor de la gota , no se retirò hasta despues de haver observado lo que le pareció conveniente. Bolviendo al Campo , diò orden para que los Soldados descansassen , y al otro dia al amanecer, hizo
partir al Conde de Megue con su Destacamento,
para reconocer al Enemigo con resolucion de combatirle ; y poniendo de Guarnicion en Groningue
tres Compañias de Infanterìa , y siete de Cavalleria , siguiò al Conde ; y como no podia hacer la
diligencia que deseaba , destacò à Don Cesar Da-
vales con doscientos Cavallos , con animo de
atraer à los Rebeldes fuera de sus atrincheramientos : haviendo llegado à una Calzada que cubria
una casa adonde estaban atrincherados , la hizo
atacar por Don Gaspar de Robles , que ganando
una y otra espada en mano , puso en fuga los que
la guardaban , con tanta precipitacion , que intro-
duxeron el desorden en su Campo , y notado por
el Duque, hizo abanzar à Don Francisco de Belmon-
te con doscientos Cavallos ; como queria atacar el
Campo de los Rebeldes aquel mismo dia , hizo
echar un Puente sobre el Rio que le defendia , y
se preparò para hacerse dueño de èl. El Conde de
Nassau hizo quemar la Puente y las Barcas , y comenzaba à retirarse en buen orden , quando Robles le acometiò con tan mal sucesso , que fuè des-
varatado ; pero los Españoles passando el Rio à nado , acompañados de sesenta Alvaneses le desem-
peñaron , y dando vigorosamente sobre la Retaguardia de los Rebeldes , les mataron mucha gente. El Duque no conociendo el Pais , y temiendo que los suyos se precipitassen en algunas Lagunas , de que abunda esta Provincia , hizo tocar la

retirada, y bolver su Exercito à Groningue, contento de aquella jornada que solo le costò doce
hombres: publicòse que los Enemigos havian tenido quatrocientos muertos, y que cerca de ochocientos havian perecido en las Lagunas.

Agitado el Duque de mil pensamientos aquella noche, que no le dexaron casi dormir, se levantò antes de amanecer, resuelto à seguir al Enemigo en qualquier parte que fuesse, proveyendo
antes à la seguridad del Pais y reforzando à Groningue con mil y quinientos Cavallos, y un Regimiento de Infantería Alemana, à las ordenes de
el Coronèl Schaumbourg. Se pusò en marcha al
salir el Sol: Su Vanguardia era compuesta de Españoles, el Cuerpo de Batalla de Valones, y la Retaguardia de Alemanes, mandada por el Conde de
Megue. Hanz cerraba la marcha con sus quatrocientos Arcabuceros à cavallo, el resto de la Cavallería al frente y flancos del Exercito, Viteli seguido de dos mil Mosqueteros, se encargò de reconocer los caminos, que bordados de Lagunas,
y cortados de Canales, huvieran presentado bello
Campo à un Enemigo mas vigilante, que el Conde
de Nassau.

En esta disposicion llegò el Exercito al Campo de Soblèt, donde descansò dos dias, apesadumbrado de la marcha de los Rebeldes, que los Paifanos de concierto con ellos, negaban tener el menor conocimiento: Pusose en marcha, y llegò al
otro dia à Reiden sobre el Ems: hizo ocupar esta Plaza, assi para quitar à los Confederados, la comodidad de hacer venir los Viveres de Vvetsphalia
por este Rio, como para abrirse el passo à la Frisia Oriental, en donde havia determinado perse-
guirlos: pero su diligencia le escusò este trabajo,
porque los hallò el dia veinte y uno de Julio, en-
grossados de nuevas Tropas, y atrincherados en
un Campo, que la naturaleza sola parecia hacer
inaccessible.

Para la comprehenfion de la grandeza de la Victoria, es neceffario hacer expreffion de la fituacion ventajofa de efte Campo, cuyo Quartèl General eftaba en el Lugar de Gemmingen, apoyado fobre el Ems, Rio tan famofo por la deftruicion de Germanico: Profundas Lagunas le circundaban de todas partes, y concluìa con uno de los mas bellos atrincheramientos que fe han vifto, à quien un Artilleria numerofa hacia formidable. Eftendiafe defde el Ems, hafta el Lugar de Gemmingen, elevandofe imperceptiblemente por encima del Rio y de las Lagunas, mandando el Pais circunvecino. El unico camino para arribar à èl, era una larga Calzada, cuya cabeza defendia una bateria de diez Piezas de Cañon, y lo reftante por dos Fuertes: lo demàs del terreno era impracticable à la Cavalleria, y poco feguro para la Infanteria. Bien fe puede decir que jamàs fe halló puefto mejor ni ventajofo; pero quien puede defender el temor contra el valor y buena conducta? El Conde Luis de Naffau veia en fu Exercito catorce mil Infantes, y tres mil Cavallos, toda gente efcogida, las municiones de boca no les faltaban: La Ciudad de Embdem fituada à la embocadura de el Ems, le proveìa con tanto mas gufto, quanto el Conde de Ooftfrizia fu Señor, era de fu partido.

Llegado el Duque cerca de efte Campo, fuè à reconocerle acompañado de Viteli, Noircarmes, y pequeño numero de Oficiales: Examinólo con cuidado, deftacó à Don Sancho Davila con trefcientos Cavallos, para que prendiendo algunos Paifanos, fe pudieffe tomar noticias del Pais, y en particular de las fendas que havia en medio de eftas Lagunas. Efte Oficial defpachó poco tiempo defpues un Expreffo al Duque, pidiendole refuerzo de Tropas, para impedir à los Rebeldes el romper los Diques del Rio, como yà lo havian empezado; y fi lo huvieran confeguido, fin duda huvievieran arruinado una parte del Exercito : Deſtacó immediatamente Don Miguèl de Carvajàl, de la Caſa de Jodar , à Don Franciſco de Bobadilla , y à Don Alonſo de Bargas , con quinientos Infantes y tres Eſquadrones de Cavalleria , à quienes mandó obedecer las ordenes de Davila. Eſte Oficial cargò à los Confederados , y los echò de los Diques, reparò los abujeros que ya havian hecho , y ocupó eſte pueſto con dos Compañias de Infanteria Eſpañola ; y no obſtante la breve diligencia, el agua havia cubierto algunas zanjas vecinas en altura de dos pies. Conociendo el Conde de Naſſau aunque tarde ſu deſcuido , hizo ſalir quatro mil hombres para echar de alli à los Eſpañoles , recuperar el Dique y reventarle.

No ſalió con ſu intento , porque Don Fernando de Toledo advertido de eſto, mandò à Don Diego Henriquez , à Don Fernando Añaſco, Cavallero de Sévilla , y à Don Marcos de Toledo, que con las Tropas de ſu mando contuvieſſen al Enemigo , interin llegaſſen los ſocorros pedidos à ſu Padre , los que embió con Davila , Romero, y Londoño , y juntos hicieron retroceder al Enemigo con gran pèrdida , ſiguiendolo haſta un pueſto abanzado , defendido con alguna Artilleria de que ſe apoderaron.

No havia creido haſta entonces el Conde de Naſſau , que el Duque eſtuvieſſe alli , y no comprehendia que un numero tan pequeño de Tropa, como èl ſe havia figurado , ſe atrevieſſe à atacarle ; deſtacó algunas Barcas para ſaber noticias ciertas ; mas no pudiendo los que iban en ellas deſcubrir el Exercito del Duque , que acampaba en un hondo , y la orilla del Rio muy elevada , bolvieron , refiriendo : Que no havia Exercito , ni fortificacion que dieſſe calor à la oſſadia de Davila y Romero , y en la certeza de eſte informe , reſolvió ſalir , y à no menos que de degollar à eſta gente atrevida , y bolver à ganar los Diques.

Vien-

Viendo el Duque que Davila, y Romero se havian empeñado demasiado, les embiò alguna Tropa para assegurarles la retirada, haciendo marchar tràs de este refuerzo, todo el Exercito con lentitud, hasta empeñar al Conde, que fue mas maltrado que la primera vez, haciendose dueño Davila de todo el terreno que se estendia desde su Campo hasta el Ems.

Don Lope de Figueroa, y Don Feliz de Guzmàn, hermano del Conde de Olivares, advertidos que las fuerzas del Enemigo atendian à lo que passaba sobre el Dique, abanzandose por las zanjas con trescientos Infantes, y cien Cavallos para atacar la Calzada, reconocieron en breve que se havian expuesto demasiado, mas no retrocedieron. Figueroa implorando en su socorro à la Vigen Santissima de quien era muy devoto, arrojandose sobre la Calzada, seguido de sus Tropas, se hizo dueño de la bateria que defendia su cabeza, y echò à los Enemigos hasta en su fuerte. A este tiempo se cubriò el Cielo de nubes tan espesas, que se creyò iba à llover, y reconociendo el Duque que con la lluvia se haria el terreno impracticable, mandò que el Exercito se abanzasse y atacasse al Enemigo, el qual viendo tanta gente, que à su parecer brotaba la tierra; porque sus Espias no la havian podido descubrir como queda dicho, tratò el Conde de Nassau de retirarse à su Fuerte, y hacerse firme mientras llegaba la noche, pero *Davila*, *Romero*, *Bobadilla*, *Guzmàn*, *Bargas*, *Davalos*, *Figueroa*, y *Londoño*, por cuya cuenta corria la accion, no eran gentes que malograssen la coyuntura que les ofrecia el desorden del Enemigo consternado, aunque se defendiò con valor; despues de quatro horas de combate, todo se puso en confusion, y no pensaron mas que en huir, despues de una carneceria horrorosa.

El Conde Luis passò el Ems, en una Barca vestido de Villano, y se escapò cerca de su hermano.

no : Hooftrate tuvo la mifma felicidad , mas con un trabajo increible. No pudiendo efcaparfe los Rebeldes fino por el Rio , ò paffando por medio de las Lagunas perecieron cafi todos , unos canfados por el trabajo del dia no pudieron nadar ; otros eran muertos à fufilazos luego que parecian en la orilla : Una partida de Cavallos que fe havia efcapado en una pequeña Isla , no permitiendolos el terreno huir ni pelear , perecieron todos. La fuerte de los que fe echaron en las Lagunas no fuè mas dichofa , muchos (fegun dicen varios Autores que tratan de efta Guerra) fe mataron à sì mifmos , por no caer en manos de los vencedores : otros fe efcaparon en los Lugares , ù Caftillos vecinos ; pero Figueroa , Vitelì y el Señor de Hierges los traxeron al Campo , donde tratandolos como Rebeldes , fueron ahorcados.

Cafi todo el Exercito de los Rebeldes pereció en efta Batalla : Siete mil quedaron en el Campo, y de tres à quatro mil fe anegaron en el Rio , ò en las Lagunas. Los vencedores tuvieron poco mas de fetecientos muertos , cuya diferencia hizo creer à muchos que efta Victoria fuè milagrofa. Yo no lo affeguro , ni lo niego ; mas puedo decir fin temor de fer vituperado , que fino fuè efecto milagrofo de la proteccion de Dios , fuè à lo menos un milagro de valor y animo ; pues fin èl , era impofsible forzar un Exercito igual , y fortificado en un Campo ; donde tres mil hombres podian haver hecho perecer un grande Exercito. Don Gabrièl Manrique , hermano de el Conde de Offorno fuè el mas confiderable de los Efpañoles muertos en efta ocafion.

Los vagages del Enemigo fueron el botin de los vencedores. Los de los Condes de Naffau , y de Hooftrate eran riquifsimos ; porque haviendo falido eftos Señores de los Paifes Baxos , havian llevado configo lo mas preciofo , y vendido , ò empeñado fus otros efectos , para hacer dinero , y

co-

como no tenían lugar seguro donde depositarlo, lo
arraftraban todo con ellos. Ganaronfeles veinte y
feis Piezas de Cañon, feis de las quales havian fido tomadas en la derrota del Conde de Aremberg,
fobre que fe hallaban gravadas las Armas del Rey,
una infinidad de Mofquetes, y otras Armas que
arrojaron para huir con mas ligereza.

Bien fe debría nombrar, no folo los Oficiales principales, fino tambien hafta el menor Soldado del victoriofo Exercito, para dexar perpetua
memoria del valor de cada uno: Todos combatieron à porfia, y todos hicieron vèr una intrepidèz admirable: Con todo nada pareció mas extraordinario, ni mas digno de alabanzas que el procedimiento del Duque: Todos fe admiraron de efte Fabio, que havia ganado tantas Victorias temporizando, atacaffe à un Enemigo, no inferior
en numero y tambien atrincherado. Su hijo Don
Fernando le reprefentó quando le vió reconocer
efte Campo con fu coftumbrada exactitud que feria temeridad atacarle, y fuplicando hicieffe reflexion fobre efto, le refpondió: *Eftos atrinchera-*
mientos no me atemorizan, vfo fin efpanto aquel Rio
y eftas Lagunas: Toda efto no es de temer, quando
el Enemigo no lo eftà por sì mifmo, lo que no creo
de los Confederados. Affegurólo que nunca havía tenido tanta alegria, y que miraba fu gozo como
juicio cierto de fu Victoria.

No obftante fe debe confeffar, que fino huviera falido bien le huvieran notado; la Victoria
fola le pudo juftificar de un procedimiento à todos vifos temerario. Es tambien la unica de fus
Victorias que fe atribuyò à cafualidad; pero à con-
fiderarlo bien, tuvo grandes razones para pelear, en
donde encontraffe al Enemigo; porque fi huviera
perdido aquella ocafion, no es dudable que el Conde huviera acabado de abrir los Diques la noche
figuiente, ò paffado el Ems para retirarfe à Alemania; y de haver confeguido uno ù otro, los

negocios del Rey , huvieran recibido un daño confiderable ; pues juntando el Conde fus Tropas con las de fu hermano , les huviera hecho mudar de femblante , ò manteniendofe armado hafta que paffaffe el Mofa , como fucediò luego defpues. El Duque con fus pocas Tropas fe huviera vifto no poco embarazado , teniendo dos fuertes Enemigos à combatir , exponiendofe al mifmo tiempo al atrevimiento de los Flamencos à no haver buelto victoriofo , que fin duda tomarian las armas , y foftenidos de los Alemanes huvieran hecho grandes progreffos , y no huvieran falido mal como les fucediò fobre el Mofa ; porque todos convienen que menos fueron defvaratados por la avifada conducta de el Duque , que por la tranquilidad de los Flamencos , que no fe atrevieron à moverfe ; y fe puede decir que la confervacion de Flandes , fue el fruto de la Victoria de Gemmingen.

Derrotados los Enemigos , tomado fu Campo y vagage , quifo el Duque manifeftar à Dios fu agradecimiento : Mandò hacer rogativas publicas por una gracia tan confiderable , y defpues de efta piadofa feñal de fu obligacion , fe pufo en marcha para Groningue : La infolencia de algunos Soldados del Regimiento de Cerdeña que eftaban en la Vanguardia , turvò la alegria que la precedente Victoria havia caufado. Llegando à un Lugar en que el Conde Luis , defpues de la derrota del Conde de Aremberg , havia hecho morir diverfos Soldados del mifmo Regimiento , defcubiertos por los Paifanos , pufieron fuego à efte Lugar , y como el viento foplaba con impetuofidad , acrecentò prefto el incendio , y llenò el ayre con el humo en un inftante. Imaginandofe el Duque que los Enemigos eran Autores de efte deforden , y en la duda de que el de Naffau embiaffe alguna Tropa yà rehecho , para evitar qualquier riefgo , hizo retroceder fu Exercito en orden de Batalla , y èl mifmo fe abanzò à la frente de un Efquadron

de

de Cavalleria à reconocer lo que era. Informaron-
le los Paifanos de lo que paffaba, y fe impacien-
tò de tal manera , que haciendo poner immediatamente el Regimiento en Batalla en medio de el
Exercito , hizo ahorcar los Autores del incendio,
y degradar todas las Compañias , excepto la de
Don Martin Diaz de Armendariz , que no fe hallò en la funcion en que pereciò Aremberg. Incor-
porò eftos Soldados en otros Regimientos , depu-
fo de fus Empleos à los Oficiales y los hizo fervir
cierto tiempo de Soldados.

Entrò en Groningue la vifpera de el Apoftol
Santiago Patron de Efpaña , adonde hizo cantar el
Te Deum en accion de gracias , por una Victoria,
que aquellos Ciudadanos havian fabido antes de fer
concluida ; y haviendofe informado por què medio eràn noticiofos del fuceffo de efta accion cafi
antes de acabarfe , refpondieron que algunos de
ellos, eftando fobre la Baia de Dullart , donde de-
fagua el Ems , notaron que llevaba el agua gran
numero de Sombreros , y Eftandartes, que havian
reconocido fer de los Alemanes , y que havian
acudido à toda prieffa à fu Pueblo à darle efta feliz noticia. Defde efta Ciudad defpachò à Don
Andrès de Salazâr à participar el fuceffo de efta
Batalla al Rey , y al Padre Santo à Carrillo de
Merlo.

No fiendo ya precifo la prefencia del Duque
en la Frifia , diò fu govierno al Conde de Megues;
dexòle buenas Tropas para defender la Frontera , y
le mandò edificar en Groningue una Ciudadela femejante à la de Amberes ; y deftacò à Don Al-
phonfo de Ulloa , con un Regimiento de Infanteria
Efpañola , y dos Efquadrones de Cavalleria , con
catorce Piezas de Cañon para hacer el Sitio de el
Caftillo de Halft , perteneciente al Conde de Vvardemberg : Su fituacion fobre el Rhin en medio de
una gran Laguna , y à las Fronteras de Alemania

le hacia confiderable : Los Rebeldes le havian ocupado y empezaban à fortificarle.

El Duque havia refuelto efperar el fuceffo de
efte fitio ; pero con la noticia de que el Principe
de Orange havia acampado defde el dia de Santiago fobre las orillas del Rhin, y que fe preparaba
à entrar en los Paifes Baxos, pafsò à grandes jornadas à Utrecht, en cuya Ciudad tuvo la noticia de
haverfe rendido Halft : De allì pafsò à Boisleduc,
de donde defpachò un Correo al Duque de Alburquerque, pidiendole embiaffe à Suiza al Conde de
Anguifola, para que levantaffe otro Regimiento
para la cuftodia del Condado de Borgoña; y mandò à los Governadores aliftar las Milicias del Pais,
y affegurarfe de todos los parages fuertes, y poner buenas Guarniciones fobre las Fronteras à la
parte de Francia, para detener al Baron de Genlis, que traìa en focorro de effe Principe un Cuerpo confiderable de Uguenotes.

Creffonieres General de la Artilleria, hizo
conducir à Maftrink toda la fuficiente, con las
Municiones de Guerra para la Campaña. Vitelli encargado de fondear los Vados de el Mofa, refirió
que fus aguas eftaban tan baxas, que le podia
paffar el Enemigo quafi por todas partes, cuya
noticia no agradó al Duque; entonces ocupado en
Brufelas à la Convocatoria que havia hecho de las
diez y fiete Provincias, afsi para pedirles focorros, como para faber fi penfaban en la Rebelion.
Haviendo llegado los que tenian Voto, y paffados
à la Sala de la Affamblèa con las ceremonias ordinarias; fentó el Duque, y defpues de haver tomado afsiento, les pidiò de un modo fuave, y
cortès, los focorros que necefsitaba para la Guerra prefente. No fuè efcuchado; los Diputados fe
los negaron, alegando que el Pais eftaba enteramente arruinado, y que no era de la Jufticia, ni
del interès de fu Mageftad pribarles de lo poco
                                    que

que les quedaba. Fuera de esperanza de obtener nada de ellas, resolvió no perdirles mas que lo que el derecho de las armas le permitia tomar, y lo que el cuidado de defender su Patria les forzaria dàr quando fuesse conveniente, y despidió los Estados. Como el Principe de Orange abanzaba à toda diligencia, dexando el Duque à Bruselas, vino à Campen, de donde embió à Robles, con un Regimiento de Infanteria para entrar en Ruremunda. Haviendo sido informado que el Principe hacìa su possible para entrar en las diez y siete Provincias por el Brabante, hizo transportar todas las Municiones de Guerra y Boca en las Plazas fuertes, seguro de que el medio mas facil de arruinar su grande Exército, era el de quitarle los Viveres.

Tomadas estas precauciones passó à Mastrick, y de allí fuè acampar al Castillo de Harnen, legua y media del Mosa. Hizo tirar unas lineas desde este Castillo, hasta el Rio, y hacer un Puente de Barcas, que abriendole camino en el Ducado de Gueldres, le facilitaba la provisión de Viveres de que abunda este País. Hallabase ocupado en este Campo, quando recibió un Expresso de su Magestad Christianissima, en que le ofrecia por recompensa de sus servicios, el socorro de dos mil Cavallos, y le encargaba los hiciesse recibir à la Frontera por una persona de calidad, que los conduxesse al Exército. Embió à este efecto à Carlos de Crouy, hermano del Duque de Arscot, que esperò en vano; porque obligado aquel Monarca à usar de esta Cavalleria contra los Hereges de su Reyno, no pudo embiarla como havia ofrecido.

Privado de este socorro, embió doce Capitanes à España para hacer Reclutas, y ocupado en el cuidado de rechazar al Principe de Orange, quiso antes de ponerse en marcha, hacer la Revista de su Exército, que consistia en dos mil Cavallos ligeros, Españoles, Italianos, y Alvanefes, con

X 2   igual

igual numero de Flamencos , que mandaban los
Condes de Barlemont , de Megue , y de Lalain,
y mil quinientos Coraceros : La Infanteria se
componia de tres Regimientos de Españoles , quatro de Valones , al mando de los Coroneles Phelipe de Lanoy, Carlos de Argille, Santiago de Brig-
nac , y Mondragòn; de dos de Alemanes à las ordenes de los Condes de Lodron , y Herbestein , y
un Regimiento Español de nuevas Tropas que estaba en camino , debia juntarseles. Don Fernando
de Toledo mandaba la Cavalleria , y Don Fadrique , Marquès de Coria su hijo Primogenito , y
Comendador de Calatrava , se hallaba à la frente
de la Infanteria. El nacimiento havia puesto alguna diferencia entre estos dos Señores ; porque el
primero era natural y el segundo legitimo ; pero
la naturaleza los havia hecho iguales : Ambos valerosos : ambos de un merito extraordinario : ambos igualmente hombres de Guerra y politicos , y
ambos dignos hijos de su incomparable Padre.
Quando el Duque pasò à Flandes dexò en la Corte à Don Fadrique , y por cierto galantèo con
una Señora , deseando el Rey que no se precipitasse ; y atender à lo bien que le servia su Padre;
y porque los vicios de la Corte no corrumpiessen
su virtud , le hizo llamar , y le diò à entender
deseaba passasse à Flandes à acompañar à su Padre
por la alegria que en ello recibiria. Obedeciò
prompto , y tomò la Posta para verle y servir en
su Exercito.

　　Deseabalo su Padre, porque conocia su valor;
y aunque no alababa à sus hijos , tampoco gustaba
de disminuir en nada sus circunstancias. Decia muchas veces que su hijo le excederia algun dia , si
lo alcanzaba en vida ; y en efecto tenia una grandeza de animo extraordinaria ; era activo , vigilante , infatigable , y tan seguro de los sucessos de
sus empressas , que nunca se le ha visto desdorado.
Mas bolviendo à nuestra Historia , apenas el Du-
　　　　　　　　　　　　　　　　　　　　que

que juntò sus Tropas , quando supo que el Principe de Orange havia passado el Rhin , y que se
abanzaba àcia Mastrick. Con esta noticia destacò
à Viteli Mariscal de Campo General , con otros
Oficiales para señalar un Campo al otro lado del
Mosa , con animo de aprovecharse de alguna estratagema , para impedir al Enemigo hiciesse pro-
gresso alguno , ni subsistiesse en las Provincias de
su govierno.

El Principe de Orange superitò la precaucion
del Duque , aprovechandose de la buena voluntad
y ardor de sus Soldados , hizo tanta diligencia,
que llegò à las orillas del Mosa , quando aùn se
le creia muy distante : passò aquel Rio en una noche, y el dia septimo de Octubre del año de 1568,
acampò en las cercanias de Mastrick (despues de
haver saquèado una parte de el Pais de Liejar y
Aquisgran que no pudo redimir la bolsa publica)
para estàr mas à mano de servirse de la ocasion,
con la esperanza de que los Flamencos serian mas
orgullosos à su arribo , se sublevarian y abririan
las puertas de algunas Plazas , no prometiendose
nada menos que de expulsar presto al Duque de
Alva de las diez y siete Provincias , poniendo fin
à la dominacion Española. Su esperanza no estaba
mal fundada ; porque sin hablar de sus inteligencias que no eran despreciables , se veia à la frente de un numeroso Exercito , consistiendo su Infanteria en veinte y un mil Alemanes , Franceses , y
Válones ; y nueve mil Cavallos escogidos , envejecidos en las Guerras Civiles de Francia , con
veinte gruessos Cañones , y un tren de Artilleria
considerable , assistido de Municiones de Guerra,
con que los Principes de Alemania lo havian proveido con gusto.

El Principe los supo ganar , y lejos de haverlos enfriado la pèrdida de la Batalla de Gemmingen , se sirviò de ella para empeñarlos mas , animando à los unos y à los otros à la venganza.

Co-

Como no todos havian perdido , y otros tibios en declararse , supo insinuarles que apenas el Duque havria sojuzgado los Paises Baxos , llevaria sus armas contra los Alemanes ; porque la Casa de Austria solo aspiraba à la Soberania propia , y absoluta de el Imperio , tomando por pretexto la depresion de la Religion Protestante , que servia à su politica para hacerles la Guerra. No hicieron poco peso estas razones , en el espiritu de unos Pueblos tan apasionados por la libertad , como son los Alemanes : Renovaronse las promessas y ligas , y à bueltas de proteger la Religion reformada , hizo su negocio el Principe de Orange , y el de los Rebeldes de Flandes.

El Conde Palatino , el Duque de Vvirtemberg, la Ciudad de Strasbourg y otras Imperiales se empeñaron à pagar la Infanteria Alemana , durante quatro meses. El Rey de Dinamarca y el Elector de Saxonia , ofrecieron pagar la Cavalleria durante el mismo tiempo. La Reyna de Inglaterra y los mas ricos Mercaderes de Amberes , y Amsterdan , dieron palabra de proveerle de Viveres.

El de Orange fue declarado Gefe de aquel partido , y General del Exercito : Sus Thenientes Generales y los mas considerables de los Rebeldes, eran , el Conde Luis su hermano , los de Hoostrate , y de Lumey , este de la Casa de los Condes de la MarK: Casimir Principe Palatino , dos Duques de Saxonia y un Conde de Schvvartzemberg, sin comprehender un numero considerable de voluntarios de Francia , Alemania , y de los Paises Baxos , que engrossaban este Exercito.

El Duque de Alva à quien no admiraba este gran numero , lo hizo reconocer por un Capitan, que apoderado del temor , bolvió consternado à referirle : Que el Rey de Dinamarca , los Principes de Alemania , la Nobleza de Francia , la de Inglaterra , y de los Paises Baxos se hallaban en aquel Exercito , que parecia sin numero. El Duque,

rien-

Año de 1568.

siendose le respondió con agrado: *Reyes mucho mas poderosos, y Duques mucho mas temerosos, tienen hecho una liga con el Rey de España: Estos Reyes son los de Sicilia, de Napoles, Cerdeña y del America: Estos Duques, y estos Principes, son los Duques de Milàn, los Condes de Borgoña y Flandes: Estos Potentados dàn sus Tropas, y están perfectamente unidos con èl, y empeñados por su causa, pudiendose decir què componen todos una misma Nacion. Sus intereffes son reciprocos, sus Victorias por lo configuiente, y las ventajas de unos y otros consisten en sus felicidades. Principes tan poderosos y tan bien unidos, son mas fuertes que los que venis de vèr, que fiendo feparados sus intereffes, y tal vez opuestos, no combatiràn todos con el mismo valor, ni estaràn mucho tiempo fin difcordia.*

Aunque el Duque manifeftaba efta firmeza de animo, en lo publico para no defanimar al Soldado, no eftaba fin inquietud. Poco feguro de la fidelidad de los Flamencos, ò por mejor decir, perfuadido que à la primera ocafion favorable fe declararian contra èl: Informado que los Francefes meditaban invadir las Provincias de fu govierno, y que los Inglefes fe preparaban à atacarle por Mar, no fabia que recurfo tomar, por mas que fe le reprefentaffe, que las amenazas de eftos Pueblos ferian vanas: No creia que un politico tan fabio como el Principe de Orange, fe atrevieffe defpues de la deftruicion de fu hermano, intentar una irrupcion en Flandes, fin eftàr feguro de una poderofa diverfion, y de la aficion de los Flamencos.

Dabafe grandes movimientos para impedir que el Principe de Orange, yà dueño de las Fronteras del Brabante, hicieffe algun progreffo en el Pais: Determinado à cortarle los Viveres, y tenerle encerrado en fus limas quanto le fueffe pofible, vino à acampar al Lugar de Brambourg: Atrincheròfe en efte puefto, de donde cubria à Liejar,

Tir-

Tillemont ; y Lobayna , haciendo inutil los Proyectos de este Gefe de los Rebeldes , que hacia su cuenta de haver alguna comunicacion con
las Ciudades , tanto para sacar Municiones de
Guerra y Boca , quanto para entrar en ellas por
medio de sus inteligencias que eran grandes.

El Principe de Orange que no buscaba sino la
Batalla , y que veia en las dilaciones de su Enemigo la ruina de su Exercito , la presentaba cada
dia. Don Fadrique , y Don Fernando de Toledo,
Viteli y otros Oficiales la pedian con calor , diciendo : Que era del honor del Rey , y del suyo
en particular no rehusarla , pues que los Confederados la querian , echandolos de Flandes : Que no
se debia esperar que su temeridad se trocasse en
confianza : Que esta los haria mas atrevidos para
internarse en lo interior del País , en donde halla-
rian los espiritus , tanto mas dispuestos à recibirlos,
quanto miraban al Principe de Orange como Padre de la Patria , y restaurador de la libertad publica : Que fortificado por los socorros de los Flamencos , è introducido en las Plazas en donde los
Rebeldes eran superiores , seria bien dificil conseguir sobre èl las menores ventajas : Que seria preciso dàr furiosas Batallas , y derramar diluvios de
sangre para echarle , lo que se podia evitar desha-
ciendole enteramente , pues lo queria.

Estas razones no hicieron mudar de idèa à este viejo y experimentado Capitan , instruido de
que los Rebeldes no tienen mas que el primer im-
petu , y que se cansan presto. Estaba seguro de batirlos sin sacar la espada , no quiso llegar à una
accion general , con la resolucion de seguir siempre
de cerca à los Enemigos , cortandoles los Viveres,
y la entrada en las Ciudades ; porque no teniendo
el Principe Plazas para retirarse , comestibles , ni
dinero , y no teniendo los Alemanes con que mantenerse , se amotinarian y bolverian à sus casas.

Los dos Exercitos se hallaban cercanos , dabanse
re-

repentinamente pequeños combates, en que el valor
y la justicia triumphaban de la rebelion. El Principe creia que estas endebles ventajas, animarian à
los Españoles y los determinarian à pelear, fati-
gabalos quatro pedia, presentabales la Batalla, yà
poniendo sus Tropas en orden junto à los atrincheramientos de su Campo; ya haciendo ademàn
de quererlos atacar, ò saqueando los Lugares vecinos, y desgastando la Campaña.

Nada fue capàz de hacer salir al Duque à dàr
Batalla, contentandose con hacer escaramuzar, y
embiar partidas, en la seguridad que las frequentes ventajas que ganarian los suyos, los harian
menospreciar aquel grande Exercito, y perder la
opinion que la Europa havia concebido de èl. Haviendose abanzado Visch à media noche con una
partida de Españoles, deshizò quatrocientos Enemigos, y llenò de terror y confusion su Campo.
Romero con su Regimiento, cargò quatro Compañias que acampaban separadamente de el grande
Exercito, passò los mas à cuchillo, y forzò à los
pocos que quedaban à huir.

Estos felices sucessos no hicieron mudar al Duque su primera resolucion, como lo havia creido
el Gefe de los Rebeldes, quien no haviendo podido por muchas diligencias que hizo, atraerle à la
Batalla, se viò precisado à levantar su Campo y
alojarse sobre una altura. Importandole al Duque
hacerle dexar este puesto, vino à acampar al Lugar de Squebise, haciendo ocupar la noche siguiente
por Don Fadrique su hijo, un montezuelo, que dominaba el Campo de los Rebeldes. Este joven Cavallero no solamente ocupò esta eminencia con todo el valor y diligencia possible, sino que echando à los Enemigos de un Lugar situado al pie de
este Monte, lo ocupò con sus Mosqueteros, y
haciendo un profundo atrincheramiento defendido
por varias medias lunas y otros pequeños fuertes,
apostò en èl su Infanteria.

Puesto en bateria el Cañon sobre esta Montaña, batia el Campo de los Rebeldes, à quienes incomodaba tambien el fuego de aquella trinchera,
fueron obligados à levantar su Campo la misma
noche. El Duque los siguiò, y sin querer pelear
se aprovechaba de los falsos movimientos que hacian en su marcha. Don Fernando de Toledo General de la Cavalleria, diò sobre la Retaguardia
con quatro Esquadrones de Cavallos ligeros, y quinientos Corazas: Llevò con vigor à los Enemigos;
pero los suyos, à quienes el ardor del pillage havia empeñado demasiado, le pusieron en peligro, y
con el socorro que su Padre le embiò, saliò felizmente, bien que con pèrdida de los mas avarien-
tos, aunque los Confederados no se libertaron de
perder cerca de setecientos hombres.

Queriendo el Duque impedir à los Rebeldes,
assi la retirada, como el fortificarse en las Plazas,
destacò à Don Julian Romero para apoderarse de
Tongres, cuya Ciudad temiendo ser castigada por
haver favorecido al Principe, cerrò sus puertas, y
no las abriò hasta haver obtenido un Armisticio
en toda forma. Este Oficial hallò diversos carros
cargados de Viveres y Municiones de Guerra, cuyo golpe desconcertò à los Confederados, que levantando su Campo, fueron hasta el Lugar de Al-
mals en el Pais de Llejar, donde descansò el Exercito algunos dias; y sus Generales divirtiendose
en aquel Campo, llegaron hablar de los Españoles
con todo el desprecio que pueden hacer gentes
acaloradas del vino, que en esta ocasion lo ven-
cen todo. El Conde Luis à quien burlàban por la
pèrdida de la Batalla de Gemmingen, dixo para
escusarse, ò tal vez para manifestar los verdaderos sentimientos de su corazon: Que sus Enemigos tenian aspecto y Armas de Leon, y que el
Duque de Alva era el mayor Heroe de el mundo.
El Conde de Hoostrate riendose de esta expression,
preguntò al Conde Luis en tono formal: *Adonde*
està

AÑO
1568.

eſtà eſta habilidad del General ? Eſtos aſpectos y eſtas Armas de Leon ? Què pruebas hemos hecho de ellas? No hemos viſto todavia , mas que las eſpaldas de eſtos hombres formidables , ſolo nos han opueſto Trincheras : Pienſan acaſo que eſte ſea el verdadero medio de batir bravas gentes , que ſon dueños de la Campaña , y tienen las Armas en la mano ? Luis , à quien el vino no havia turbado la razon , reſpondiò: Eſta , que parece floxedad ò paciencia de nueſtros Enemigos nos perderà , eſtàn como encadenados y hacen pruebas de ſus fuerzas en ſu Campo ; pero immediatamente que el Duque de Alva los ſuelte , experimentareis Conde , que tienen aſpectos y Armas de Leon: No transferiràn eſtos atrincheramientos en raſa Campaña ; nos acometen actualmente por atràs , pero tampoco rehuſaràn atacarnos cara à cara , y probar quien de nos ù de ellos es preferible en la ocaſion.

Mientras los Generales deſcanſaban con eſtas jocoſidades de las fatigas de la Guerra , menos alegre el Principe de Orange , intentaba levantar ſu Campo para recibir al Baron de Genlis , que le traia ſocorros de Francia , y dexando ſu pueſto el dia veinte y ocho de ſu entrada en el Brabante , penſò tomar en el camino quatro ò cinco Plazas , de las que havia ofrecido el pillage à ſus Tropas, en pago de lo que les debia ; y porque yà amotinados los Alemanes , pedian con inſolencia ſus pagas y Viveres ; y no hallandoſe el Principe en diſpoſicion de darles nada , le amenazaron , y huvo uno tan atrevido que le diſparò un fuſilazo ; mas dandole por felicidad la bala en la guarnicion de la eſpada , no le hizo daño alguno.

Viendo que todo era de temer , ſe retirò ſeguido de algunos de ſus Gentiles Hombres al centro de un Regimiento de Infanteria Valona , que la defendiò. El motin huviera durado , ſi un Corſeo , que llegò en eſte tiempo , no huvieſſe traido le la noticia , de que el Baron de Genlis , haviendo por largos rodèos evitado felizmente el encuentro

Y 2

tro de los Enemigos, se acercaba à la frente de
cinco mil Infantes, y dos mil Cavallos Francefes,
que eran la flor de los Hereges de Francia.
Efta buena nueva foffegò un poco los efpiritus, y
el Principe procurò apaciguarlos con bellas promeffas; y poniendofe en marcha para recibir efte
focorro, fe apoderò de la pequeña Ciudad de San-
Tron, facò fumas confiderables de fu Abad, y
de los principales de la Ciudad; exigiò grueffas
contribuciones del Pais de Liejar y fe apoderò de
Tillemont. Eftaba con impaciencia de juntarfe con
el Baron de Genlis, que no diftaba mas de una
legua; pero como la Gethe havia falido de madre, y el Duque de Alva le cerraba por la efpal-
da, no tenia mucha facilidad: Refolviò no obftante paffar efte Rio à qualquier precio. Hizo tomar la delantera à fus vagages, apoftò cinco mil
Arcabuceros y algunos Mofqueteros en los Jardines, y en un Lugar que mandaba el Rio, que hizo fondear; y haviendo dividido fu Cavallería à
la frente, fobre las Alas y por detras, y fu Infantería en medio; empezò à paffar el Rio, que
aunque pequeño, era de mucha importancia hacerfe dueño de èl.

El Duque que feguía al Enemigo de cerca, y
obfervaba fus movimientos, reconociendo el terreno, lo hallò à propofito para hacerle derrotar enteramente, ò ganar una Victoria completa, fobre
que fu experiencia y el valor de fus Tropas, no
le dexaba que dudar: Hizo abanzar à Acuña con
un Deftacamento de Cavallería, para que entrete-
niendole, retardaffe fu paffo quanto le fueffe pof-
fible; y poniendo fu Exercito en Batalla con toda la extenfion que la defigualdad del terreno permitia, le ordenò no fe movieffe hafta darle la feñal. Efto executado, bolviò à reconocer al Enemigo: El Baron de Gheureray que eftaba à la frente de fu Regimiento, defaprobando eftas dilaciones, dixo al Duque con una libertad que le era
muy

muy natural: *No conoceis la fortuna, ò no os atre-
veis, Señor, à abrazar la Victoria que se presenta, y
debe costaros tan poco.*

La libertad de este Alemàn, no disgustò al
Duque; antes bien alabò su aliento y grandeza de
animo, mas detuvo la impetuosidad de los Oficiales, que querian el combate, por un discurso semejante al que hizo sobre las orillas del Tronto à
los de su Exercito, quando querian se atacasse al
Duque de Guisa. Ofreciòles no perder esta ocasion,
pero que se debia esperar la Infanteria, por no aventurar una Victoria que tenia por segura. Acuña,
que havia ido à reconocer todo lo que la podia facilitar ò impedirla, vino à referir al Duque, que
havia encontrado un Paisano, irritado contra el
Principe, por haver recibido algunos daños, y
que este hombre que parecia de juicio y conocia
los Vados del Rio, le havia dicho que era muy
crecido, y que no podria el Principe hacer passar
su Exercito sin arriesgarle todo: Que aquel hombre que sabia la Lengua Española, le havia ofrecido servirle de guia, y enseñarle un Vado.

El Duque reflexionando entonces sobre este
acaso, que yà le havia sucedido con otro Paisano
enojado, que le mostrò un Vado en el Elba, y
le havia facilitado por este medio la destruicion
del Duque de Saxonia, y que le traia otro para
enseñarle los parages, por donde podria ir con seguridad à batir el Gefe de los Rebeldes de Flandes, como lo era el primero de los de Alemania,
bolviendose àcia Don Fadrique, Marquès de Coria su hijo, le mandò con Don Sancho Davila,
Don Gonzalo de Bracamonte, Don Alonso de Bargas y Don Gaspar de Robles, para que echassen
à los Enemigos de la altura y de los Jardines, dandole para esta expedicion seis Piezas de Campaña.

Don Fadrique cargò al Enemigo por el frente
con mil Españoles; Davila y Bargas tomando un

sodèo con quatrocientos hombres de la misma Nacion, vinieron à cargarlos; Bracamonte y Robles, seguidos de ochocientos Valones, cogiendolos en flanco, los echaron de un vecino Bosque, batieron uno de sus Esquadrones que iba à entra en el Rio, y pusieron en fuga algunas Brigadas que parecieron à la entrada del Bosque. El Marquès de Coria advirtiendo el desorden de los Rebeldes, atacò sus lineas, haciendose dueño de una de las barreras de su Campo, passando à cuchillo los que las guardaban. Se juntò immediatamente à Bracamonte, y à Robles que yà tenian sus Tropas en Batalla, poniendo à su frente dos Esquadrones, bolviò à la carga. El Marquès despachò un Oficial à su Padre, informandole que los Enemigos estaban en fuga; que los mas valerosos acababan de ser vencidos: Que su Infanteria estaba dispersa y la Cavalleria prompta à huir; y en fin que la Victoria estaba segura, si se abanzaba con su Exercito.

El Duque, lleno de gozo interiormente de vèr à su hijo, que en la primera ocasion que havia tenido, daba tantas pruebas de su valor, y grandeza de Alma, afectando una extrema colera y despidiendo adustamente à este Oficial, le mandò dixesse à su hijo: Que no empeñasse à un Padre envejecido en el oficio, à una empressa de un joven temerario: Que mantuviesse sus Tropas en las orillas del Rio, y que no le importunasse sobre marchar à los Enemigos: Que recibiria mal à qualquier que le hablasse de su parte. Permitiò no obstante, que algunos voluntarios de calidad, acudiessen, como de su propio motu, y sin Vanderas, al socorro de Don Fadrique, prohibiendo embiarle otros.

Sentido el Principe de Orange de este mal successo, hizo elevar una bateria sobre una eminencia que mandaba toda la orilla, donde deshalojò à los Españoles que iban à entrar en el Rio, quando Don

Don Fadrique recibió las ordenes de su Padre y se
retiró apesadumbrado; pero antes, fue descargar su
colera sobre los que yà havia desordenado : Eran
estos cerca de quatro mil hombres, mandados por
los Condes de Hooftrate, y Roberual, que acabando de rehacerse, se abanzaban en buen orden
al Rio, y embestidos por el Marquès, como su
consternacion era tan grande, casi no pelearon,
echaronse al Rio con un desorden que costò la vida à muchos de ellos. Hizose pasar la pérdida de
los Rebeldes en esta ocasion de tres mil hombres,
y que el Duque no havia tenido mas que treinta
muertos y doscientos heridos.

El Coronèl Roberual, fue herido y preso, y
convencido de diversos delitos, fue degollado en
Bruselas : Antonio de Lalain, Conde de Hooftrate, lo fue tambien de un fusilazo, de que muriò
despues de haver abjurado sus errores. Dícese que
el Conde Luis de Naflau, haviendole visitado poco antes de su muerte, le preguntò chanceando,
si estaba desengañado que el General de los Españoles era de una rara sabiduria: Sus Soldados
invencibles, con aspectos y Armas de Leon, y que
Hooftrate ofendido de esta chanza, y en el parage en que se hallaba tan poco del caso, le respondió : que yà no era tiempo de burlarse de èl:
Que no se le podria tratar con mas dureza, si fuesse su Enemigo declarado : Que se moria, y que
sus dolores eran bastantes vivos, sin acrecentarlos:
Que quando sentiamos caer la mano de Dios sobre
nosotros, debiamos adorarla y reconocernos : Que
sus delitos los atraian estos castigos y desgracias:
Que èl lo sentia entonces, porque probaba su poder : Que para èl seria otro dia; y que la Providencia de un Dios justamente enojado, castigaba
quando lo juzgaba à proposito.

Quedaron ciento y cinquenta Soldados de el
Enemigo de la parte de acà de la Gethe, refugiados en una casa vecina; requirióseles se entre-

gas-

gaffen ; pero haviendo pretendido fe les affeguraf-
fe la vida , la hizo Don Fadrique poner fuegos
Los mas determinados arrojandofe por las venta-
nas fueron muertos , y los demàs fe dexaron quemar. Todos los Oficiales creyeron que el Duque
pudo haver deshecho enteramente à los Enemigos,
fi huviera querido paffar el Rio , y aun fe dixo di-
lataba la Guerra por eftàr fiempre neceffario à fu
Mageftad. Los Soldados eran los mas defcontentos,
como ignoraban las razones que obligaban à fu Gefe à contemporizar , defefpera los de. vèr efcapar
un Enemigo , cuya deftruicion les parecia facil;
mas el que fabia , que la ruina de los Rebeldes era
inevitable , no quifo exponerfe à la cafualidad de
perder una Batalla , de que todos los Paifes Baxos
huvieran fido conftantemente el fruto de la Victoria del Principe , y que en el cafo de una derrota , no perdia fino Soldados , cuya falta , Alemania y Francia , huvieran prefto reparado.

Menofpreciando las voces importantes que corrian en las converfaciones ordinarias , dixo publicamente , que al principio de Noviembre atacaria
à los Rebeldes , yà debilitados por falta de Viveres , trabajos , y enfermedades , fi eftas incomodidades y las que les preparaba , no los hacian falir de los Paifes Baxos antes de efte tiempo ; es
verdad , que como no fe les afsiftia con dinero,
folia decir , que la falta de pagas , y fines de Octubre , daria la Batalla al Principe y fe la ganaria.

Apefadumbrado efte Principe del mal fuceffo
de aquella jornada , de la defgracia de Robotual,
y de Hooftrate , fuè acampar à Saigne , donde fe
unió con los Francefes mandados por el Baron de
Genlis ; con cuyo refuerzo bolviendo à tomar el
camino de Brabante , formò el defignio de apoderarfe de Lobayna ò de Brufelas , para con el pillage , ò contribucion de una de eftas grandes Ciudades , reftablecer fu Exercito , que fe hallaba en un
efta-

Año de
1568.

estado lastimoso; porque los heridos no siendo cu-
rados, y sin tener mas alimento, que berzas, na-
bos, y otras yervas, murieron casi todos, cau-
sando una epidemia que hizo perecer mucha gente.

Instruido el Duque por sus Espías del animo
de los Rebeldes y calamidades de su Exercito, los
hizo seguir por Don Fernando de Toledo, con dos
mil Infantes y casi toda la Cavalleria, y fuè à
acampar con el resto de su Exercito baxo los Muros de Lobayna, dedicandose enteramente à cor-
tarles los Viveres, y assegurarse de todas las Ciudades vecinas. Embiò à Tillemont al Señor de
Hierges, hijo de el Conde de Barlemont con un
Regimiento de Valones. Mondragon, y el Señor
de Tobar con la Compañia de Cavallos de Mon-
tero, tuvieron orden de defender à Lobayna, y el
Conde de Roeux fuè encargado de la de Bruselas;
y hallandose el de Hierges demasiadamente endeble en Tillemont, fuè reforzado por quatro Compañias de Cavallos ligeros. Estas acertadas precauciones quasi desesperaron al de Orange, y le hicieron formar el designio de atacar al Duque
en su Campo, cuyo Proyecto parecia justo y bien
dirigido; porque el Duque tenia apenas diez mil
hombres, pero aguerridos, y tan bien atrincherados, que huvieran podido, aunque en mas pequeño numero, hacer inutiles los esfuerzos de un
Exercito mucho mayor, que el de los Rebeldes.

Haviendoles hecho reconocer con exactitud,
mudando de idèa, solo pensò en los medios de
repassar el Mosa, engrossado por las lluvias, y
ocupados muchos puestos por los Españoles. Los de
Liejar dueños de su Puente, aunque les rogò se le
concediesse el passo; como lo aborrecian, y estaban
sostenidos por doce Compañias de las Tropas del
Duque, mandadas por Mondragon y el Señor de
Hierges, no le escucharon. Resolviò ganarsele por
fuerza, creyendo que el Duque se hallaba aùn de-

baxo de las Murallas de Lobayna, quando le aviſaron que no diſtaba mas de quatro leguas de èl, y que ſe abanzaba con gran prieſſa ; y aunque no creia ſemejante diligencia, perſuadiendoſe à que fueſſe algun Deſtacamento, que ſus batidores eſpantados havian tenido por Exercito entero, ſe puſo à la frente de la Cavalleria para cargar la de el Duque, cuyo combate fuè reñido ; pero haviendo advertido ſe abanzaba la Infanteria para atacarle, y que tenia ſobre si todo el Exercito Catholico, ſe retirò en buen orden, deſcargando ſu colera ſobre los de Liejar, ſaqueando el Pais llano, y juntando muchos Viveres, ſe atraxo ſu indignacion.

Impoſsibilitado de hacer ningun progreſſo en el Brabante, determinò paſſar à Francia con ſu Exercito, con el animo de juntarſe al Principe de Condè, que acababa de empezar la tercera Guerra Civil, para deſpues de haver forzado à ſu Mageſtad Chriſtianiſsima, de conceder à los Hereges de ſu Reyno lo que pedian, bolver à los Paiſes Baxos con todas las fuerzas del partido. Tomò à eſte fin ſu marcha por medio de la Provincia de Hainault, arruinando quanto encontraba en ſu camino, ſin perdonar à los Amigos, ni Lugares Sagrados. El Baron de Genlis ſe aplicaba à la deſtruicion de los Templos, y Caſas Conſagradas à Dios, ſiendo eſta la unica ocupacion de eſte Hereſiarca, quien por una impiedad ſin exemplo, ſe hacia llamar *Vicario de la nueva Religion y el Interprete de Dios.* Hizo arraſſar la Igleſia de San Huberto, intentando quemar las Reliquias de eſte gran Santo, del que las gentes acometidas de la rabia, invocan la aſsiſtencia con tanta confianza y ſuceſſo ; mas ſu delito no quedò mucho tiempo ſin caſtigo, porque apenas entrò en Francia, muriò.

Informado el Duque del deſignio de los Confederados, haciendo un grueſſo Deſtacamento de

ſu

Año de 1568.

la Cavallería, y dando la orden de romper todos los Molinos, y transportar los Víveres en las Plazas, poniendolas en estado de defensa en caso de atacarlas el Enemigo. Despachò uno de sus Gentiles-Hombres à la Corte de Francia, pidiendo à Carlos Nono hiciesse sus esfuerzos, para que un enemigo tan cruèl, no penetrasse en sus Estados, oponiendole solo la Cavallería que le havia ofrecido al principio de la Guerra; mas fuè en vano, porque Carlos estaba yà demasiado ocupado. El General Español bien quería anticiparse à los Rebeldes; pero sus Tropas se hallaban de tal modo fatigadas, que no hacia poco en seguirlos. Acuña à quien Don Fernando havia destacado, los inquietò bastante con sus seiscientos Cavallos, no dexando passar ocasion alguna de apresar los mas perezosos y los que se apartaban, aunque no siempre feliz, porque el Soldado que menospreciaba un Enemigo tantas veces vencido, lo fuè en este lance; Davalos quedò muerto, Davila herido peligrosamente, y Acuña no sin riesgo; no obstante, fortificado de nuevas Tropas, continuò en perseguir al Enemigo.

A pesar de todos estos obstaculos, el Príncipe de Orange arribò al Cambresis, y fuè à atacar à la Ciudad de Quesnoy. Juan Voort, simple Capitan, pero hombre de valor y conducta, defendia esta pequeña Plaza con treinta Soldados: No le atemorizaba el numero de los Rebeldes, porque estaba persuadido no se entretendrían en hacer el Sitio en toda forma; usò del ardid para hacerlos retirar, de poner sobre las murallas con armas, no solamente los Ciudadanos, sino à sus hijos, y à las mismas mugeres, haciendolas vestir de hombres, y reparar con tierra y faginas las brechas que podría abrir el Cañon de los sitiadores. El Capitan Molino passando seguido de doscientos hombres por medio del Campo de los Confederados, se presentò à las puertas de la Ciudad. Voort sorpre-

Z 2

prehendido de acción tan atrevida, Imaginandose
ser estratagema de los Rebeldes para engañarle.
Le preguntó quien era, y de què parte venias.
Enfadado el Capitan Molino de la respuesta, le
dixo: *Verás quien soy, de donde vengo, y quien
me embia*, y apuntando, disparó sobre los Rebeldes de que hizo un destrozo considerable, y
Voort le introduxo en la Ciudad como en triumpho.

Desesperado el de Orange, de que todo le sa-
liesse mal, fuè à acampar debaxo de San Quentin,
con la intencion de favorecer las empressas del de
Condè. El Duque de Alva, que penetraba sin trabajo los Proyectos de los Rebeldes, los persiguió
hasta las fronteras de Francia, y acampando cerca de la Selva de Marnevil, despachó segunda vez
à la Corte de Francia, à pedir al Christianissimo
le permitiesse entrar en su Reyno à atacar à los
Enemigos comunes, que no amenazaban menos los
Catholicos de Francia, que las Provincias de los
Paìses Baxos. Hizo tambien pedir al Governador
de Guisa, le diesse passo por medio de su Plaza, y
le proveyesse Viveres pagando, pero todo fuè inutil; porque Carlos Nono no obró fuesse política
dàr entrada à un Aliado tan poderoso, en sus Estados, y hacer de sus Provincias fronteras el theatro
de la Guerra.

El Principe de Orange reducido à la ultima
extremidad, y no pudiendo retener los Alemanes
mas tiempo; porque pedian con violencia, y no
sin justicia, pan y dinero, vendió su baxilla, empeñò sus equipages, y los de algunos Señores de su
partido, y despidió su Exercito al principio de Noviembre, retirandose el mesmo con un pequeño
numero de Cavalleria. Nunca se viò Exercito mas
infeliz que el de este Principe, batido por todas
partes, arruinado por el hambre, fatigas, y enfermedades, sin abandonarle por esto sus Soldados,
que se hallaban sin Cavallos, desnudos, sin dine-

ro , y aborrecidos de todo el mundo: Pusieronse
en marcha por pequeñas partidas para retirarse con
mas comodidad ; pero los Paìsanos les hicieron
una Guerra cruèl , y la Cavallerìa que el Duque
embiò hasta lo interior de la Alsacia para cortar-
les el camino , matò un numero tan grande , que
se assegura apenas se escaparon cinco mil hombres
de aquel grande Exercìto. Su fuga fuè bien presto publica en toda la Europa : Diò bastante materia de conversacion , haciendo brillar la conducta de el Duque , que sin dàr nada à la casualidad,
ni arriesgar por una Batalla la seguridad de los
Paìses Baxos , havia conservado sus Tropas, y derrotado las de los Rebeldes , como si los huviesse
passado à cuchillo , solo en diversos encuentros.

CAPITULO III.

FEnecida esta Campaña con la sabia conducta,
que de los mismos hechos se nota , entrò en
Bruselas triumphante , y reconocido al Autor de
las Victorias , señalò dias para dàr gracias à Dios,
y à la Virgen Santisima , por los singulares beneficios que de su proteccion havia recibido ; y cumplida esta piadosa obligacion , distribuyendo Quarteles de Invierno à su Exercìto , y pagando todo
lo que se debia à la Cavallerìa Alemana , y à dos
Regimientos de Infanterìa de la misma Nacion,
les permitiò retirarse ; y reconociendo los buenos
servicios de los principales Oficiales de sus Tropas,
en el modo que pudo con su acostumbrada generosidad , les ofreciò representar à la Corte para fa-
cilitarles los debidos premios , escriviendo al mismo tiempo al Rey : Importaba al bien de sus Estados , que diesse à los Flamencos algunas señales
de liberalidad , pues havia dado las suficientes de
su severidad ; porque el agrado ganaria todos
aquellos que aùn parecian enagenados , y empe-
ña-

ñaria com mas amor, los que no havian faltado à su deber.

Aunque efte confejo parecia tan faludable, no folo quedò fin efecto, fino que causò algun daño al Duque; porque fus Emulos fiempre embidiofos de la virtud que le dominaba, reprefentaron al Rey: Que el Governador de los Paifes Baxos queria procurando gracias à los Flamencos, hacerfe Autor de todo lo que recibieffen, ù de lo que havian recibido de ventajofo, atrayendo fobre fu Mageftad la cenfura de todas las acciones de feveridad: Que no era razon exhauftaffe el Erario que necefitaria prefto para la continuacion de una Guerra, à que no havia querido poner fin, haviendo rehufado atacar al Principe de Orange, cuya pèrdida era infalible. Abultaban que el procedimiento del Duque, era menos efecto de fu prudencia, que de la produccion de fu fobervia: Qué pretenia dilatar la Guerra y acabar la ruina de un Pais que padecia yà demafiado.

La economia del Rey, y la adulacion de fus Miniftros prevaleciò à las buenas intenciones del Duque; fu Mageftad dandole la enhorabuena de fus victorias, le mandò fe contuvieffe en fus liberalidades, y no le importunaffe mas. Efto, diò en extremo que fentir al Duque, y no irritò poco à los Flamencos; notando, no hacia diferencia alguna, entre los delinquentes, y los que no lo eran, fin recompenfar mas que à los otros Vaffallos. Efta acritud los confirmò en la refolucion de hacer conocer à fu Mageftad las gentes que defpreciaba. El Duque que prevcia fus fentimientos procurò cortarlos, acelerando la conftruccion de las Ciudadelas; fuè à vifitar la de Amberes, cuyas obras eftaban en fu perfeccion: hizola ocupar por una Guarnicion fiel, y proveyendola de Municiones de Guerra y Boca, pufo por Governador de ella al valerofo Davila.

Reftablecida, aunque exteriormente la tranqui-

quillidad en los Paìses Baxos, embiò en focorro de
Carlos Nono , acometido vivamente de los Uguenotes , al Conde de Mansfeld con dos mil Cavallos
y tres mil Infantes , cuyas Tropas hicieron buenos fervicios à fu Mageftad Chriftianifsima , y en
parte debiò à fu valor el haver ganado las Batallas
de Jarnac y Montcontour , en donde fuè muerto
el Principe de Condè ; porque haviendo el Conde
Luis de Naffau , hecho retroceder à los Catholicos , llevando la Ala que fe le oponia con vigor , cargandole Mansfeld con fus Flamencos , le
batiò y pufo en fuga , y reanimados de efta ventaja los que havian retrocedido , bolvieron con tanta furia à los Hereges , que los deshicieron enteramente.

La Santidad de Pio Quinto dignifsimo fuccef-
for de San Pedro , acerrimo enemigo de profefsio-
nes Chriftianas mezcladas de afectos hereticos,
no fatisfecho de tantas exprefsiones , y haver
dado grandes elogios à la bella conducta de el
Duque de Alva en efta Guerra , mirandola como
una de fus mayores triumphos , y haciendo cantar el *Te Deum* en la Iglefia de San Pedro , quifo
manifeftarle de un modo mas fenfible , quanto le
eftimaba , y el fingular fervicio que acababa de
hacer à toda la Iglefia : Le regalò con un Eftoque
enriquecido de Diamantes , y una Rofa de Oro,
de las que fe bendicen la noche de el Nacimiento de Chrifto , y eftàn en depofito facro. Fuè
defpachado Carlos Deboli fu Camarero con eftos
premios , menos eftimables por fu precio , que por
fu deftino , no concediendolos los Santos Padres,
de ordinario fino à los Soberanos , y extraordina-
riamente à los Capitanes feñalados , y de merito
diftinguido que han fervido bien à la Iglefia. El
Duque que fabia eftimar las cofas , hizo grande
aprecio de efte regalo , quifo recibirle con toda
la pompa y magnificencia pofsible. La ceremonia
fe hizo en la Cathedral de Malinas , donde ha-
vien-

viendo celebrado su Arzobispo Pontificalmente la
Missa , se los entregò al ruido de los Clarines,
Trompetas , estruendo de la Artilleria , y aclamaciones de la Nobleza , y el Pueblo , que llenaban
este basto Templo.

En los años siguientes , hizo transferir estos monumentos de su gloria en el Thesoro de la Iglesia
Cathedral de San Estevan de Salamanca , de la que
los Duques de Alva son Fundadores, y en donde
tenian su sepultura , y han enriquecido de tantos
Ornamentos magnificos, como de Vasos precio-
sos y otros presentes , que no contribuyò poco à
su mejor adorno , manifestando por su piedad los
fines que les impulsaban con la dedicacion de sus
triumphos à Dios y à la Iglesia.

Despues de Victorias tan señaladas , y regalos honorificos , pareciendole que faltaba algun re-
quisito para perpetuar su memoria : Hizo elevar
en medio de la Plaza de Armas de la Ciudadela de
Amberes , su Estatua en bronce , que representaba
diferentes Symbolos de Heregias , y Rebeliones,
con varias inscripciones del insigne Arias Montano.
Era de quince pies de alto , y hecha de los Cañones ganados en la Batalla de Gemmingen : Representaba al Duque al natural y con perfeccion:
La cabeza descubierta , el brazo derecho desnudo,
y estendido àcia la Ciudad , en la accion de un
hombre que amenaza , ò dà la paz. (Son las dos
aplicaciones que el amor , y el odio han hecho à
esta postura) Tenia postradas à sus pies dos Estatuas , que se hacian admirar por su gran numero
de manos , llenas de achas , bolsas , alforjas , y mil
generos de armas , todas divisas de los Bribones.
(cuyo nombre se dieron los Rebeldes de Flandes,
y les darèmos muchas veces en el seguimiento de
esta obra.) El rostro de estas Estatuas , estaba cubierto de Carantulas , y en su pescuezo colgaban
varias horteras de bribones mendicantes. Esta Estatua , y las que pisaba , proveyeron abundante
ma-

materia de crítica, à Estrada y otros Escritores
que como el, vituperaron al Duque.

En quanto à mì, que no hago su elogio, y
solo escrivo desnudo de passion, y amante de la
justicia los acontecimientos de su vida, no me
entretendrè à refutar los sentidos injuriosos à su
memoria, que solo sus embidiosos, ò los que no
han penetrado sus verdaderos designios, dieron à
estas figuras postradas ; no porque faltaria razones,
si, por extraviarme del discurso. Persuadiendome
pues, que quiso dexar acreditado à la posteridad,
haver pisado y aniquilado la heregìa, y la rebelion:
mas no à los Flamencos que estimaba, y sabia
distinguir los que lo merecian. En este sentido los
havia hecho llevar todas las diferentes divisas, de
que los Confederados se havian diferenciado, para
hacer vèr, no que havia triumphado de todas las
ordenes de Flandes, si disipado el furioso cahos
que iba poner este rico Pais en el mas horroso de
los desordenes. Esta Carantula daba bastantemente
à entender que no designaba à nadie, pero que
hacia conocer el delito comun, ò tal vez queria
insinuarnos que la heregìa, y la rebelion, siendo
terribles por si misma, se cubre la primera, de
disfraz de reforma y caridad ; y la segunda, de la
apariencia del bien publico, y del amor de la patria, para arrastrar mas facilmente à los Pueblos.

La mano derecha desnuda y desarmada, notaba
la paz : Su cabeza y rostro descubierto, indicaba la
sinceridad de su afecto, para los Pueblos que el Rey
le havia encomendado : No tenia el cuerpo armado,
sino para hacer comprehender, que si estos Pueblos
rehusaban la paz que les ofrecia, y la menospreciaban, sabria reducirlos à su obligacion, y teniendo alto su brazo derecho, desnudó y sin armas, y
baxando la izquierda que estaba armada, daba el primer lugar à la clemencia y à la dulzura.

Aa   Esta

Esta estatua estaba elevada sobre un Pedestal de Marmol, en que se leia la inscripcion siguiente:

A D. Fernando Alvarez de Toledo , Duque de Alva , Governador General de los Países Baxos por Phelipe Segundo, Ministro y servidor fiel de un Rey amado : por haver apagado la rebelion, disipado y echado los Rebeldes, restablecida la Religion , buelto à la Justicia toda su autoridad , y afirmado la paz en las Provincias.

Sobre las otras fachadas del Pedestal , estaban grabadas Letras y Gerogliphycos , à que la pasion ha dado sentidos opuestos , y abaxo estaba en caractéres mas menudos.

Obra de Yungeling , hecha del Cañon tomado sobre los Enemigos.

Estos pompofos titulos , indispufieron no folo à los Pueblos de Flandes , fino los Emulos que el Duque tenia en la Corte ; que como no tenian en ella ocupacion mas sèria que la de paffar agradablemente fu tiempo , contribuyendo à las diverfiones de fu Mageftad , hallaron que decir , de un hombre que aventuraba cada inftante fu vida para ponerlos todos en feguridad , elevaffe monumentos à fu grandeza : Vituperaban altamente la conducta del Duque , fin reflexionar que defacreditaban la de toda la antiguedad. Alexandro hizo levantar fus Eftatuas , y las de fus Capitanes en las Ciudades que conquiftò. Se ha vifto la de Pompe-

yo

Año
1568.

yo en los Pyrineos, en donde este grande Heroe
la hizo levantar. Roma estaba llena de las de los
Cesares, y de todos los famosos Conquistadores
que havian llevado tan lejos los limites de su dominacion. Athenas y las otras Ciudades de Grecia,
tenian sobre sus Murallas gran numero de Estatuas
de celebres Capitanes, Oradores, ù Poetas distinguidos. Constantin el Magno, Theodosio, y
y otros Principes, cuya moderacion fuè tan gene-
ralmente admirada, se hicieron eregir Estatuas,
immortalizando por estos monumentos, sus Conquistas y Victorias. Ultimamente la Historia nos
dà mil exemplos.

El Conde de la Roca, dice, que Phelipe Segundo havia convenido, en que el Duque se hiciesse eregir una Estatua, que seria despues derribada por su orden, para ganar por este medio la
amistad de los Pueblos, y hacer caer sobre al Duque toda su aversion. Afirma este convenio por un
papel muy autorizado; pero à mi parecer es un
delirio, querer que un hombre tan grande como
el Duque, huviesse consentido disminuir parte de
su reputacion, quando aspiraba aumentarla: Por
otra parte, el Rey no era hombre que se acomo-
dasse à un medio tan poco decoroso à su grandeza, y à la estimacion que hacia del Duque, pues
à haver sido cierto este convenio, se huviera der-
ribado la Estatua, luego que se viò elevada, y
quando mas, antes de dexar el Duque el govierno de los Paises Baxos. Pruebase esto, de que no
fuè derribada la Estatua, ni por orden del Rey,
ni por la del Successor del Duque; porque no se
derribò hasta diez años despues, en que los Rebeldes se apoderaron (como en adelante se dirà)
de la Ciudad, que encerraba este monumento de
las virtudes heroicas de nuestro Heroe.

Informados los Principes de Alemania del mal
sucesso del de Orange, y recelosos que cayesse baxo de los golpes del Duque, suplicaron al Empe-

ra-

rador Maximiliano, interpusiesse su autoridad para hacer cessar la Guerra, y pacificar los Paises Baxos, sobre los que debia tener toda potestad por relevar del Imperio: representando con eficacia, que este negocio interessaba demasiado la libertad Germanica: siendo imposible que la baxa Alemania dexasse de ser incomodada, no haviendo duda que la Flandes sometida, el Imperio seria arruinado y que se debia armar: que no queriendo consentirlo, y prefiriesse la grandeza de su Casa, y el poder de la Monarquia Española, les opondrian poderosos Exercitos, teniendo la Alemania Capitanes y Soldados; con la amenaza que elegirian un Rey de Romanos, que no teniendo empeño alguno, con la Casa de Austria, obligaria à España à dexar en paz sus Vassallos de las diez y siete Provincias.

Atemorizado el Emperador de estas amenazas, y al mismo tiempo de que la Religion, y la Casa de Austria se exponian, y que los Principes de Alemania, à quienes su poder era odioso, las pusiessen en execucion, tomando un Rey de Romanos de una Familia Enemiga, tal vez herege; embió à España al Archiduque Carlos su hermano menor, à solicitar que el Rey llamasse al Duque de Alva, cuyo govierno aspero, havia irritado no solamente la Flandes, sino la Alemania, y à que le proveyesse en un Principe de la Casa, siempre amada y respetada de los Flamencos: Haciendolo presente que los Principes de Alemania en caso de negativa, estaban resueltos à elegir un Rey de Romanos: Que parecia designaban al de Francia, y que si llegaba à suceder, una vez dueño de Alemania, lo podria ser de los Paises Baxos.

Phelipe, à quien una larga experiencia havia hecho el mas politico y penetrante que jamàs huvo en la Casa de Austria, conociò que los avisos del Emperador solo miraban à hacer dàr el govierno de los Paises Baxos à uno de los Principes sus hermanos. Estaba muy resuelto à no hacerlo, en el concepto que este Principe, cansado de ser Vassallo, intentasse apoderarse de la Soberania de estas grandes y ricas Provintias y no obstante para ganar tiempo, dixo al Principe, lo propondria à su Consejo, dilatando este negocio lo mas que pudo.

Huvo algunos que fueron de sentir, que no solo se debia quitar el govierno de los Paises Baxos al Duque de Alva, sino castigar su severidad, para ganar por la perdicion de un solo hombre, la aficion de todo un Pueblo, haciendo caer sobre él, el vituperio de todo lo que havia hecho de desagradable à los Flamencos y à los Principes del Imperio. Desaprobò este dictamen el Cardenal de Spinosa, aunque no le era afecto; bien le parecìa que se debia llamar al Duque sin hacerle honores, al manifestarle agradecimiento por sus Victorias, que era bastante castigo: concluyendo su discurso, con que se debia conquistar à los Alemanes à fuerza de presentes, y buenas esperanzas, ò exponerse à vèr rehunir à la Monarquia Francesa, la Alemania y los Paises Baxos.

Estos encontrados pareceres no agradaron al Rey: tratò à los unos y à los otros con dureza, haciendoles vèr que seria no solamente injuriosos, mas aun injusto, el no recompensar los servicios importantes de un Capitan fiel y habil: *Quièn se atreverà*, dixo, *à executàr mis ordenes con firmeza, viendo que es medio seguro de perderse y merecer toda mi indignacion? Quisiera mas vèrme privado enteramente de los Paises Baxos, que conservarlos por una accion tan poco digna de mi grandeza. No me faltaròn hombres, ni fuerzas para reducir los Alemanes, ya medio vencidos por falta de dinero. La Francia no es de temèr, agitada de Guerras Civiles, y deshecha por sus proprios habitantes: Su Monarca està demasiado ocupado en su casa, sin buscar mas negocios en la agena.*

No diò respuesta possitiva al Archiduque, hasta que el Correo despachado por el Duque, le informò que el Principe de Orange estaba echado de los Païses Baxos, y su Exercito arruinado: Que la paz y la tranquilidad reynaba en estas Provincias. Entonces le insinuò dixesse al Emperador su hermano, que los Païses Baxos eran independientes del Imperio: que no havia razon que probasse esta dependencia: que no le era possible llamar al Duque, en un tiempo en que los Protestantes amenazaban la Flandes de una irrupcion general: que ademàs, no era justo denigrar la honra de un General ilustre, que no havia empleado el acero en saciar su odio particular, ni mas, que para executar sus ordenes, y castigar los Reos de lesa Magestad, Divino y Humano: que no le movian las amenazas de los Alemanes: que impediria bien, que la Casa de Austria decayesse en su Reynado de alto poder, y sublimes honores que gozaban: que no havia que temer nada de los Principes hereges, cuyas fuerzas acababan ser deshechas en Flandes por el Duque de Alva.

No satisfecho el Emperador de la negociacion que trataba su hermano en la Corte de España, havia embiado Diputados à Bruselas à interceder con el Governador, que dexando las armas, se dedicasse à la clemencia, para atraer à los Rebeldes à su deber. Este grande hombre que sabia la voluntad del Rey, les dixo, que no estaba en su mano conceder lo que pedian: Que se debia ocurrir al Soberano, quien solo podia dàr la paz, è imponer Leyes à los vencidos; y que el medio mas facil de obligar à su Magestad, era la sumission, y confessar los delitos para obtener el perdon.

Este negocio apenas estaba terminado, quando se levantò entre España y Inglaterra un motivo de turbacion, que diò mucho que sentir al Duque, y causò un daño considerable à los negocios de su Magestad. La violencia de una tempestad, ò el el temor de los armadores, obligaron à cinco Navios de Vizcaya à dàr fondo en los Puertos de Inglaterra , entonces amiga de España , ò à lo menos en apariencia. La Reyna Isabèl noticiosa que estos Navios conducian à Flandes quatrocientos mil escudos de oro , se apoderò de esta suma , con el deseo de favorecer à los Protestantes.

El Duque hizo reclamar este dinero por sus embiados : fuele respondido que no siendo este caudal del Rey, y sì de negociantes Genoveses que se lo prestaban, necessitandolo ella tanto como España , se valía de esta ocasion , tomandolo à mayores interesses. Disgustado de esta respuesta , pareciele justo servirse de la represalia para hacer à Isabèl mas tratable , hizo arrestar à todos los Mercaderes Ingleses que se hallaban en los Paises Baxos , y se hizo lo mismo en España à requisicion del Duque. La Reyna que no deseaba mas que un especioso pretexto para socorrer à los Rebeldes à cara descubierta , hizo lo mismo en Londres , y en los demàs Puertos de su Reyno. Quince Naves Portuguesas que bolvian de Indias cargadas por cuenta de los Españoles , haviendo dado fondo en Inglaterra ; sin saber lo que havia passado , fueron tomadas. Viroli Diputado del Duque en Londres, reiterò sus instancias sobre la devolucion de estas Naves , mas bien lejos de ser escuchado , tuvo orden de salir luego de Inglaterra , ò no mezclarse en este negocio.

El Duque deseaba vengar tantos insultos , pero no tenia Navios : publicabase que los Alemanes levantaban mas numéro de Tropa , que la que havian embiado à los Paises Baxos el año precedente ; y assi se passò la buena estacion sin que se viesse en estado de obtener su razon por las armas. Los Mercaderes de una parte y otra , fueron puestos en libertad , y sus efectos restituidos , sacrificando sus resentimientos al bien publico. Como no tenia dinero , ni se le embiaba de la Corte,

se

se veía en el ultimo aprieto, sin poder licenciar
sus Tropas à la víspera de ser atacado por un Enemigo, que no dexaria de aprovecharse de la ocasion de la reforma en su Exercito, alistando los que
fuessen despedidos.

Solicitò fuertemente que su Magestad le embiasse dinero, representandole no ser justo se dexassen perecer por falta de pagas, Tropas invencibles. Sus ruegos fueron vanos; la revolucion de los
Moros de Granada se hacia temer, y una flota
que se equipaba contra el Turco, ocuparon enteramente a Phelipe. El Duque no sabiendo como encontrar dinero, recurrió à un designio, à la verdad necessario; pero sus consequencias fueron funestas, y fue el de hacer suportar à los Flamencos una Guerra, que no se hacia sino por ellos, pues
no tenia otro principio que el de su terquedad,
pareciendole que por este medio, los castigaba y
asseguraba su fidelidad, y que este gasto, les haria
aborrecer al Principe de Orange como el destrui-
dor de su patria, ò à lo menos de impossibilitar-
los de poderlo socorrer; y comunicando sus designios al Rey, obtuvo la aprobacion para una imposicion durante la Guerra de la decima de todos
los generos que se fabricassen, y las dos decimas
por las ventas de los bienes raices.

Este impuesto causó mucha turbacion en la
Flandes, los Pueblos lo miraron como un yugo
insuportable, que despues de haverlos arruinado, los
ponia en la precision de desertar sus Provincias,
insinuaron, que les era mas apreciable perder la vida, que someterse a el. No se oìa en todo el Pais
sino quexas y amenazas contra el Duque. Los Diputados de los Estados juntos en Brusselas, le representaron que no era possible pagar el diezmo,
a menos de arruinar enteramente el comercio, porque esta imposicion subiria las mercadurias à precio tan excessivo, que los Estrangeros no querrian
comprarlas, haciendole vèr que las lanas en que
con-

confiste la mayor riqueza de las diez y fiete Provincias, fe vendian quatro à cinco veces, antes de estàr trabajadas, y que à qualquier baxo precio que fe vendieffen por el Labrador, ferian caras por la contribucion, antes de fer empleadas: que fucediendo lo mifmo en las demàs efpecies que producian las Provincias, impediria el impuefto fu venta, haria cefar las manifacturas y obligaria à los Oficiales y Mercaderes à retirarfe à los Reynos vecinos, no fiendoles pofsible vivir, ni foftenerfe en fu Patria: Que fino lo hacian, fe les veria con las armas en la mano, atriefgarlo todo primero, que exponerfe à una vergonzofa mendicidad, y alimentar con fu propia fubftancia, gentes que mirarian como fus tyranos, y Autores de fus calamidades.

Los Oficiales Efpañoles, y amigos del Duque le importunaban con inftancia no fe empeñaffe en una nueva Guerra por una refolucion tan precipitada, que no parecia poderfe executar. El Duque irritado, les dixo con mucha colera: *Moftraadme pues, un camino menos peligrofo? Servidme de guia y os feguirè;* mas viendo que nadie hablaba, y que eftaban confufos: *Sì, pues,* continuò, *no hay otro medio de confervar la Flandes, para que amigos canfados aumentar mi pefadumbre con vueftras opoficiones? Bien fabeis que la necefsidad fola, me hace entrar en efta via: No ignorais nueftros trabajos, y que no podemos facar dinero de otra parte: Un hombre prudente que prevèè todos los medios, efcoge el menos malo. Còmo? Temerè à los Flamencos defarmados, yo que he triumphado de fus esfuerzos, que fe quexen, que amenacen, me importa poco. Con fu dinero mantendrè Tropas, con que harè inutiles los preparativos de Alemania y Inglaterra. Impedirè la execucion de los Proyectos del Principe de Orange, el qual inquietandofe poco de bolver à los Paìfes Baxos la libertad que fe quexan haver perdido, folo bufca fojuzgarlos; y Alemania que no toma las armas fino para vengar* sus perdidas precedentes, tendrà el sentimiento de verlas aumentar, si me atacasse.

De qualquier astucia que el Duque huviesse usado para hacer passar à los Estados por esta Onerosa imposicion, todo le fuè inutil; pero como se hallaba en la necesidad precisa de dinero, se hizo ley de esta urgencia y de la fuerza de las armas, resolviendo de obtener de grado ò con violencia lo que havia pedido. Puso gruessas Guarniciones en algunas Ciudades, privò à otras de sus Privilegios; obligò à otras à pagar de contado el Centeno, y à las mas de libertarse de esta requisicion, por medio de grandes sumas de dinero. Muchas indignadas de esta violencia, apelaron al Rey. El Governador sintiò vivamente aquel recurso que no podia tan presto ser decidido, è iba à ponerse en contienda, por gentes que se les daria poco, sacrificar los interesses publicos à su odio particular, procurando su deshonor en esta ocasion. Estuvo para desatender esta apelacion; mas despues de sèrias reflexiones, pareciendole mas conforme esperar la decision del Rey, por no avivar el odio de sus Enemigos, buscando algunos medios de apaciguar estos Pueblos, è inclinarlos de buena fee à su deber, hizo publicar el perdon que San Pio Quinto les havia concedido, y el Armisticio que havia obtenido del Rey para ellos; y queriendo que esta ceremonia se hiciesse con la magnificiencia possible en la Ciudad de Amberes, la mas opulenta de todos los Paises Baxos, passando en la Cathedral de esta gran Ciudad, acompañado de numeroso cortejo de Nobleza, y concurriendo tambien sus Magistrados; despues de la Missa que se celebrò Pontificalmente, el Arzobispo de Cambray leyò en alta voz las Bulas del Papa, en que absolvia à todos los que havian incurrido en Censuras por delitos de heregias.

Despues del medio dia, passò el Duque seguido del mismo cortejo à la Plaza Mayor: Estaba

si-

ricamente vestido , llevaba el Sombrero, y el Esto-
que que su Santidad le havia regalado ; y haviendo subido à un tablado erigido en medio de la
misma Plaza , y sentado en un especie de Trono,
con Colgaduras bordadas de Oro , baxo de un
Dosèl sobervio , cercado de sus Guardias , de todos los Oficiales de Guerra , de Justicia y de Po-
licia , y à su lado derecho un Rey de Armas. La
Plaza estaba ocupada de multitud de gentes , que
los unos havian venido para escuchar , otros para
turbar los oyentes , y otros por vèr. El Governador no huviera estado seguro entre este populacho,
si las Tropas que le circundaban no le huviessen
intimidado : Hecha la señal para guardar silencio, el
Rey de Armas leyó el Edicto, en que su Magestad
concedia Armisticio General à los Flamencos , ex-
ceptuando à los que voluntariamente se havian desterrado, y tomado las armas contra el Estado. No
teniendo bastante voz el Rey de Armas para que
se comprehendiesse toda aquella multitud , los que
estaban mas lejos, preguntaban à los mas cercanos,
què era lo que decia ? Los Emissarios del Principe de Orange que se hallaban en gran numero esparcido entre los oyentes , respondieron , que el
Rey concedia un Armisticio , mas en terminos tan
capciosos , que era menos para poner los Pueblos
en seguridad , que para embarazar sus conciencias,
adormecerlos baxo de esta apariencia , para castigarlos quando menos lo pensassen.

Esta maligna voz ò respuesta, (que algunos
Escritores han insertado en sus obras , no como
produccion de la malicia de los Rebeldes , si como una verdad) hize tal impressión en los espí-
ritus , que todos se retiraron de la Plaza , pensa-
tivos y apesadumbrados , sin dàr seña alguna de
alegria. Por la noche, lejos de encender fuegos,
apagaron aùn , hasta las luces de su casa , para
hacerla mas lugubre : Juntaronse en Tropas por
las calles , meditando alguna cosa siniestra ; lo que

ad-

advertido por el Duque, hizo quedar sobre las armas durante aquella noche; la Guarnicion de la Ciudadela, y patrullar todas las calles Compañias de Cavalleria.

Sorprehendióle el descontento del Pueblo, no pudiendo sufrir que pagassen con ingratitud las gracias que acababa de facilitarlos. Miróles como gentes inflexibles, y en quienes la dulzura y aspereza era igualmente infructuosa. Calmado ya las colas en algun modo, solicitò ser llamado, tomando por pretexto deber conducir à España à Ana de Austria, hija del Emperador Maximiliano, desposada por Poderes con Phelipe Segundo; Publicaba no desear esta honra, sino porque lo creia de su obligacion el acompañarla; pero todo miraba à ganar el espiritu de la Reyna, que siendo muy hermosa y de igual capacidad, debia tener mucho dominio en el espiritu de Phelipe; Principe yà abanzado en edad. Obtuvo la licencia que pretendia, mas no de conducir à la Reyna, que fuè encargada al Prior Don Fernando su hijo, nombrado Virrey de Cathaluña. Ordenósele se mantuviesse en los Paises Baxos hasta el arribo del nuevo Governador, para instruir à este del estado de los negocios del govierno.

Don Juan de la Cerda, Duque de Medina Celi, fuè nombrado Governador de las diez y siete Provincias. Como era afable y pacifico, rehusó este Empleo con bastante firmeza, y su eleccion no fuè ventajosa à los negocios del Rey; porque los Flamencos rehusaban obedecer al Duque de Alva, en el concepto que estaba llamado, y los Rebeldes instruidos de las calidades de el Successor, concibieron nuevas esperanzas de ponerse en libertad.

El Principe de Orange no perdia ocasion de encender el ardor de su partido; hizo obrar sus Emissarios cerca de los Flamencos, para incitarlos à tomar las armas, intimidando al nuevo Gover-

nador, antes que pudiesse conocer, ni ser conocido de los Soldados, y antes que tuviesse el tiempo de hacerse temer, ò amar de los Flamencos:
representandolos, que no debian creer que este
Governador siguiesse otras maximas, que las de el
Duque de Alva: Que los Españoles no perdonaban
jamàs, y que la dulzura de el Duque de Medina-
Celi no les seria menos temerosa, que la severidad de su Predecessor, pues se serviria de ella para sojuzgarlos, por ser naturalmente buenos y credulos, y sorprehenderlos quando mas descuidados:
Que veia un aspecto favorable en esta mudanza,
en que no siendo este Duque Guerrero, no seria
tan querido, ni tendria tanta autoridad sobre los
Soldados; que obraria con menos vigor que el
Duque de Alva, y que por lo consiguiente, se debian aprovechar del tiempo de su govierno para
ponerse en libertad.

Mientras el Duque de Alva hacìa grandes preparativos para la recepción de la Reyna, la embiò à cumplimentar por el Duque de Arscot, y el
Baron de Noircarmes, que passando à Colonia la
saludaron de parte del Duque, y les ofrecieron sus
respetos: Noticioso del dia que llegaba à Nimega,
pasò à recibirla, seguido de la Nobleza, embarcado en una pequeña, però brillante flota: Recibiò à esta gran Princesa en una magnifica embarcacion, y despues de haverla cumplimentado,
atravesando el Rio, hizo su entrada en Nimega,
debaxo de un Palio riquissimo, acompañada de los
Archiduques Ernesto, y Rodulpho sus hermanos.

El Obispo de Munster, y el Gran Maestre de
la Prusia, encargados de conducir esta Princesa, y
con orden de no apartarse de su Magestad, hasta
que estuviesse embarcada por España, quisieron
preceder al Duque en lugar y asiento, alegando
estàr en tierra del Imperio, y que los Embaxadores de
su Magestad Imperial tenian la preeminencia sobre
todos los de los demas Monarcas. Don Fadrique y Don
Fee,

Fernando hijos del Duque , porfiaron que un Hombre del merito y empléos de su Padre , no lo debia ceder sino à los Soberanos , y aunque, quando por cortesania quisiesse dexar su precedencia à estos Principes Alemanes , su dignidad de Virrey no lo permitia.

Este puntillo iba à causar ruido , si la moderacion extrema del Duque no lo huviesse estorvado ; porque haviendo los Alemanes tomado los primeros assientos , y que sus hijos y los otros Españoles se preparaban echarlos , fuè à sentarse junto à Doña Magdalena de Guzman. Esta Señora haviendole dado muchas gracias de la honra que le hacia , le suplicò se acercasse à la Reyna , tomando el lugar que le correspondia ; à que le replicò, que antes queria manifestarla el anhelo que tenía de servirla , y el gusto que le causaria la recibiesse en el numero de sus Amigos ; Que no deseaba otra cosa que esta gracia , persuadido que su merito y el agrado de la Reyna harian lo demàs. Doña Magdalena de Guzman era hermosa , discreta y alegre con modestia y dulzura , haciendose distinguir en las conversaciones ; ganada por las modales del Duque , cuya gravedad y edad mayor no dexaban lugar à escrupulos , tratòle con frequencia , tenia mucho gusto en sus jocosidades; que aunque anciano , era muy galàn. Quedò maravillada de la presencia de Don Fadrique , pidiò al Duque la informasse , quien era este joven tan perfecto ? Y respondiendo que era su hijo , hizo mucho efecto sobre el espiritu de esta Señora : mirò los à uno y otro con mucho agrado. Don Fadrique , à quien no disgustò por ser tan enamorado como valiente , la visitò desde aquel dia , y no olvidò nada para hacerse querer.

Esta Señora insinuò à la Reyna todo lo que havia passado , y no se descuidò en elogiar al Duque : La Reyna le embiò à llamar al otro dia , y despues de recibirle con mucho agrado , le dixo:

Po-

Podeis creer, que ayer me hicisteis un verdadero gusto que no olvidaré : Haré conocer al Rey el hombre que tiene en Flandes, os prometo cuidar de vos y de los nuestros. El Duque respondió con ofrecimientos sumissos ser enteramente obediente à las ordenes de su Magestad. Don Luis de Venegas, Embaxador de su Magestad à la Corte Imperial, previniendo las diferencias que los honores del passo pudieran causar en Flandes, representó con tanta fuerza al Emperador las debía evitar, que su Magestad, aunque persuadido de la sabia conducta de el Duque, les embió orden de entregarle la Reyna, como lo hicieron.

El Duque hizo grandes, mas vanos esfuerzos para que esta Princesa viniesse à Bruselas, donde havia hecho preparar una sobervia entrada, y diversiones por algunos dias ; pero deseosa de llegar à España à la vista de su Esposo, no quiso detenerse. Estaba la flota prompta à hacerse à la vela, y la Reyna embarcarse, quándo los vientos contrarios la hicieron quedar en el Puerto. Como la estacion era abanzada, el Duque temió con razon verse obligado à suportar un gran gasto que le huviera mortificado, no haviendo lo suficiente para lo ordinario ; pero serenandose el Cielo y cesando la tempestad, el Conde de Bossu, Almirante de los Paises Baxos, y Mondragon obtuvieron el mando de la flota, baxo de las ordenes de Don Fernando de Toledo, que debia conducir à la Reyna à España ; y un Piloto Vizcayno muy habil, assegurando al Duque que no havia riesgo, entró la Reyna en su Nave el dia veinte de Septiembre de 1570.

El Almirante General de Inglaterra, acompañado de diez Navios de linea, passò à cumplimentar de parte su Soberana à la Reyna de España, y llegando à su bordo, presentadas las Cartas de Isabèl, la suplicó tomasse Puerto en Inglaterra, para descansar de las fatigas del Mar, esperanranzandola de todos los divertimientos y seguidades que podia desear. La Reyna se inclinaba à este viage, persuadida à que podia restablecer la buena inteligencia entre Españoles, y Ingleses; mas Don Fernando no aprobando este sentir, hizo entender à la Reyna, que no havia que fiarse de la fee y palabra de una Princesa, que detenia en horrorosa prision à Maria Stuardo, Reyna de Escocia su Parienta; protestó que no sufriria se tomasse tierra en un País tan poco seguro para su Magestad. La Reyna convencida facilmente deeste dictamen, hizo venir al Almirante Inglès, y le aseguró de su deseo, à ser possible de passar à su Reyno; pero que el anhelo de vèr al Rey su Esposo, y la estacion tan abanzada, no le permitian la menor dilacion, y dandole una Carta muy cortesana para esta Princesa, continuó su viage, y con sucesso favorable arribando à las Costas de Vizcaya, diò fondo en el Puerto de San Sebastian, donde fuè recibida por Don Gaspar de Zuñiga, Cardenal de Burgos, hermano de el Duque de Bejar. Don Fernando despues de haverla entregado con los Archiduques, que debian ser criados en España, la siguió hasta Segovia, en donde el Rey la esperaba: Alli le trataron de un modo distinguido, y despedido de la Corte, passò à Cathaluña, que governò con una prudencia tan grande, que diò à conocer bien la utilidad de las grandes lecciones de su Padre.

CAPITULO IV.

DEfpues de la partida de la Reyna , reftituido
el Duque à Brufelas, difcurria los medios de
exigir los impueftos que quedan notados y havia
moderado , quando una furiofa tempeftad affolò
parte de los Paifes Baxos: El Mar agitado rompiendo los Diques que le detenian , innundando
algunas Islas de Zelanda , y todas las Coftas de
Olanda y Frifia , hizo perecer (fegun dicen)
mas de fefenta mil perfonas , cubriò y arruinò Ciudades enteras , derribò Cafas y Arboles , y fe los
llevò : El tiempo y el trabajo quitaron de debaxo
el agua , los Paifes innundados de Olanda y Frifia ; pero algunas Islas de Zelanda quedaron fu-
mergidas en efta irrupcion, fobrevenida el dia de
todos Santos de 1570. caufando irreparables daños.
El Duque compadecido de eftos eftragos fufpendiò
la execucion de efte impuefto , hafta mas favorable tiempo , por no acrecentar las defdichas de un
Pueblo tan afligido ; pero como fe hallaba falto de
dineros para la paga y manutencion de Tropas, embiò mil Cavallos à las Guarniciones de Italia , y
mantuvo en aquel País las nuevas Reclutas : Hizo
trabajar el refto de los Soldados en la conftruccion
de las Ciudadelas , para ahorrar los gaftos con que
fe debia contribuir à los Oficiales ordinarios , y
ninguna induftria le baftaba ; porque no recibiendo los Soldados fus pagas , eftando medio defnu-
dos y muchas veces fin pan , negandofe al trabajo , folo penfaban en bufcar con que vivir y falir
de miferia.

El Duque empleò para aliviar la Tropa el dinero que le quedaba , y reprefentò à fu Mageftad
le focorrieffe , cuya fuplica no fuè atendida ; lo
que le pufo en la precifion de facarlo por fuerza
de los Paifes Baxos para reparar la urgencia. A

1571.

principio de Marzo de 1571. hizo publicar en Bruſelas la impoſicion de la decima , aunque con alguna moderacion. Eſta novedad llenò toda la Ciudad de gritos , tumultuaronſe los Carniceros , Panaderos , y Taberneros cerrando ſus Tiendas , y
jurando que lo abandonarian todo , antes que de-
xarſe reducir à la mendicidad. Los otros Ciudadanos no hallando Viveres algunos, y viendo el Comercio interrumpido , corriendo à las puertas de
Palacio , pidieron à voces ſe les quitaſſe eſte im-
pueſto , ò ſe les llevaſſe al ſuplicio. Turbado el
Duque de eſta vocerìa , y de vèr que ſe menoſpre-
ciaba con tanta inſolencia ſu autoridad , y la del
Rey en la Capital de el Pais honrada con ſu reſidencia , reſolviò vengarſe de eſte atentado. Hizo
poner horcas durante la noche , delante las puertas de los Taberneros , Carniceros y Panaderos,
ordenando que ſe ahorcaſſen los mas amotinados,
para que el eſcarmiento contuvieſſe à los otros por
ſemejante execucion. Preparabaſe el ſuplicio , y ſe
diſponian los Verdugos à cumplir la orden , quando un Correo del Conde de Boſſu traxo la noticia , que la Ciudad de la Bril havia ſido tomada
por los bribones de agua , y que la Olanda toda ſe
revelaba. Rabeſtain fuè ſorprehendida al miſmo
tiempo por Germano Reiter ; pero el Capitan Pe-
rea , embiado por Don Rodrigo de Toledo deſde
Boiſleduc , la recobrò por eſcalada , con muerte
de Reiter. Eſta noticia hizo mudar de ſiſtema al
Duque , difiriendo à otro tiempo el caſtigo de los
Rebeldes y exaccion de impueſtos. Parece que la
Divina Providencia havia diſpueſto eſte acaſo , para que los Flamencos unidos no tomaſſen las armas al miſmo tiempo , como ſin duda huviera ſucedido , ſi el Duque llevaſſe las coſas al ultimo
extremo.

El Principe de Orange ſiempre atento à las
ocaſiones de habilitar ſus grandes Proyectos , no
havia dexado paſſar la que le daban eſtos impueſtos:

tos : Conocia los Flamencos , particularmente
Olandeses , y Frisones , apasionados por su libertad , que no podian tolerar las gavelas , y vivamente sentidos de las muertes de los Condes de
Egmont y de Horn , como de la prohibicion de
los exercicios publicos de la Religion Protestante:
Hizo sondear à muchos por sus Emissarios , que
les costò poco inclinar à un designio , por el qual
suspiraban : Assegurado de su afecto , y persuadido que le abririan las puertas de sus Ciudades,
acabò de determinarlos con promessas de grandes
socorros , y que entraria en los Paises Baxos con
numeroso Exercito , como hizo con efecto.

Sabidor el Principe de Orange de las ningu-
nas fuerzas de Mar que tenia el Duque de Alva , y
de la imposibilidad en que se hallaba de equipar flota suficiente à arruinar la de los Bribones,
determinò de atacarle por aquella parte ; siendo
de notar , que los Rebeldes de Flandes no pudiendo restablecerse en sus Casas , ni subsistir commoda-
mente , se hicieron Armadores , y cubrieron la
mancha de un prodigioso numero de Navios , con
que assolaron las Costas de los Paises Baxos , y arruinaron el Comercio , hallando bastante tiempo
refugio en los Puertos de Inglaterra ; pero havien-
dolos prohibido su entrada en ellos la Reyna Isabèl à requisicion del Duque , y de los Embaxadores del Rey , se vieron precisados à buscar asylo
en otra parte.

Los Pueblos eran muy afectos al Principe de
Orange , al passo que aborrecian mortalmente al
Duque de Alva , mirando sus nuevos impuestos
como yugo insuportable : No los abandonò la fortuna , conducidos por el Conde de Lumey , (Gefe de los Rebeldes) abordaron à la Isla de Voorn,
se hicieron dueños de la Ciudad de la Bril , que
les entregaron sus habitantes , profanaron y saquea-
ron las Iglesias y Monasterios ; y cometiendo las
mas horribles impiedades , se fortificaron en aque-

lla

lla Plaza , que se debe mirar como Cuna , y funda-
damento de la República de Olanda. Don Fernando de Toledo , hermano de el Conde de Alva de
Aliste , Coronèl del Regimiento de Milàn , embarcò quatrocientos Mosqueteros en Barcas Chatas,
haviendose juntado al Conde de Bossu , passaron à
esta Isla , conducidos por Schultz famoso Pyloto:
Dexaron su pequeña flota en una Rada , que este
Pyloto les dixo ser segura , y marchando en derechura à la Bril , saqueaban yà sus Arrabales,
quando su Armada vendida por Schultz , fuè que-
mada , tomada ò disipada enteramente por los Rebeldes. Este golpe les hizo perder la esperanza de
apoderarse de una Ciudad fuerte y bien defendida,
y bolviendo à tomar el camino de la Mar para
passar el pequeño brazo , que separa aquella Isla
del continente , antes de sobrevenir el refluxo , y
aunque hicieron mucha diligencia , no pudieron
impedir que pereciesse parte de sus Tropas : Esca-
pòse el resto como pudo , y el Conde de Bossu
entrò en Dordrecht , despues de haver passado à
cuchillo algunos Ciudadanos que quisieron oponer-
sele : Marchò à Delft , donde los Bribones se for-
tificaban y echòlos de aquella Plaza y dexò en ella
poderosa Guarnicion.

Mientras se daban en Olanda estos movimientos , el Capitan Ossorio de Angulo , à quien
el Governador havia embiado con tres Brigadas
del Regimiento de Sicilia para defender à Flesingue , hallando las puertas cerradas , fuè precisado
à bolver à Flandes. Tres Brigadas de Valones y
un Esquadron de Cavallería , que el Duque havia
puesto de Guarnicion en aquella Ciudad , se havian esparcido en los Lugares vecinos para buscar
Viveres de que necesitaban en extremo : Los Ciudadanos aprovechandose de esta coyuntura , se pusieron en libertad y derribaron las puertas del Ar-
cenal , y proveidos de armas , degollaron à todos los del partido Español. Don Alvaro Pacheco
de

de la Cafa de Villena, queriendo oponerfe à efte atentado, fuè muerto, y fu cuerpo arraftrado por las calles, y expuefto à todos los infultos de una canalla infolente.

La revolucion de Flefingue, atraxò à aquella Ciudad numero increible de voluntarios Francefes, y Inglefes, que juntos con las Milicias de el País, fe creyeron con baftantes fuerzas para apoderarfe de Midelbourg, capital de la Zelanda. Supofe al mifmo tiempo la fublevacion de Enchufe, de Horn, de Alkmaer, de Edam, de Goude, y de Leiden, finalmente de toda la Olanda, excepto Amfterdam, y Schonovven, que quedaron fieles al Rey. Los Bribones tuvieron la infolencia de fixar à las efquinas de las calles, el retrato del Duque de Alva, reprefentado como una furia, mafcando un freno, y teniendo fobre la nariz unos anteojos largos, pintado detràs de èl al Conde de Lumey, que con una mano le metia el freno, y con la otra los anteojos, haciendo alufion à la palabra Bril, que en Flamenco quiere decir anteojos: Cometieron todo genero de impiedades y facrilegios, y canfados, preftaron juramento de fidelidad al Principe de Orange, mirandole como el Gefe de fu partido, reprefentado por Lumey: Hicieron todo lo que fe les vino al penfamiento, fin que ningun Soldado fe opufieffe; porque apenas havia algunos en las Ciudades, no recibiendo las Guarniciones, pagas, ni Viveres, fe defmandaban en los Lugares al pillage, ù al hurto, facilitando à los Ciudadanos la rebelion, y cerrando las puertas à los que havian falido, degollaron, ò echaron à los que quedaban; porque extenuados de hambre, y miferia, eran poco temibles, y en algunas Ciudades en donde las Guarniciones eran demafiado endebles para refiftir, capitularon, y falieron fin armas.

Eftos defordenes no huvieran fucedido, fi fe huviera afsiftido al Duque con dinero; porque à

mas

mas de no haver defpedido parte de fus Tropas,
ni difcontinuado las levas, huviera pagado las
Guarniciones, y las huviera proveido de Viveres,
fin que por fu falta fueffen precifados à dexar fus
pueftos, y los Ciudadanos mantenidos en refpeto,
huvieran eftado en paz. Trabajo comun de los
grandes hombres, que teniendo muchos, zelofos
de fu virtud, procuran abatirles: Tal fuè el fruto
de la Economía de la Corte, y de los Confejos,
y perpetuas affechanzas de los Miniftros, embidiofos y emulos de la grandeza del Duque.

La fublevacion de la mayor parte de la Olanda
y de la Frifia, de las Provincias de Zutphen y de
Overiffel, inquietò mucho al Governador de los Paifes
Baxos: Midelbourg fitiada por Soraz, Governador
de Flefingue por el Principe de Orange, doblò
fus cuidados: La Plaza era buena, no obftante,
no podia evitar fueffe prefto entregada, y fu toma
facilitaba la conquifta de Zelanda. Deftacò à Don
Fadrique fu hijo, Davila y Noircarmes en fu
focorro: Don Fadrique que mandaba en Gefe,
haviendo dado fondo en las Coftas de la Isla de
Valcheren, con treinta Velas, pufo en tierra fus
Tropas, que eran efcogidas entre Soldados y Oficiales: Tomò lengua de dos Enemigos, fupo que
acaloraban fuertemente la Plaza, y que no fe hacia con mucha exactitud la Guardia en fu Campo.
Defpachò al Señor de Liques à la media noche
con dofcientos hombres, que atravefando en baxa
mar, un camino inefperado de los Rebeldes, entrò en Midelbourg fin fer fentido: Davila que la
feguia de cerca, forzò fus Trincheras, mientras
Phelipe de Lanoy, Governador de la Ciudad, haciendo una falida, fe apoderò del Cañon y pafsò
à cuchillo à muchos: Davila figuiendo el refto que
huia, entrò con algunos de ellos en el Caftillo
de Ramua, que havian fortificado, y fe hallaba
gran numero de Baxeles de todos tamaños en fu
canal, pertenecientes al Rey: Libertada Midelbourg,

Ra-

Ramua tomada , y assegurado los Baxeles que en
èl havia , dexò por Governador de esta ultima
Ciudad al Capitan Ossorio de Angulo , que no perdiò ocasion de señalarse ; yà impidiendo à los Enemigos de fortificarse , yà dando sobre ellos à cada
instante , haciendo siempre horrorosa carneceria,
que no por esso escarmentaban : En uno de los
encuentros que tuvo con su pequeña Armada Naval , haviendo saltado en uno de los Navios Rebeldes , Don Feliz de Guzmàn (hijo del Conde
de Olivares) con valor y desprecio de la vida,
y teniendole rendido , uno de los Rebeldes pegando fuego à la polvora , le hizo volar , que no menos de tres elementos suè menester para contrastar la
intrepidèz de este joven Cavallero , digno de mas
dilatada vida y mejor suerte.

El Marquès de Coria iba atacar à Flesingue , qüan-
do recibiò un Correo , con la noticia de que los Hereges de Francia havian sorprehendido à Mons , y
Valenciena. Carlos Nono acababa de dàr paz à su
Reyno , y por un Edicto de pacificacion desarmado à los Uguenotes. El Almirante Chatillon , que
despues de la muerte del Principe de Condè , era
el alma y Gefe de aquel partido , diò lo mas escogido de su Exercito al Conde Luis de Nassau,
para conducirlo à los Paises Baxos al servicio de su
hermano , el Principe de Orange : Informado este
Conde de la buena disposicion de los de Mons , se
abanzò con diligencia àcia aquella Plaza , en donde suè recibido casi sin oposicion : Valenciena se
entregò del mismo modo à Monsieur de la Fama,
excepto el Castillo que tenia una pequeña Guarnicion.

Como esta Ciudad es fuerte por sì misma , rica y poblada , Capital de la Provincia del Hainault,
y que podria servir de exemplo à las demàs Ciudades , sintiò el Duque en extremo su conquista;
mas como su grande animo hallaba nuevas fuerzas
en sus desgracias , no se dexò abatir : diputò Comissarios para levantar cinco mil Cavallos Alemanes,

nes , tres Regimientos de Infantería ; y treinta
Compañias de Valones ; pero como el dinero que
havia recibido de España no baſtaba para eſtas levas, y demàs gaſtos que debia hacer, vendiò y empeñò una parte de ſus bienes muebles , y ſacò en
empreſtito de los Mercaderes afeĉtos à Eſpaña grueſ-
ſas ſumas , haſta quatrocientos mil peſos.

Hallabaſe en Amberes deſde la ſublevacion de
los Olandeſes ; hizo venir à ſu hijo , y à Davila,
que incomodaban mucho à los de Fleſingue : En
un Conſejo de Guerra , tenido ſobre las operaciones
que pedia la ocurrencia. Don Fadrique procurò per-
ſuadir que era mas conveniente continuar la Guerra por mar , y reducir enteramente las Provincias
maritimas , y que deſpues ſe echaſſen à los Rebeldes del Hainault , diciendo : *Por poco lugar que ſe*
dè à los invaſores de Zelanda , y demàs Provincias à
fortificarſe , no ſerà facil ſometerlos : El Pais no es
practicable , ſino en cierto tiempo del año. , recibiràn
cada dia ſocorros de Inglaterra y de la Baxa Alema-
nia ; porque el Mar hace cercano los Paìſes mas remo-
tos : Por otra parte , los Rebeldes eſtàn ſin union , y
obedeciendo à diverſos Gefes , no han tenido tiempo de
fortificarſe , ni aun de ſoſſegarſe de la turbacion con-
fuſa que les ha producido ſu rebelion : Serà facil ha-
cerlos bolver à ſu obligacion , concediendoles un Armiſ-
ticio general , ò llevando contra ellos el Exercito , por-
que de otro modo , todas las ventajas que tenemos ſo-
bre ellos , ſe perderàn en poco tiempo : Los vientos
no permitiràn mantener los Exercitos ſobre el Mar,
las aguas cubriràn las tierras naturalmente impraĉti-
cables en el Invierno , y el frio tan violento, los pon-
dràà fuera de inſulto.

El Duque, que aunque no tenia el dòn de profecia , hacia juicio de cada ſuceſſo , qual ninguno , deſaprobando el diĉtamen de ſu hijo, ſin ma-
nifeſtar el gozo de haverlo oìdo , ſoſtuvo : que ſe
debia llevar la Guerra en el Hainault , Provincia
tanto mas expueſta , quanto confinaba con la Francia:

Año de
1572.

cia : Que la Alemania ayudaria à los Francefes, y
que el de Orange no juntaba fu Exercito à la orilla del Mar , fino en Ruremonda : Que fi no fe
echaba à los Francefes de Mons , harian de ella
una Plaza de Armas , y juntando fus fuerzas, à las
de los Alemanes y Rebeldes , fe echarian en el
Brabante y Artois , fometerian eftas Provincias en
poco tiempo : Que figuiendo defpues à las Ciudades maritimas , y uniendofe à los Bribones de agua,
formarian un poder, que no feria facil de aniquilar : *Què nos fervirà ,* dixo , *difputar con los vientos , los Rebeldes y los Inglefes dueños del Mar , mientras la Francia y la Alemania nos quitan las Provincias que les fon contiguas ? Vamos à oponernos à lo
que amenaza mas riefgo. Es notorio que la toma de
Mons , y la invafion de los Francefes nos puede caufar daños mayores que los que vemos , y no parece,
nos deba fuceder cofa peor de parte del Mar que lo
yà fobrevenido : Triumphemos de las Provincias fronteras , que nueftra Victoria llevarà el terror à las maritimas , y no fe atreverán à efperar nueftros Exercitos : El fuceffo nos es feguro por tierra , y no por
Mar : al contrario parece inclinarfe àcia nueftros Enemigos : Venzamos por tierra , que fi la fortuna cor-
refponde à la idèa , nueftra Victoria nos harà fuperiores à todas partes. Sin embargo , que ambas empreffas fon aventuradas , me parece fe debe àun deli-
berar fobre efta materia , para que en cafo de falir
mal , no fe atribuya à nueftra ignorancia ; porque
efta difculpa no quita nada de el peligro que corren los
vencidos.*

Eftas ultimas palabras mantuvieron à todos fuf-
penfos ; mas como no ignoraban el defeo del Duque , difirieron à èl. Es verdad que nada parecia
entonces mas precifo que el Sitio de Mons. No
le difguftò al Rey Carlos , de que los Uguenotes
hicieffen la Guerra en Flandes , en el concepto que
ocupados por aquella parte , fe arruinarian poco à

poco , ò à lo menos le dexarian gozar de la paz, que acababa de concluir.

Los buenos sucessos de los Rebeldes hicieron acudir de todas partes socorros en su favor, y contemplandose los Olandeses bastante fuertes para hacer una tentativa por parte de tierra , proveyendo una poderosa flota de doce mil hombres , al mando de Soraz , le ordenaron hacer una invasion sobre las Costas de Flandes , para hacer rebelar aquella Provincia : Hizo grandes correrias àcia Bruges, sin poder ganar la fidelidad de los habitantes de esta Ciudad : Gante , aunque amenazada no se movió : y noticioso este Gefe , que venian Enemigos à recibirle , retirandose en buen orden, se bolvió à embarcar passando à socorrer à Flesingue vivamente acometida por los Catholicos.

Don Juan de Mendoza , y el Señor de la Motha , seguidos de un Regimiento de Infanteria Valona y tres Esquadrones de Cavalleria , sorprehendieron à los Uguenotes Francefes , y recuperaron à Valenciena. Pero nada causó mas assombro que la valerosa accion de Don Rodrigo Zapata , de la Casa del Conde de Barajas , que voy à descrivir con la misma brevedad que la executó. Informado que un Cosario Rebelde havia salido de la Bril , con ocho Navios para saquear à Rinsbourg , passó à la ribera , acompañado de quarenta hombres determinados, rechazó al Enemigo en sus Navios , con todo el daño que el numero, y terreno le permitian : despues de cuya bella accion bolvió à la Haya , de que era Governador, y como no tenia armas , ni municiones, y se veia cercado de Enemigos, no sabiendo què partido tomar , salió de esta Plaza con trescientos Cavallos ligeros , y sesenta Lanzas , y passando por medio de ochocientos Rebeldes que se oponian à su transito , entró triumphante en Amsterdan. Como aquella Ciudad era fiel al Rey , se proveyó de polvora

vora y otras municiones , tomò el camino de Sparendam y siendole impossible bolver por el que
havia venido , por estàr los Puentes y Escluses
rompidas , no tuvo menos obstaculo que superar:
Los de Harlem havian ocupado los passos , y el
Rebelde à quien rechazò en la Marina, à la frente de seiscientos hombres procuraba vengarse. En
esta extremidad formò el animo de vencer ò morir : Embistiò al Enemigo , le derrotò y puso en
fuga , y vino à Santvort. Noticioso por los prisioneros , que esta Ciudad acababa de recibir
Guarnicion , y que sus brechas no estaban aùn reparadas , la atacò , se apoderò de ella , passò sus
habitantes à cuchillo , y la entregò al incendio ;y
creyendo no encontrar mas Enemigos , apenas llegò à las cercanìas de Leiden , hallò mil y quinientos , que havian salido de aquella Ciudad con
veinte Piezas de Cañon à embarazarle el passo , y
yà estaban atrincherados ; por grande que parecia
este peligro no le atemorizò. Dispuso sus gentes,
acometiolos con tal teson , que los desbaratò y puso en fuga , apoderandose de sus Cañones , que
mandò echar al agua , y llegò à la Haya con todas sus municiones , sin haver perdido mas de
treinta hombres , haviendo sido acometido , y acometiendo siete veces à los Enemigos , y siendo en
todas partes vencedor , que parece increible à numero tan pequeño. Continuò en assolar la Olanda , y los Bribones no tuvieron Enemigo mas fe-
ràz en todo aquel Pais que conocia bien , y sabia
aprovecharse de toda ocasion.

    Este era el estado de las diez y siete Provin-
cias , quando Don Juan de la Cerda , Duque de
Medina-Celi , diò fondo en los Puertos de Flandes , con una Armada de cinquenta Velas. El Duque de Alva lo recibiò en Bruselas con mucha
magnificiencia , tratandose estos dos grandes hombres con urbanidad reciproca ; y acabados los cumplimientos, preguntò el de Alva al de Medina-Celi

el motivo de su venida à aquellas Provincias: (por que es de suponer, que viendo la Flandes subleva da, y conociendo que su presencia era necessaria, no obstante la demission que antes havia hecho, escrivió al Rey dandole cuenta de estas turbacio nes) *He venido à pelear debaxo de vuestras Vanderas, alistarme en el numero de vuestros Soldados, y à aprender de vos la virtud y el medio de merecer las verdaderas alabanzas. Ciertamente seria de vos (res pondió el Duque de Alva) el aprender esta virtud ; pero yo, fuera Enemigo de mi Patria y traydor à mi Amigo, si expusiera à una tempestad tan furiosa, el ornamen to de España (las cosas han llegado al extremo, que nadie es capàz de contener la sublevacion de los Flamen cos, y los movimientos de toda la Europa en su fa vor) sino el que tiene un largo uso, y experiencia consumada en los peligros de esta naturaleza, y el que ha puesto terror y espanto à los Franceses y Alemanes, por tan gran numero de Victorias ganadas sobre ellos. Instruido del modo como se debe governar à los Fla mencos y aniquilar sus Proyectos ; podrèmos tal vez salir gloriosamente, y retirarnos con ventaja de en me dio de las armas de nuestros Enemigos, y de las On das del basto Occeano que nos amenazan. Creedme Ami go, que qualquiera grandeza de animo que os acom pañe, y qualesquier Exercitos que mandeis, estos Enemigos que no conoceis, os batiràn en todas ocasio nes ; porque no os assista bastante experiencia en la Guerra, ni de las armas y fuerzas del Pais de los Rebeldes, ni de las costumbres de sus habitantes : Si huvieredès venido à governarlos en tiempo de paz, hu vierèis podido formar vuestra buena naturaleza à la Guerra ; mas aora que todo està en desorden, es me nester un Maestro de los mas habiles. Aqui no se res pira sino fuego y sangre ; no se oye hablar, ni se oirà en adelante, sino de presas, saquèos de Ciuda des, Batallas dadas, y Quarteles passados à cuchi llo. Toda la ventaja en estas hazañas pende de un ins tante, y su dificultad en conocerle y servirse de èl.*

No

No feria justo os expusiessemos à los peligros , si lo es
segun todas reglas , que el que empezò una Guerra la
acabe. Assi Amigo , aunque me sea muy gustoso de
bolver à mi casa , à disfrutar con quietud todo el ho-
nor de que me veo adornado por mi buena fortuna,
pues que el interès del Rey , y el bien del estado piden
aqui mi presencia , no me es uso à exponerme à todos
los trabajos , y riesgos de esta Guerra.

El de Medina-Celi que no esperaba este cumplimiento , dando gracias al de Alva de su buena
voluntad , y enseñandole las Patentes del Rey, le
pidiò no le expusiesse à perder su reputacion , haciendole presente que su Magestad le havia confiado el govierno de estas Provincias , y que no
era de su honor bolverse sin expressa orden suya.

El de Alva respondiò : Sè qual era el designio del Rey , y puedo sin temer interpretarlo: Su
Magestad os hizo Governador de estos Paises , para mantener la Paz que yo acababa de restablecer,
y no para hacer la Guerra. Estoy persuadido que
si huviesse sido bien informado de las turbulencias,
que acaban de suceder despues de vuestra partida
de España, no os huviera embiado à espantar con
vuestra fisonomia suave , y agradable , Rebeldes irritados : No ofendo en nada vuestro honor , antes
me interesso en èl , negandoos lo que contemplo
seros perjudicial ; porque continuando la furia de
los Rebeldes y vos sin experiencia , ninguna accion de honor podiais intentar à que correspon-
diesse el efecto.

Sin darle lugar de replicar , le pidiò las Naves , Tropas y dinero que su Magestad le havia
confiado , lo que no pudo negarle , conociendo
que los Soldados no dexarian un Capitan tan acreditado , amado de la Tropa , y en cuya conservacion depositaban sus aumentos , por entregarse à
un Señor à quien no conocian sino por el nombre,
ni havia servido en los Exercitos : Reconociendo
el estado de las Provincias y su disposicion , ma-
si-

nifestô al Duque de Alva el agradecimiento de su
resistencia, advirtiendo la imposibilidad de desen-
redar un Cahos tan confuso, que solo su conocimiento y practica era capàz de desempeñar.

El Duque de Alva informò al Rey del motivo que le havia hecho mudar de designio, y no
solo lo aprobò su Magestad, sino que elogiò su
constancia; pues estando en paz, quiso dexar estos Paises, y lo rehusò luego que la Guerra se hizo general. Fuerte yà en Tropas, dinero y buena
Armada, se disponia à atacar los Rebeldes por
Mar, quando supo que el Conde Luis de Nassau,
favorecido de aquellos naturales que le asistian con
todo, levantaba Tropas en el Hainault. Intercep-
taronse Cartas, en que algunos Pueblos de el Brabante ofrecian sus armas, y asistencia à este Conde: Supose que el Almirante Chatillon juntaba un
poderoso Exercito para invadir la Flandes. El Embaxador de España à la Corte de Francia, escriviò al Duque, que su Magestad Christianissima havia prohibido à los Hereges de su Reyno hacer la
Guerra en sus Estados; pero les permitia ir à servir en Paises Estrangeros, lo que se mirò en Bruselas, como una orden à los Uguenotes de passar
à Flandes, y aun corrieron voces, que el Rey de
Francia tenia algun designio de hacer valer sus derechos, sobre algunos Estados de las diez y siete
Provincias.

Resuelto el Sitio de Mons, la hizo investir el
Duque por el Marquès de Coria su hijo, con orden
de oponerse en todo lo possible à los esfuerzos de
los Franceses, hasta el arribo de los Alemanes que
se esperaban; no porque faltasse Tropas en Flandes para completar este Exercito, mas el Duque
no se atrevia à sacarlas de las Guarniciones, por
no estar seguro de los Ciudadanos.

El Marquès de Coria, que buscaba todas las
ocasiones de señalarse, llegò delante de Mons el
veinte y dos de Julio del año de 1572. acompa-
ña-

ñado de Chapin Vitèli, Mariscal de Campo General,
Don Julian Romero, y el Baron de Noircarmes,
Governador del Hainault. Sentò su Campo à un quarto de legua de la Ciudad, despues de un sangriento y largo combate, en que Vitèli fuè herido de
un fusilazo en un muslo, y Don Rodrigo de Toledo recibiò nueve heridas. Don Bernardino de
Mendoza, de la Casa de los Condes de la Coru-
ña, fuè dichoso, aunque no se expuso menos:
Persiguiò à los Enemigos hasta sus Fosos, acuchi-
llados, con muertes de algunos, y se retirò de el
medio de un granizo de fusilazos, sin lesion alguna. Al dia siguiente el Marquès hizo atacar la
Abadia de Epinay, edificada sobre los Fosos de la
Ciudad, apoderòse de ella despues de un combate
de quatro horas y se alojò. Hizo levantar tres pequeños fuertes sobre algunas avenidas, dispuestas à
facilitar los socorros en la Plaza.

   Noticioso el Almirante Chatillon, de la viveza con que se llevaba este sitio, se apresurò hacerle levantar: Diò diez mil Infantes y mil Cavallos, à Juan de Angest, Baron de Genlis, successor de los grandes bienes è impiedades de su
hermano, con orden de no combatir hasta unirse
con el Principe de Orange, y atrincherarse lo mas
cerca que pudiesse de los Españoles, para incomo-
darlos y impedirles de correr la Campaña. Este, haviendo aumentado sus Tropas de cinco mil Infantes y mil Cavallos, informado por sus Espias, y
Cartas del Conde de Nassau de la debilidad de los
Sitiadores, no quiso partir con nadie la gloria de
haverlos deshechos. Entrò en el Artois, donde come-
tiò desordenes espantosos. Los naturales de aquel
Pais que son los mas aguerridos de toda la Flandes, tomando las armas en su defensa, passaron
à cuchillo à muchos de sus Tropas, y le obligaron à marchar con mas cautela.

   Avisado el Marquès de la proximidad de Genlis, saliò à su encuentro con la mayor parte de
su

su Exercito ; dexando el resto à la Guardia de sus líneas , atrincherado con tanto cuidado como destreza. Don Julian Romero mandaba la Avanguardia. Los Españoles estaban en el Cuerpo de Batalla: La Cavallería sobre las Alas y al frente , no havia Retaguardia. Don Juan de Salazar seguido de doscientos Cavallos ligeros Españoles , introduxo ligeras escaramuzas: Don Julian Romero , y el Baron de Capres , fueron à sostenerle , Genlis los desbaratò. Don Alphonso de Bargas , y Don Francisco de Bobadilla , seguidos de doscientos Cavallos y seiscientos Infantes no fueron mas felices , se retiraron à un Bosque que tenian à espaldas. Empezaban los Franceses à cantar la Victoria , quando el Marquès que veia este desorden , hizo abanzar el resto de la Cavallería , y Infantería , à pesar de Vitelí , que herido como estaba , se hizo llevar à este combate. La fortuna propicia ayudò maravillosamente el valor è intrepidèz del General, y el animo de los Españoles. Don Lope Zapata, Don Fernando , y Don Antonio de Toledo , Don Bernardino de Mendoza y el Baron de Capres deteniendo al Enemigo , despues de una pelea muy reñida le hicieron doblar. Romero aprovechandose del desorden , abanzando con los Lanceros acabò la derrota. La Infantería Enemiga cargada de todas partes , y mientras sostenia el esfuerzo de los Cathólicos ; Genlis que se havia retirado en el Bosque que cubria su izquierda , bolviò à la carga con mil y quinientos Cavallos , divididos en tres gruessos Esquadrones. El Marquès de Coria y Romero , le recibieron con igual numero de Esquadrones , pero de mucha menos gente , sostenida por un Regimiento de Infantería Española , y otro de Valones , que hicieron un fuego tan vivo , que no pudiendo los Franceses resistirlo ni romperlos , se retiraron al Bosque , dexando en el Campo de Batalla seis mil muertos.

La noche que estaba yà muy abanzada , y la
pro-

proximidad de los Bofques pufieron fin à la carneceria. Los Efpañoles en mas pequeño numero que
los Francefes , no obftante la mortandad, no quifieron perfeguir los vencidos , que no penfaron en
mas que huir : Como lo hacian fin orden y defmandados , y que los Paifanos fe apoderaron de
los paffos y desfiladeros , los mataron cafi todos , y
canfados de quitar vidas , hicieron ochocientos
prifioneros que traxeron al Campo. No fe debe
dexar en filencio en honor de los Bergoñones fiempre fidelifsimos à Efpaña, que haviendo un Soldado à Cavallo de efta Nacion , encontrado al General Genlis , metido con el fuyo , en un barran-
co hafta los arzones , pidiendole Quartèl y prefen-
tandole un bolfillo de doblones , fi le queria facar
y acompañar à Francia , haciendole efperar mayores premios : El Soldado contento con el hallazgo
del bulto , rehufando fu prefente y oferta, le conduxo al Márquès.

Admirado efte Cavallero de haver ganado una
Victoria , no folo debida à fu coducta , y prudencia , reconociendo el origen donde provenia , y
el brazo que por èl peleaba , pafsò al otro dia à
San Guillain , de donde fe confervan las Reliquias
de Santa Leocadia , Patrona de Toledo (cuyo ape-
llido tienen los Duque de Alva) à dàr gracias à
Dios delante de eftas Reliquias , y à la Santa de
fu poderofa intercefsion : Defpachò à Don Francifco de Bobadilla al Rey , y à Don Sancho Davila al Duque fu Padre , para darles efta nueva.
En fus Cartas elogia la conducta de los Oficiales,
y el valor de los Soldados , fin decir nada de sì,
mas , que haver puefto fus Tropas en Batalla , y
hecho embeftir al Enemigo.

Bolviò à Mons , hallò en fu camino quatro
mil y quinientos Valones , mil dofcientos Efpañoles , y quatro Efquadrones de Cavalleria , que
le embiaba fu Padre , con orden de dexar el mando del Exercito de Mons , al Conde de Lalaìn , y

passar à Bruselas, como lo executó. Assistió à los Consejos de Guerra que se tuvieron, opinó contra el sentido de su Padre, que se debia acometer à los Rebeldes por Mar, en que el Duque no se conformó; porque el de Orange se abanzaba à toda diligencia àcia los Paìses Baxos: Resolvióse acelerar con vigor el Sitio de Mons, embióse allì à Don Fernando de Toledo con su Regimiento de Infanteria Española, al Conde de Herbestein con siete Esquadrones de Cavalleria Alemana: Bolvió à èl el Marquès, hizo trabajar à las lineas de contravalacion, levantar baterias, y fatigar à los Sitiados.

El Duque Informado que el Principe de Orange havia entrado en los Paìses Baxos, seguido de un numeroso Exercito, dexando el cuidado de Zelanda y Olanda à Don Sancho Davila y Mondragon, passó à Mons acompañado del de Medina-Celi, que interim llegaban ordenes de España para su regresso, quiso servir como de aventurero en este Sitio; y como de èl dependia el sucesso de la Campaña, se dedicó à acelerarle con vigor, adelantando sus trabajos, abriendo nuevas Trincheras, y levantando una bateria de veinte Piezas de Cañon para batir en brecha sus murallas.

El Principe de Orange que acababa de tomar y saquear à Ruremonda, entró en el Brabante à principio de Julio, fuè recibido en Malinas y frustrado su idèa delante de Verthen, que defendia D. Juan de Montiel, con doce Españoles y sesenta Valones, puso Guarnicion en aquella gran Ciudad, y marchando por Diest, àcia Tillemont y Lobayna, dexó Tropas en Tenremonda y Oudenarde, à ruegos de sus habitantes; y assegurandose de algunas otras Plazas menos considerables, passò à tentar la toma de Bruselas, que no haviendole salido bien, se vengó en las Villas y Lugares de sus cercanias, que reduxo à cenizas. Tratò la Ciudad de Amersfort con la ultima crueldad: Los Flamencos

Año
1572.

lo fintieron en extremo , y perdiendo de golpe la
aficion que le tenian , mirandole como el defenfor
de fu libertad , le tuvieron por el deftruidor de fu
Patria , y el Autor de fus miferias. Jamàs fe vieron en el Brabante femejantes defordenes: El Exercito de efte Rebelde compuefto de Hereges, Francefes y Alemanes cometió facrilegios que hacen
horror aùn en penfarlo : Acercófe à Mons à la
frente de quince mil Infantes , y diez y fiete mil
Cavallos , mientras el Conde de Vvardemberg fu
cuñado , fometia las Provincias de Zutphen y de
Ovveriffel , que Lumey fitiaba à Goes , y los Frifones echaban de fu Pais las Guarniciones Efpañolas.

Si todo parecia concurrir à hacer levantar el
Sitio de Mons , el Duque de Alva , cuyo grande
animo fuperaba todas las dificultades , no omitia
nada para abreviar todo lo que podia conducir à
la toma de aquella Plaza , y con la noticia de la
proximidad del de Orange , hacia trabajar dia y
noche à los Soldados , para perfeccionar las lineas
de fu Campo. El de Medina Celi que fiempre le
acompañaba , no podia baftantemente admirar fu
afiftencia à los trabajos , y el cuidado que fe daba , para fin exponer fus Tropas , tomar la Ciudad , à la vifta de efte Principe , quien el fepti-
mo dia de Diciembre , vifpera de la Natividad,
viniendo à acampar à tiro de Cañon de fus Atrincheramientos , pafsò en perfona à reconocerlos , y
fe retirò perfuadido que era impofsible forzarlos.
En efte embarazo que no havia previfto , usò de
todos ardides para atraer al Duque en Campo rafo:
Hizo hacer frequentes efcaramuzas , pufo muchas
veces fu Exercito en Batalla , fin que pudieffe lograr una accion decifsiva. Las Tropas que no fuf-
piraban fino por el combate , defaprobaban efta conducta , todos los Oficiales lo tenian por cobardia.
Don Fadrique mefmo muy defcontento , fuè à bufcar à fu Padre , pidiendole con grande inftancia

dief-

dieſſe orden de combatir al Enemigo, ò darle una
parte del Exercito ; ofreciendole que la bolvería
victorioſa , explicandoſe en eſtos terminos : *Se pu-*
blicarà no ſin fundamento , que el Principe es defen-
ſor de la libertad de los Flamencos ; que èl ſolo pone
limites à nueſtras armas victorioſas : Sufrireis que nos
inſulte por mas tiempo , que nos tenga como ſitiados
en nueſtras lineas , y que nos amenaze con inſolencia?
Què dirà la Europa de vueſtra conducta? No ſe atri-
buirà à temor , ù tal vez à cobardia ? No mirarán à
eſte Rebelde como vencedor , aunque ſiempre vencido?
No ſerà del interès de ſu Mageſtad dàr credito à ſus
armas ? Una accion ruidoſa no apagarà el ardor con
que los Principes vecinos aſsiſten à los Rebeldes ? To-
do nos lo debemos prometer en eſta ocaſion , y que el
Cielo juſtamente irritado contra la impiedad ſacrilega
con que le ha ofendido , nos concederà los ſocorros que
neceſsitamos , y que nos harà ganar una ſeñalada
Victoria.

    El Duque à quien el animo , y fuego de ſu
hijo cauſaba un verdadero regocijo , le reſpondió
con agrado y ſonriendoſe : *Vueſtro aliento me com-*
place , mas vueſtro fuego es de un hombre mozo.
Vueſtros penſamientos ſon proporcionados à vueſtra edad,
yo los he tenido en otros tiempos ; pero han dado lu-
gar à otros mas prudentes y moderados , que ſon los
que ſe deben ſeguir : Venis tarde à dàr leccion à un
Padre yà anciano y muy experimentado. Vueſtra pru-
dencia es de joven , os hace buen Soldado y Oficial
animoſo , y nos dà motivo à eſperar que algun dia
ſereis gran Capitan. Haveis batido à Genlis , no bien
dificultad en embiaros contra èl ; porque ſiendo la ex-
periencia igual , el valor lo ſupera ſiempre : Mas
creeis que ſea lo miſmo eſte viejo y aſtuto Capitan?
Os imaginais que un hombre que no he podido vencer,
ſino à fuerza de conducta , eſtratagemas y experiencias
en el oficio , cede à la impetuoſidad de un hombre
mozo ? Sabed , hijo mio , que ſe puede confeſſar ſin
verguenza , que el Principe de Orange es un General
que

que se debe temer : Decisme , que siendo la causa del
Cielo , no nos negará los socorros necessarios ; por essa
mismo se deben apreciar con mas veneracion , y servirse de ellos con mas prudencia , pues solo los concede
à quien los espera con paciencia y resignacion , y no à
los que se dexan llevar de su temeridad.

Satisfaciendo con la misma respuesta à las instancias de los Oficiales Generales que pedian la Batalla , y resuelto à mantenerse firme en sus lineas,
encargò à su hijo llevasse socorro al Señor de Capres , apostado con su Regimiento en el Lugar de
Nimi : persuadido que si el Principe atacaba sus
lineas , seria por este parage. Don Fadrique passò
allì à la frente de algunos Lanceros y de seiscientos Cavallos ligeros : Como deseaba siempre una
Batalla , escaramuzando todo el dia con su Cavalleria, rechazò con vigor la que le opuso Henrique
de Nassau y le obligò à retirarse con pèrdida de
quatrocientos hombres. El Principe vino à acampar la tarde misma al Lugar de Tremer , con animo de atacar los Quarteles , en donde mandaba
Nicolàs de Poluillier que era el parage mas endeble ; pero el Duque presintido de la intencion de
este Gese , hizo passar un Regimiento Español
que reforzò este puesto. El Marquès hizo aqui nuevos esfuerzos para precisar à su Padre à una Batalla à pesar suyo : Hizo salir alguna Cavalleria , pero inutilmente , y el Principe sin disposicion de
combatir , se fortificò en el Lugar de Genu , con
animo de abrirse un passo à la Ciudad.

Todo le saliò vano , porque el Duque havia
puesto por todas partes una orden tan buena , que
le hizo conocer , que era exponer su Exercito à una
total ruina , de emprehender el atacar los Siriado-
res. No hallando medio alguno de socorrer à Mons,
sino por una diversion , levantò su Campo : El
Marquès le siguiò con parte de su Cavalleria , de-
gollò à los mas perezosos , ò los que se apartaban
para el pillage : La noche siguiente hizo abanzar de
otro

otro lado un Efquadron de Cavalleria , precedido de gran numero de Trompetas , que diftantes los unos de los otros , tocando à un tiempo , hizo creer al Enemigo , que toda la Cavalleria del Duque havia falido. Efperò con efte eftratagema , teniendo al Exercito de los Rebeldes fufpenfo, mientras que Romero por otro lado , iba à echarfe en fu Campo con dofcientos Efpañoles , que para conocerfe, fe havian puefto camifas fobre fus armas. Es de creer que huvieran muerto mucha gente en aquel Exercito , que folo atendia à la parte donde oìa las Trompetas , fino huvieffen dado à conocer fu pequeño numero , pegando con imprudencia , fuego à algunas barracas , cuya claridad los defcubriò: Los Rebeldes mataron una parte , pufieron los demàs en huida , y precifaron al Marquès de retirarfe. Eftaba apoftado à alguna diftancia , iba à dàr en el Campo , quando efte accidente rompiò fus medidas

Hablòfe con elogio del valor de dos Soldados Efpañoles , que penetraron hafta la tienda de el Principe de Orange , con animo de matarle , y lo huvieran confeguido , fi una perrita que dormia fobre fu cama , no le huvieffe defpertado , arañandole la cara: Sus Criados y algunos Soldados acudiendo à fu focorro , mataron à eftos dos valerofos. El Principe levantò fu Campo al otro dia de madrugada , con tanta precipitacion , que abandonò una parte de fus grueffos vagages , y cantidad de armas : Llegò en pocos dias à Malinas, fiempre feguido por el Marquès , que fatigando continuamente fu Retaguardia , matò mucha gente , y fe apoderò de muchos carros cargados de polvora è inftrumentos de mover tierra.

El Conde Luis de Naffau que defendia à Mons, aunque perdido la efperanza de focorro, la mantuvo hafta el veinte y fiete de Septiembre , que la entregò baxo de condiciones honrofas, retirandofe à las Villas de fu Patrimonio. El Duque hizo con
di-

diligencia allanar las trincheras, reparar las brechas, y dexando por Governador al Señor de Vaux,
con una poderosa Guarnicion, fuè en seguimiento
del Principe de Orange, con resolucion de atacarle si encontraba la ocasion. Tomò à Diest à su vista, y se precisò à huir en lo interior de Olanda.

No teniendo yà que temer despues de esta retirada, hizo varios Destacamentos de su Exercito,
para recuperar mas apriessa las Ciudades tomadas
à sublevadas. El Conde de Roeux se hizo dueño de
Oudenarde, Mondragon de Ruremonda, y el Marquès fuè à acampar baxo de los Muros de Malinas.
Requiriò à los Ciudadanos de entregarse: Ellos
que contaban sobre sus fortificaciones, su Guarnicion que era Francesa, y la mayor parte de la ju-
ventud que havia tomado las armas, protestaron
morir todos antes de rendirse; mas su arrogancia
decayò al mismo tiempo, querian capitular, quando los Españoles rompiendo las puertas, tomaron
la Ciudad por assalto: Fuè saqueada, no se matò
à nadie, ni se ofendiò la honra de las mugeres,
cuya moderacion fuè efecto de la bondad de los
Soldados, no haviendo recibido sobre esto orden
alguna.

Este pillage que atemorizò las Plazas ocupadas
por los Rebeldes, restableciò un poco el Exercito
Catholico, que estaba muy aniquilado. El Duque
bolviò à juntar sus Tropas, passò el Mosa sobre
el Puente de Grave, abanzòse àcia Nimega, si-
guiendo siempre de cerca al General de los Rebeldes: No haviendo podido alcanzarle, y conociendo que la Cavalleria no le era necessaria en Olanda y Frisia, despidiò la Alemana; y dexando el
cuidado de perseguir à los Rebeldes al Marquès su
hijo, se quedò en Mastrick, para estàr mas à mano de embiar socorros en caso de necesitarse; pero sus incomodidades le obligaron presto hacerse
llevar à Bruselas.

El Marquès entrò en la Olanda como un rayo,
echò

echòſe en el Condado de Zutphen ; derrotò al
Conde de Bergues , y bolviò aquel Pais à ſu deber
por la Conquiſta de ſu Capital , que no reſiſtiò
mas de dos dias y fuè ſaqueada ; y dexando en ella
Guarnicion , bolviò ſobre el Rhin : Vtreck , Re-
nen , y Uvieſte le abrieron ſus puertas, ſin expo-
nerſe à ningun Sitio : Las otras Ciudades imitaron
ſu exemplo , y el Pais fuè ſometido en menos de
ocho dias ; y bolviendo à Olanda , tomò à Naer-
dem entregandola al pillage. Paſsò à ſocorrer à
Amſterdam que los Rebeldes havian ſitiado y la
apretaban con vigor, quemando en ſu Puerto muchos Baxeles.

El Señor de Hierges ſe havia buelto à apo-
derar de algunas pequeñas Plazas en eſta Provincia ; mas como eſtaba incomparablemente menos
fuerte , que los Condes de Vvardemberg y de
Vvaembourg que tenian ſeis mil Infantes y ſeiſcientos Cavallos , no ſe atrevia à ſalir de ſus Plazas : Lumey que era el mas temible de los Rebeldes , ſe havia apoderado de la Isla de Zúidt Be-
veland , y hacia el Sitio de Goes , con ſiete mil
hombres ; y una Armada de quarenta Velas. Haviendo hecho una larga brecha , y montar tres
mil hombres al aſſalto , fueron rechazados por ſu
Governador Don Iſidro Pacheco ; pero ſiendole im-
poſſible mantenerſe mucho tiempo ſin un prompto y poderoſo ſocorro , haciendo ſaber al Duque
el rieſgo en que eſtaba , diò ordenes à los Generales Mondragon y Davila , hicieſſen ſus poſſibles
para ſocorrer eſta Plaza.

Haviendo hecho eſtos dos Oficiales todas las
tentativas imaginables ſin ſuceſſo, informado Mondragon por Blumart fiel Vaſſallo del Rey , aunque
Zelandes , que la inundacion que cubre una parte
de aquella Isla , era muy baxa , y que el brazo de
el Eſcaut que le ſepara de tierra firme era vadea-
ble , emprehendiò ſu paſſo guiado de Blumart.
Hizo abanzar tres mil hombres ſobre la Ria , que
re-

recogidas sobre las cabezas y en las puntas de las
picas las municiones, llegada la noche y entrando
en el agua el primero, atravesò aquella Ria, que
se estendia cerca de dos leguas de largo, llegan-
doles el agua hasta los pechos, arribaron felizmente à la otra orilla, socorriò à Goes, batiò à los
Rebeldes, que huyeron como de gentes à cuyos pies
se sujetaban los elementos; todo en menos de ocho
horas de tiempo: Despues de esta grande hazaña,
seguido de la casi total ruina de los Sitiadores, bolviò al Brabante con sus Soldados salvos y sanos,
cubiertos de perpetua fama. Este hecho, hasta entonces sin exemplo, fuè admirado de todo el mundo por lo temerario. A este tiempo el Duque de
Medina-Celi recibiò las ordenes de su Magestad para su buelta à España. Atravesò la Francia y en
breves dias llegò à la Corte: Como no estaba
acostumbrado à la Guerra, y havia temblado mil
veces en el Exercito del Duque, hizo presente al
Rey los peligros que corria este General todos los
dias, y los importantes servicios que hacia à su
Magestad, protestando que otro alguno, no era capàz de sostener el peso de el govierno de los Paises Baxos.

Socorrida Amsterdam y los Rebeldes puestos en
fuga, el Marquès de Coria llevò sus Tropas delante de Harlem, distante dos pequeñas leguas de
el Mar, y tres y media de Amsterdam. Esta Plaza
fortificada de un largo baluarte de tierra, sostenido de un muro fuerte de piedra, defendido por
diversos Bastiones, y algunos de ellos destacados:
Su situacion en un Pais inundado, en medio de
algunas Lagunas, que no se podian passar sino por
encima de una Calzada que defendia el Castillo de
Sparendam, la hacia inconquistable: Requirida
por el Marquès luego que estuvo acampado, y
recibido bien al Trompeta: se trataba de negociacion, quando el arribo de quatro Compañias de
Infanteria, embiados por el Principe de Orange,

bolviendo animo à los Hereges, la interrumpieron. Indignado el Marquès de esta inconstancia, hizo atacar la Calzada y Castillo por Don Rodrigo Zapata, que fuè rechazado con pèrdida del brazo izquierdo, y buena parte de sus Tropas. Apesadumbrado de este mal sucesso, hacia levantar baterias; quando un hielo fuerte helò todas las Lagunas: Don Fernando de Toledo, Romero, y Bargas; sirviendose con ventaja de este socorro de el Cielo, atacaron el Castillo, lo ganaron espada en mano, passaron à cuchillo quatrocientos hombres de la Guarnicion, derrotaron el socorro que el Principe de Orange havia embiado, y repararon los Diques que los Rebeldes havian soltado.

El Marquès muy satisfechó de el valor de los suyos, acercandò su Exercito lo mas que le fuè posible, ocupò un terreno bastante elevado. Distribuyó sus Quarteles, hizo poner en bateria catorce Piezas de Cañon, que tiraron sin cesar algunos dias. El Conde de Lumey que era como el brazo del Principe de Orange, informado del estado de los Sitiados, resolvió llevarles un gran Comboy de Municiones de Guerra y Boca, con quatro mil hombres: Hizoselo saber y le ofrecieron hacer una gran salida contra los Sitiadores, mientras los atacasse por otro lado. El Marquès noticioso, saliendo al encuentro de Lumey, le desbaratò, quitò su Comboy y ocho Vanderas, con quatro Piezas de Cañon, y huviera passado à cuchillo el resto, si la noche que se acercaba, le huviesse permitido empeñarse en un Pais lleno de zanjas y cortado de canales. Esta ventaja avivò el animo de los Soldados, pidieron con instancia se les conduxesse al assalto. El Marquès lo consintió por creer à los Enemigos en la ultima consternacion, y vèr que sus Tropas padecian por el rigor del frio. Un Regimiento Español fuè mandado subir al assalto: Don Alonso de Bargas havia reconocido la brecha, los Españoles embistieron con

mu-

mucho animo , pero hallaron quien los recibieſſe
con el miſmo valor. Eſtaban obligados à paſſar
ſobre un Puente que havian echado ſobre el ſoſo,
deſcubierto al fuego de los Sitiados , que hizo tal
eſtrago en los Sitiadores , que el Marquès ſentido
de vèr perecer tanta valeroſa gente , antes de poder
llegar al Enemigo , hizo tocar la retirada.

Eſte golpe ineſperado no le cansò , hizo llevar la Trinchera haſta la orilla del ſoſo ; continuò en batir los valuartes con la miſma violencia,
ſe apoderò deſpues de diverſos aſſaltos de un Rebelin que cubria la puerta , cegò el ſoſo con troncos
de Arboles. Los Sitiados quemaban todas las faginas que ſe hacian echar. Hizo conſtruir ſobre eſte
Rebelin un cavallete baſtante elevado , para mandar las murallas , y deſcubrir haſta lo interior de
la Ciudad , y poner una bateria ſobre èl , que ſuè
bien preſto deſmontada. Los Ingenieros trabajaban
con aplicacion en hacer Minas , y los Soldados en
exercitarſe contra el frio , y poner las lineas de el
Campo à cubierto de todo inſulto , impidiendo à
los Sitiados todos los medios de hacer ſalidas.

El Principe de Orange que deſeaba ſocorrer
à quien tan bien ſe defendia , les embiò ſeiſcientos hombres practicos del Pais , que ſeparandoſe
por pequeños pelotones , entraron caſi todos. Eſte
refuerzo hizo la Guarnicion poderoſa , por conſiſ-
tir en cinco mil hombres de Tropa reglada , y dos
mil Ciudadanos eſcogidos de la mas dieſtra juven-
tud , cuyo numero aunque tan grande , no causò
temor al General Eſpañol. Hizo poner fuego à todas las Minas que tuvieron el prometido efecto,
diò la ſeñal para otro aſſalto. Don Fernando de
Toledo ſubiò el primero ſobre la brecha con diez
y ocho Compañias de Tropa Eſtrangera y quinientos Eſpañoles , que aunque todos heroicamente hicieron ſu deber , fueron rechazados con mucha pèrdida , deſpues de un reñido combate de quatro
horas. Admiròſe el valor è intrepidèz de Lorenzo

Perez, Cavallero Portuguès, que montando solo
sobre el valuarte, sostuvo el esfuerzo de gran numero de Enemigos con su espada, y cubierto de
su broquèl, hasta que herido de diversos golpes,
se dexó caer en el foso, arrastrando consigo uno
de los Sitiados. Pero nada fuè mas memorable
que el amor heroico de Don Fernando Davalos,
Cavallero de Guadalaxara; porque herido buelto al
Campo, y no encontrando à Don Juan de Zuñiga su cuñado, tomando una rodela à prueba de
mosquete, y bolviendo à la brecha, en busca de su
hermano, rebolviendo cadaveres le reconoció moribundo, cargando con èl y puesto sobre su espalda, res-
guardado del broquèl le traxo al Campo en medio de
un granizo de balas que llovia sobre ellos y de que sacó otra herida. Assombrado el Marquès de accion tan
generosa, tomó à su cuidado estos dos Cavalleros,
que tuvieron la fortuna de curar de sus heridas.

Durante este assalto, havia intentado el de
Orange introducir un gruesso Comboy à los Sitiados; mas advertido por los Valónes y Alemanes,
que guardaban las lineas, le deshicieron y tomaron ciento y sesenta carros cargados de Municiones de Guerra y Boca, cuya ventaja disminuyò
en parte la pesadumbre que causaba en el Campo,
el desgraciado sucesso del assalto y las incomodidades de la estacion. Jamàs padecieron tanto los Soldados, que en este Sitio, acampados en medio de
un Invierno rigurosissimo, en un Pais lleno de
zanjas, sin leña, medio desnudos, y en una grande necessidad de Viveres; solo se sostenian por su
valor: Cessaron las lluvias, y el furor del hielo
apoderandose de la tierra, les impedia de cabar,
se vieron obligados de abandonar todas las facciones, de que triumphaba el Enemigo, acostumbrado al rigor del Clima, que aguantaba facilmente,
bien alojado y sus Tropas bien vestidas y calzadas; solo padecian la hambre que cessò, quando
los hielos hicieron campaña rasa; los Lagos, La-
gu-

gunas , y Canales , porque siendo los Olandeses los
mas habiles Patineros de la Europa , sustrada toda
la vigilancia de los Españoles , introducian en la
Ciudad sitiada todos los socorros que querian.

El Marqués no continuaba el Sitio , sino porque su Padre lo queria absolutamente , hacia cada dia votos al Cielo para que mejorasse el tiempo ò se derritiesse el hielo. Esto sucedió à principio de Marzo de 1573. sin producirle la menor
ventaja ; al contrario engrossandose las aguas , y
mojado el terreno se hizo impracticable. Los Sitiados sacaban de sus Barcas la misma utilidad que
les havian dado sus hielos, aumentandose, no una
Guarnicion , sino un Exercito atrincherado detràs
de buenas Murallas y cantidad de retiradas. El
Marqués desconfiando la toma de esta Ciudad , la
creó tanto mas impossible , quanto faltaban los
Viveres , y se publicaba que los Ingleses , los Hereges de Francia , y de Alemania levantaban gentes , y equipaban flotas para hacer levantar el Sitio. Los Soldados , Oficiales y todo el Exercito le
rogaban cada dia no sacrificasse tan valerosa gente,
ni se obstinasse en un Sitio que no tendria el sucesso que se havia prometido. Movido de estas
quexas y de lo que experimentaba , embió à su
Padre Don Bernardino de Mendoza , para represen-
tarle lo preciso que era dàr descanso à la Tropa,
sin el qual no podian subsistir, y para pintarle el
estado de los Sitiados y el de todas las cosas.

El Duque escuchando à Mendoza con gran se-
renidad , despues de haverle preguntado si las enfermedades reinaban en el Campo , ò los Soldados
se amotinaban ; y respondido que todos estaban
buenos , y soportaban con paciencia las incomodidades à que estaban expuestos , vituperando altamente à su hijo y muy enojado , le escrivió la
Carta siguiente : *Si quereis Fadrique que os reconoz-
ca por mi hijo , es menester tomar la Ciudad , ò morir en el Sitio : Si fuesseis muerto , entonces contento*

de

de vuestra perdida , aunque postrado do violentos dolores de mis enfermedades y de mis sentimientos , irè à ocupar vuestro lugar : Si tengo la misma suerte antes de salir bien , vuestra Madre vendrà de España con la noticia de nuestros Funerales , ù à acabar el Sitio , ù à perder la vida : Si muere , su perdida pagarà todo lo que debemos al Rey nuestro Soberano, y llenarà la constancia intrepida de los Duques de Alva nuestros Predecessores : Pero si sale victoriosa, tendrà cuidado de levantar à su hijo , y à su marido, monumentos eternos, sobre las ruinas de una Ciudad obstinada en su Rebelion.

El Marquès confuso de esta Carta, sintiò nuevo animo y toda confianza ; leyòla à los Oficiales y Soldados, todos respondieron que estaban promptos à derramar hasta la ultima gota de sangre, por no disminuir la alta reputacion de su General , persuadidos que saldrian bien de un Sitio emprehendido y continuado por sus ordenes. Los Soldados Estrangeros que estaban en el Campo , se propusieron era falta de juicio , persistir en una empresa , que segun todas apariencias no se conseguiria, y causaria la entera ruina del Exercito. Preguntaron à los Españoles , de donde les venia esta confianza , es , respondieron , que nuestro viejo General nos ordena la continuacion de este Sitio , y sabemos que no nos manda lo que no està seguro de conseguir : conoce por el movimiento de los Astros lo que nos ha de suceder , penetra los pensamientos de sus Enemigos , y el buelo de los pajaros le instruye de todo lo que passe en el mundo. Estos Soldados à quienes el dilatado curso de los felices sucessos del Duque , havia hecho creer que era invencible , recibiendo por verdad una chanza, exclamaron todos que se debia proseguir el Sitio , y vencer la tenacidad de los Enemigos por una constancia heroica.

Las Cartas del Duque , y los socorros hicieron continuar el Sitio con mas vigor ; abrieronse
nue-

nuevas Minas, y se perfeccionaron las que estaban
empezadas. Las baterias fueron mas bien servidas
que nunca : Dieronse assaltos furiosos ; se procuraron cerrar todos los passos por donde los Enemigos podian recibir socorro. No manifestaban los
Sitiados menos valor, quanto mas se les apretaba,
con tanta intrepidèz se defendian, con resolucion
firme de tentar todas las vias para no caer debaxo del poder de los Sitiadores. Apurados yà los
medios de recibir noticias del Principe de Orange, y de hacerle saber al estado en que se veian
reducidos, se sirvieron de Palomas, enseñadas à
este efecto por el cebo ; les ataban papeles que
llevaban al Exercito contrario, y bolvian à la Ciudad con mucha diligencia. Los Sitiadores ignoraban esta industria, hasta que una de estas Palomas fatigada, descansando en las cercanias de el
Campo Catholico, haviendola muerto un Soldado
se descubriò el artificio : Desde entonces no se les
perdonò ; los inocentes pagaban la culpa de los
Reos, y se hacia la Guerra à las Aves, con mas
cuidado que à los hombres.

Este secreto no fuè descubierto hasta el mes
de Abril : Los Sitiados padecian mucha hambre,
estaban reducidos à no comer sino cosas inmundas
y repugnantes à la naturaleza ; y creciendo su valor con su desesperacion, se señalaban mas cada
dia con furiosas salidas, que tenian à los Sitiados
en una alarma continua. El Conde de Bossu, Almirante de los Paises Baxos, tuvo orden de cerrar à los Hereges el camino del Mar, unico refugio que les quedaba. Entrò seguido de quarenta
Baxeles en aquel gran lago, que se llama comunmente el Mar de Harlem ; tomò algunos bastimentos de los Enemigos, echò otros à fondo, sin
poder cortar del todo este camino. Pareciendole al
Marquès, que siempre le conservarian mientras
fuessen dueños del Castillo de Higue, intentò apoderarse de èl. Hizo la abertura de su Trinchera
en

ta un pequeño Bosque, que servía de paseo à los
habitantes de Harlem : Ellos que sabian la importancia de aquel puesto, como que los hacia Señores del Estrecho, que sirve de comunicacion al
Mar de Harlem, y Golfo de Tya, no omitieron nada para impedir su Conquista. Engrossaron
su flota con cien Barcas, arriesgaron un combate
en que fueron vencidos. Emprehendieron otro, algunos dias despues, y no fueron mas dichosos.
Dos mil hombres que havian mandado salir para
arruinar los trabajos de los Catholicos, à tiempo
de embestirse las dos Armadas, fueron rechazados
con pérdida.

El Principe de Orange que con ansia deseaba
hacer levantar el Sitio, mandò al General Phiffe
con quinientos hombres, y gran numero de Peones para edificar un fuerte sobre el camino por
donde los Españoles llevaban sus Comboyes al Campo. Escogiò para la construccion de este fuerte un
parage muy comodo, situado sobre el Rhin à una
legua de Utreck, è hizo trabajar en su ereccion
con toda diligencia. Juan Bautista de Tassis, Pro-
veedor General, conociendo la importancia, resolviò impedir la obra, pusose à la frente de seiscientos Infantes y un Esquadron de Cavalleria, atacò à los Trabajadores, pusolos en fuga, desbaratò à los que los sostenian haciendo allanar sus trabajos. Su sola diligencia le hizo salir con su designio; pues à no ser tan prompta, huviera sido
deshecho; porque apenas huvo derrotado à Phiffe,
quando parecieron cinco Vanderas de Rebeldes,
que viendo parte prófuga, y parte passada à cuchillo de los suyos, bolvieron à tomar el camino
de Leyden.

Los de Harlem mantenian aùn el Mar. El
Conde de Bossu hizo el ultimo esfuerzo para echarlos; atacòlos con sesenta Barcas montadas por Soldados Españoles, apresòlos veinte y dos de sus pequeños bastimentos, echò à fondo otros: El Marqués

qués hizo dár al mifmo tiempo un affalto general
al Caftillo de Higue que fuè ganado , y echar un
Puente de Barcas fobre el eftrecho que manda los
dos Mares , quitando de efte modo la entera comunicacion à los Sitiados. Tantos malos fucceffos
no acobardaron al Principe de Orange , hizo vef-
tir de Paifanos diverfos Soldados , que llevaron
algunos facos de trigo à los Sitiados , poco focorro para quien eftaba yà acometido de la hambre
tiempos havia. El Rey no eftaba menos inquieto,
inftruido à fondo del eftado de la Guerra , y la
difpoficion de los efpiritus por Don Bernardino de
Mendoza , à quien el Duque havia defpachado,
para que informaffe à fu Mageftad , y para que
le embiaffe focorros. No penfaba en mas que à terminar un negocio , cuyas confequencias le parecian del todo fatales. Hizo grandes remefas de dinero al Duque , y embió fus ordenes à Don Luis de Zuñiga , y Requefens , Governador de Milàn , para
embiar à Flandes veinte Compañias de Efpañoles
naturales , y el Regimiento de partidarios , que mandaba Don Lope de Figueroa.

Informado el Duque por el Marquès fu hijo,
que el Principe de Orange levantaba gentes à toda diligencia para focorrer à Harlem , efcrivió à
Don Lope de Acuña que mandaba las Tropas del
Milanefado , le embiaffe fin perder tiempo los Mofqueteros ; y obedeciendo , encargó el cuidado de
efta diligencia à Don Luis Caetan , Cavallero
principal de Talavera , que hizo tan grandes marchas , que en menos de quince dias , caminaron
mas de ciento y cinquenta leguas. Acuña que le feguia de cerca , llegó al Campo pocos dias defpues,
y no tardó el arribo de los partidarios.

Viendofe el Marquès con un Exercito de mas
de diez y ocho mil hombres de Tropas veteranas,
no dudando yà del fuceffo del Sitio , conftruyendo
muchos fuertes , cerró tambien los paffos por tierra , que era impoffible à los Sitiados recibir el

menor focorro. El Conde de Boffu hizo lo mifmo por Mar con fu flota victoriofa : La Guarnicion de Harlem , creida yà que no havia otra efperanza para ella que la defefperacion , continuò fu defenfa con el mifmo fuceffo : Hizo faber al Principe de Orange , que fino le focorria iba à Capitular. Como le dolia efta pèrdida , difpufo feis mil Infantes , y un Efquadron de Cavalleria , à la conducta de Soraz , que prometiò con juramento focorrer la Plaza ò perecer ; y tomando feis Piezas de Cañon , y un gran Comboy de Municiones de Guerra y Boca , con una flota de ciento y treinta Baxeles : Havia yà paffado fecrètamènte à la Rada , y avifado à los Sitiados para hacer una gran falida , llevando fobre fus armas camifas blancas para diftinguirfe en la accion.

El Marquès deftruyò todos eftos bellos Proyectos , que conociò por la aftucia de uno de fus Soldados , que matando dos Palomas , quedò inftruido de las ordenes del combate : Exhortò à fus Tropas à paffar la noche fobre las armas y hacer fu deber. El mifmo apoftò las Centinelas y Guardias abanzádas , cuyas precauciones huvieran fido inutiles , à no turbarfe los Enemigos : Yà havian forzado el Quartèl de los Alemanes , y fe abanzaban al de los Efpañoles , quando un Trompeta dixo à Soraz , que era tiempo de dàr la feñal à los Sitiados : Hizolo afsi , y el ruido defpertò à los Efpañoles , que no havian hecho movimiento alguno : El Marquès los pufo en Batalla como fi fueffe de dia , hizo cargar à los Enemigos tan à tiempo por Don Lope de Acuña , que los precisò à tomar la huída , defpues de una vigorofa defenfa que les coftò dos mil hombres , y entre ellos à fu General Soraz , perdiendo quince Vanderas , y quinientos carros cargados de Municiones de Guerra y Boca.

Los Ciudadanos de Harlem , no efperando yà fufragio alguno defpues de efta derrota , refolvieron

don falir matando , y dexar los hijos , y mugeres
en la Plaza ; pero fus clamores les hicieron mudar
de dictamen , y tomaron el de facar en medio de
la gente armada , el vulgo femenil , y hacerfe camino con la efpada. Advertido el Marquès de efta defefperacion , les ofreciò un partido mas que
razonable , que fiendo aceptado , Don Julian Romero con los Efpañoles ; y el Barón de Ligues
con los Alemanes , paffaron à tomar poffeffion de
la Ciudad , defpues de nueve mefes de Sitio. El
Marquès hizo ahorcar al Governador , y à todos los
Vaffallos del Rey que fe encontraron con armas , en
numero de dos mil. Los Francefes que havian faltado à la Capitulacion de Mons , padecieron el
mifmo fuplicio : Se defarmò à los Alemanes , em-
biandolos à fus cafas , y fe taffò à los habitantes
à una gran fuma de dinero , para refcatarfe de el
pillage.

Tal fuè el fin de el famofo Sitio de Harlem,
que diò tanto que hablar al mundo. No le tuvo
mas cèlebre la antiguedad , y no fe ha vifto pof-
terior que le igualaffe : Los Sitiadores , y Sitiados,
hicieron prodigios de valor , y con admirable conftancia fufrieron todas las incomodidades de la vida. Los Sitiados no fe entregaron hafta la ultima
extremidad : Softuvieron quatro affaltos generales,
y un gran numero de particulares. Las mugeres fe
diftinguieron tanto como los hombres : Se les veìa
con la piqueta ò el azadon en la mano , reparar
las brechas , traer à fus hijos , hermanos ò maridos el alimento necefario , y algunas tomando las
armas , peleaban con animo heroico. La pèrdida fuè
grande de una y otra parte : No huvo Sitiador
que no recibieffe alguna herida , fin refervarfe el
Marquès , por exponerfe à todo como el menor
Soldado : Don Lope de Acuña muriò de enfermedad poco defpues de la rendicion de la Plaza. Era
fobrino del Conde de Buen Dia , hombre de valor
y deftreza , igual en lo guerrero y lo politico:

pero

pero sus acciones embidiadas, le conciliaron el odio de muchos: Havia servido en el Milanesado; el Marquès de Pescàra lo maltratò, viòse precisado de salir de aquel Pais y passar à servir baxo las ordenes de nuestro Heroe, en la Campaña de Roma, que conociendo su merito, graduò sus servicios.

Queda advertido que los Ciudadanos de Harlem, pagaron gruessas sumas para rescatarse de el pillage: Los Españoles indignados de que las havian empleado en pagar las Tropas Estrangeras, y que no se les satisfacian sus sueldos, apoderados de la Ciudad, amenazaron assolar el Pais, sino se les contaba las muestras que les eran debidos, alegando su necessidad, que à la verdad no era poca, porque estaban medio desnudos. El Marquès discurriendo bastaria presentarse para contenerlos; queriendo ir à apaciguarlos se lo impidieron sus Amigos, temiéndo un desacato. Por grande que fuesse su cólera contra los amotinados, se sosegò à vista de lo que havian padecido durante nueve meses, y el estado à que estaban reducidos, persuadido que su motin no era efecto de su ambicion, si de la verguenza de verse desnudos. Escriviò à su Padre, mas como mediador, que como ofendido; y fuè preciso se contentasse cada uno con doce doblones, para la paga de trece meses, con cuya suma bolvieron à su deber, y quedaron contentos y alegres.

El Duque de Alva queriendo terminar quanto antes la Guerra de Olanda, passò à Harlem, y despues de haverla reconocido, la giró toda sin entrar dentro, vino à Utreck, donde su gota le obligò à quedarse: Diò orden al Conde de Bossu para que hiciesse todos sus esfuerzos, à fin de arruinar la flota de los Bribones de agua; y mientras el Marquès su hijo hacia reparar las brechas de Harlem, embiò al Baron de Noircarmes, con lo mas escogido del Exercito hacer el Sitio Alkmaer, Ciu-

Ciudad situada en el Northolande. Aunque sus
fortificaciones no estaban concluidas, no pudo este
Oficial sitiarla por el motin de los Soldados, que
no pudo sossegar hasta pagarles tres meses de suel-
do. El Marques de Coria, que deseaba apoderarse
de Leyden antes del fin de la Campaña, dexando
en Harlem una Guarnicion de Valones, destacò
à Don Francisco Verdugo, con tres Compañias de
Españoles, y otras tantas de Valones y Alemanes,
para apoderarse de el Castillo de Alphen, lo que
executò y passò à Leyderdrop.

El Marquès hizo ocupar todos los demàs Castillos cercanos à Leyden, y transportar à ellos las
Municiones de Guerra y Boca, de que creia ne-
cesitar durante el Sitio que iba à empezar,
quando el Duque su Padre le mandò ir à hacer el
de Alkmaer, que acababa de ser embestido por
Goin. Passò alli à principio de Septiembre de 1573.
y ganò espada en mano un Fuerte, que quitaba à
la Ciudad la comunicacion del Rio, por el que la
flota de los Bribones podia socorrerle. Comenzò el
Sitio de la Plaza: hizo levantar una bateria, que
abriendo brecha, se diò un assalto en que fuè rechazado: Reconociò entonces que esta Ciudad no
se podia ganar de golpe, por ser sus Fortificaciones medianas, su Guarnicion numerosa y aguerri-
da; y como no tenia sino Piezas de Campaña, se
viò obligado à esperar el gruesso Cañon, que no
pudiendo llegar hasta muchos dias despues, por
estàr los caminos impracticables, se sirvieron de
este intervalo los Sitiados para acabar sus fortificaciones, y el Principe de Orange para disponerse
à socorrerlos.

Como era de presumir que este socorro vendria por Mar, tuvo orden el Conde de Bossu de
opponersele. Equipò su flota en el Puerto de Amsterdam, destapò el Canal que los Enemigos havian cerrado, echando à fondo Barcas llenas de
arena, obligò à una flota de cinquenta Velas,
que

que bloqueaba este Puerto desde algun tiempo, à
huir. Los Enemigos se mantuvieron à la Rada con
el intento de atraer al Conde con sus gruessos Baxeles, y en la que se huviera infaliblemente perdido; mas el que penetrò sus idèas, se contentò con
poner à tierra al Capitan Corcoeur, el qual seguido de doscientos hombres, se apoderò espada en
mano del fuerte que los Rebeldes havian hecho
construir sobre el Dique que estaba atràs. Estuvie-
ron cerca de quince dias al Ancora, hasta que informados del peligro en que se hallaba la Ciudad
de Alkmaer, fueron à fortificarse en el Puerto de
Enchuse, por la union de diferentes Navios y se
pusieron à la vela para dàr socorro à los Sitiados.
El Conde de Bossu que se havia adelantado, les
diò Batalla, y siendo abandonado de los suyos, se
defendiò hasta al otro dia en su Navio, en el que
estaban setenta Españoles; y no haviendole quedado mas de catorce, hizo su Capitulacion, como si huviesse estado en una Ciudad: Fuè conducido à Horn, y el Principe de Orange rehusò
entregarle por rescate, aunque el Duque se lo hizo pedir. Esta derrota sintiò el Marquès, que aun
fuè rechazado en un furioso assalto. Levantò el Sitio, viendo el camino abierto à los socorros, la estacion muy abanzada, su Campo tan lleno de
agua, que no se podia passar de un Quartèl à
otro, sino en Barcas, ò por una larga Calzada
que havia hecho levantar, y sabiendo que los Rebeldes ibàn à cortar sus Diques, lo que huviera
causado la ruina de su Exercito.

Hizo su retirada à Harlem, dexò el Govierno
de Egmont y del Vvaterldand al Baron de Cheureaut
Destacò à Don Francisco Verdugo, con las mejores Tropas de su Infanteria, para tener en respeto aquella parte de la Olanda, más distante del
Mar, y confiò la Guardia de las Costas à Don
Julian Romero, con orden de que uno y otro
obedeciessen al Baron de Noircarmes, Governador

Ge-

General de toda la Provincia. El Señor de Bevort, à quien el Duque de Alva havia hecho Almirante de Flandes, no fuè mas feliz fobre el Mar, que forman las Islas de que la Zelanda eftà compuefta. Defpues de ordenes precifas para focorrer à Rammekens fitiada por los Rebeldes, hizo montar fobre fu flota al valerofo Mondragon, con lo mas efcogido de fus Tropas, y defpues de haverfe detenido en la Rada de Flefingue, mudando de rumbo, fe empeñò en el Canal de Veere, hizo entrar en Midelbourg à Mondragon y fus Tropas. Fuè atacado immediatamente por los Rebeldes, fu flota difperfa, y obligado à efcaparfe con mucha pèrdida en los Puertos de Flandes. El Principe de Orange fuè igualmente defgraciado delante de Bergen. El Oficial Efpañol que mandaba en la Plaza una Guarnicion de dofcientos hombres, le obligò à retirarfe, y abandonar fus Efcalas y las Vanderas, que havia yà plantado fobre el alto de fus murallas. No fe canfò de efte rebès, hizo grandes preparativos para fitiar Armuiden y Midelbourg, unicas Plazas que en Zelanda tenia el Rey.

Los Oficiales que el Marquès havia dexado en la Olanda, hicieron en efta Provincia Conquiftas confiderables. Verdugo fe hizo dueño de diverfos Caftillos en las cercanias de Leyden, conftruyendo otros para bloquear efta Ciudad, y diftribuyendo fus Tropas en los Lugares vecinos, fe retirò à la Haya à paffar el refto del Invierno. Romero no hizo menos hazañas: Sus Tropas havian fido engroffadas con los Regimientos de Don Fernando de Toledo y Don Gonzalo de Bracamonte, tomò varios Fuertes que defendian Calzadas ò Canales. Apoderòfe de Muyden, y no permitiendole la eftacion mantenerfe en Campaña, conduxo fus Tropas à los Caftillos y Lugares de las cercanias de Leyden, afsi para impedirle todo focorro, como para que fe pudieffen juntar con mas facilidad, luego que fe empezaffe el fitio de aquella Plaza.

Por

Por ventajofos que parecian eftos fuceffos, no
quitaron al Duque de Alva el fentimiento, que le
caufaba efta Guerra : Conocia la importancia de
ella, preveìa todas fus confequencias, no ignoraba los medios de acabarla ; necefsitaba para ello
una buena flota y dinero ; todo le faltaba. Efcriviò à fu Mageftad con toda aquella libertad, à
que le autorizaba fu merito particular, fu amor
por fu Principe y zelo de el bien publico : Repre-
fentabale que fin fuerzas maritimas, le era impofsible contraftar los Rebeldes, mas poderofos por Mar
que los Efpañoles : Que ademàs, hacia la Guerra
en un Pais, entre cortado de Canales, y tan lleno de lagos y zanjas, que era cafi impracticable
à la Cavalleria : Que fe debia confiderar la Zelanda quafi ocupada por los Rebeldes, como un con-
junto de peñas en medio de las aguas, cercadas
de valuartes y fortalezas : Le rogaba con inftancia, ù de embiarle una flota equipada en Efpaña,
ò dinero para conftruirla en aquel Pais, lo que fe
haria con menos gafto y mas facilidad. Quexabafe
amargamente de la malicia de los Theforeros, y
aùn no efcufaba à fu Mageftad : Exponia el eftado prefente de los Paifes Baxos : lo que las Tropas, fu hijo y èl, eftaban obligados à fufrir cada
dia para hacer bolver à los Rebeldes à fu deber:
Concluia fuplicando al Rey le focorrieffe, ò fubfti-
tuyeffe un Governador de mas agrado à fu Mageftad, aunque no le podia hallar mas fiel, ni capàz
de reftablecer la paz y fu autoridad en aquellas Provincias.

Efta que parece libertad, porque iba defnuda
de afectacion ofendiò al Rey ; y como fu difpli-
cencia fuè aumentada por los artificios de los Enemigos del Duque, le refpondiò en eftos terminos:
Nunca tendrè baftante dinero para llenar vueftra codi-
cia ; pero fin trabajo hallarè un Succeffor habil y fiel,
que terminarà con fu moderacion y clemencia, una
Guerra que no fe puede fenecer por las armas, ni à

fuer-

fuerza de severidad. Dinero, añadió, *no me faltará* *para equipar mis flotas y pagar mis Exercitos, quando hagais de manera que los Pueblos de los Países Baxos amen mi persona, y teman vuestras armas.*

Haciendo conjeturar al Duque esta Carta, que empezaba à ser menospreciado, y que el Rey à quien havia hecho servicios tan considerables, le faltaba à la estimacion : Concibió una pesadumbre tan violenta, que le quitó el sueño aquella noche. Al otro dia por la mañana, hizo llamar à su hijo, de quien hacia verdadera confianza. No sabia el Marquès lo que el Rey havia escrito à su Padre : Bien conoció en su rostro que no havia sino malas noticias. Haviendole manifestado el Duque su sentimiento, y preguntadole lo que debia hacer en esta ocasion, le respondió su hijo : *Qué Pedir el permisso de retirarnos, para que los hierros, la ignorancia y la cobardia, que tal vez puede haver en nuestro Successor, dèn un nuevo realce à nuestra fama, y la ponga en todo su explendor : Que toda la tierra, y el Rey mismo conozca los hombres que ha despreciado, y los que ha preferido : Que sepa que no los hallarà mas valerosos, mas prudentes, ni que sepan rechazar con intrepidèz heroica, las armas de unos Pueblos Guerreros ? Los golpes de un Mar alborotado, las injurias del ayre mas cruèl, y las incomodidades de la vida mas penosa. Probarà si es por la dulzura y pusilanimidad, ò por la grandeza de animo y la fuerza de las armas, que se puede hacer bolver à los Rebeldes en la sumission : Los Autores de los malos consejos, y nuestros embidiosos reconoceràn presto, que la alta reputacion de los Españoles que nuestras victorias han puesto en un estado tan respetable, caerà immediatamente que havrèmos salido de este Pais. Es tiempo Padre mio, de descansaros, despues de sesenta y seis años cumplidos, no se debe pensar en coger mas laureles ? si, reposar à la sombra de los que os cercan, y gozar con tranquilidad de aquella fama immortal, que haveis adquirido por tan señala-*

dos hechos , de que solo Dios os puede degradar : La
ruina de estas Provincias que và à ser seguida de
nuestra partida , nos levantará monumentos eternos,
que solo perecerán con el mundo.

Por mas conformes que fuessen estos discursos
à lo que el Duque de Alva sentia , su amor al
Rey , su zelo por restablecer los Paises Baxos al imperio de la Iglesia , y al de los Españoles , le hicieron tomar otras resoluciones. Respondiò à su
Magestad de un modo respetuoso y sumisso , sin
omitir nada de todo lo que le pareciò digno de
contribuir à sossegar su animo ; pero todo fuè en
vano. Esta aspereza le hizo pensar en dexar la Flandes : Hallabase agitado de la gota , no podia montar ni aun mantenerse à cavallo , ni menos podia
aguantar el coche y la litera : En fin havia resuelto no confiar à nadie la conservacion de su
honor.

Tenia bastante experiencia del merito y valor
del Marquès su hijo , mas no se atrevia à oponer-
le al Principe de Orange , viejo y experimentado
Capitan , que sabia vencer sin riesgo , y quando
estaba seguro de lograr su intento. Finalmente no
contemplaba al Marquès aùn bastante acreditado
en el Exercito , que solo èl podia hacer obrar
Soldados medio desnudos y mal pagados , y contenerlos no solamente en la obediencia exacta , sino
con alegria en los trabajos. Los Medicos acabaron
de determinarle , haciendole vèr que su edad mayor , y debilitado el calor natural , no podian conservarle por mas tiempo en un Pais humedo y
frio : Que solo el ayre nativo , seco y calido podia prolongar el curso de su vida , y disminuir
los rigores de la gota , que la demasiada humedad
y frio excessivo de los Paises Baxos , aumentaban
considerablemente. Sintiendose muy malo , y conociendo las evidentes razones , reiterò à su Magestad la suplica de que le permitiesse retirarse , acom-
pañandole las Consultas de los Medicos : Concedió.

dióle su licencia, por Cartas llenas de benevolencia y agrado, pretextando deseaba verle y tomar sus consejos, y que deseaba su vida, tanto como la conservacion de los Paises Baxos.

Don Luis de Zuñiga, y Requesens, Comendador de Santiago, Governador de el Milanesado, fué nombrado para substituir al Duque en los Paises Baxos: Era hombre de gran dulzura, valiente y avisado, en quien se preveia todas las calidades necessarias para concluir la Guerra, y hacer entrar á los Flamencos en su deber, ó à lo menos assi lo juzgò la Corte.

La partida del Duque diò que decir ; muchos la interpretaban con diferente sentido : Los que eran Emulos de sus virtudes, y se hallaban muy distante de imitarle, decian que condenaba por sus modos, una Guerra que havia empezado malamente : Que el sentimiento de no acabarla con honor, ò tal vez, el recelo de ser vencido, le hacia pedir su demission. Otros mucho peor instruidos y mas mal intencionados, asseguraban que su Magestad llamaba al Duque, con la esperanza de que alejando de los Paises Baxos un hombre, à quien todos miraban como al Autor de sus desgracias, le seria facil restablecer la union de los Flamencos, dandoles un Governador ; cuya conducta suave y moderada, compondria todo lo que la severidad del Duque havia agriado ; porque su presencia les era yà odiosa, (por emplear toda su industria à someterlos) su espíritu violento y ordenes tiranicas, havian hecho la dominacion Española insufrible à estos Pueblos.

Los que discurrian sin passion, y eran amantes de la Justicia, y sabian lo que havia passado, opinaron justamente, que la retirada de el Duque de Alva, iba à arrastrar la pèrdida de los Paises Baxos, no dudaron que los Flamencos libertados de el temor de un hombre que conocian invencible, tomarian las armas, persuadidos que estos

Pue-

Pueblos no havian sido detenidos, hasta entonces,
mas que por su presencia : Que él solo havia
atemorizado la Francia , la Alemania y Inglaterra , impidiendo à estas Potencias declararse
abiertamente por los Rebeldes ; que si su arribo
à los Paises Baxos y algunas execuciones violentas (.aunque justas) havian causado algun daño,
era porque estaban las cosas en un punto tan crí-
tico , que no pudo proceder de otra suerte , ni
aora sacarlo de alli sin aventurarlos : Que su partida
seria como la Trompeta , que llamaria à todos
los Pueblos vecinos à tomar las armas , para sacudir la dominacion Española ; que el Rey debia hacer reflexion sobre lo que los Bribones se
havian prometido , quando corrió la voz que el
Duque de Medina-Celi era provisto de el govierno , y que ultimamente no havia otro , que él
en España , que se pudiesse oponer al Principe
de Orange , viejo y experimentado Capitan.

Nadie mejor que los acaecimientos sucedidos
hizo prueba de la razon , con que discurrian los
que con desengaño conocian las cosas. Nó huviera hoy Republica del Olanda , si el Duque huviesse subsistido un año mas en los Paises Baxos , y el
Rey le huviesse concedido los socorros que necesitaba : Solo quedaba à los Rebeldes Leyden y
Horn en Olanda , parte de la Zelanda estaba aun
fiel , y no se duda que una Campaña mas huviera puesto fin à esta Guerra ; ella puso à los Rebeldes en possesion de las Provincias de Olanda,
Zelanda , Gueldre , Ovver Issel , y Frisia.

Apenas Don Luis de Zuñiga y Requesens reci-
vió las ordenes de la Corte , dexando el Milanesado , passó con gran diligencia à Flandes , escoltado de dos Compañias de Cavallos ; fue recibido
en Bruselas con mucha obstentacion. El Duque le
instruyó de todo lo que era necessario supiesse , para terminar felizmente aquella Guerra , y en particular de lo que convenia equipar una flota , para
ha-

Hacerla con vigor à los Rebeldes : Advirtiendole,
que los Hereges passaban à mayores delitos, quando se les amaba , que quando temian. En fin despues de haver governado los Paìses Baxos por espa-
cio de siete años , salió de ellos, escoltado de quatro Compañias de Cavallos , tomando su camino
por la Lorena, Suiza è Italia. Los Españoles y gente de bien lo sintieron en extremo , y el Exercito entero se lo manifestó de un modo que no se
puede expressar. Los Officiales pidieron licencia de
retirarse , y los Soldados poco avenidos con la ti-
bieza de Requesens , en quien no hallaron nada de
la grandeza de animo de su Ilustre General , servian con disgusto ; y se señalaron mas por sus mo-
tines , que por sus acciones Guerreras.

Nuestro Duque haviendo llegado à Genova, y
embarcadose para España arribó felizmente à Madrid. Fuè recibido de su Magestad con mucho agrado y benevolencia , bolviendo à tomar con su Empleo de Mayordomo Mayor, toda su autoridad contra la opinion de sus Enemigos ; y el Rey para
darle eñales de su satisfaccion (queriendo persua-
dir al mundo de la sinceridad de sus palabras, haciendo conocer lo recomendable que le era su merito) le hizo asignar una pension de doce mil
Florines sobre una de las Ciudades
de Flandes. ☙

HISTORIA
DE
D. FERNANDO
ALVAREZ DE TOLEDO,
[LLAMADO COMUNMENTE EL GRANDE]
PRIMERO DEL NOMBRE,
DUQUE DE ALVA.
PARTE QUARTA.

CAPITULO PRIMERO.

Año de
1575.

Ntes de referir las ultimas hazañas del Duque de Alva, y como añadió un gran Reyno à la Monarquia Española, es preciso exponer en lo que se entretuvo durante cinco años, que precedieron esta famosa Conquista, buscando los medios de merecer el Cielo y passar à la Gloria. Solo se ocupò en exercicios de piedad, despreciando las lisonjas de la Corte, y mirando las grandezas de la tierra, como caducas, y perecederas, sin tener mas cuidado de lo que hacian sus Enemigos y embidiosos, para darle que sentir.

Man-

Mantùvòſe quieto en ſu caſa , no iba à Palacio ſino quando era llamado : con cuya precaucion deſ-
viò los golpes de ſus Emulos , y tuvo al Rey ſuſ-
penſo. Todas las veces que ſe trataba en el Conſejo de negocios importantes , ſu Mageſtad le hacia aſsiſtir y nada ſe determinaba , haſta deſpues
de haver tomado ſu dictamen.

En aquel famoſo Conſejo que ſe tuvo en Madrid en preſencia del Rey , para decidir ſi ſe debia embiar à los Paiſes Baxos al Principe Don
Juan ſu hermano natural , ò haria ſalir los Eſpañoles , como pedian los Eſtados del Pais : Los pareceres fueron diverſos como ſuele acontecer, donde cada uno mantiene ſu opinion : Caſi todos los
Conſejeros , y en particular el Conde de Chinchon,
quien deſpues del Principe de Eboli y el Cardenal
Spinoſa eſtaba mas favorecido del Rey , inſiſtieron
à que ſe llamaſſen los Eſpañoles. El Rey miſmo
parecia aprobar el dictamen. El Duque de Alva ſe
opuſo por medio de eſte diſcuſo.

Nunca he buſcado en las coſas grandes que he he-
cho en el Gavinete , ò à la frente de los Exercitos,
mi gloria particular , ſi la de vueſtra Mageſtad , y la
de vueſtro Auguſto Padre de feliz memoria. Diverſas
veces he probado la embidia y odio de los Grandes; y
otras , me he atraìdo la indignacion de vueſtra Ma-
geſtad , aunque no buſcaſſe mas que el bien publico.
Aora que mis canas , y eſte gran numero de años , que
he paſſado con baſtante reputacion , me aviſan que voy
corriendo al ſepulcro , me moſtraré tal , como en el
tiempo que me exponia à todo por la exaltacion de mi
Principe ; porque no he hecho nada que me debe aver-
gonzar , ni cauſarme temor: Mi fidelidad , valor y
aficion por mi Rey , me han inſpirado animo en los
combates , y libertad en los Conſejos : Eſte brazo , que
jamàs ha ſido vencido , ha elevado tantos tropheos en
vueſtro Reynado , quanto mi conſejo os ha conſervado
de Reynos : Siempre incapàz de liſonjas , no hice me-
nos ſervicios en la Corte , que en las Campañas : No
ade-

adelanto nada por ambicion, ſi para haçeros conocer quien os dà ſolidos conſejos, y à quien debeis eſcuchar. Antes de exponeros mi ſentido ſobre el miſmo motivo que me hace hablar, tomarè el aſſumpto de mas lejos.

Las turbaciones de Flandes empezaron baxo el govierno de la Duqueſa Margarita, quando ſe quiſo introducir nueva forma y mutacion en èl. La heregìa hacia demaſiados progreſſos: Mientras aquella Princeſa eſtuvo armada, ſe mantuvieron los Flamencos, ſolo à las Aſſamblèas de noche y muy ſecretas; pero apenas eſtuvo deſarmada, quando perdiendo el reſpeto, no guardaron mas medidas: Vueſtra Mageſtad me confiò el govierno de aquel Pais, hice caſtigar los Gefes de los Rebeldes, he derrotado y arruinado Exercitos formidables de Hereges, he tomado ſus Ciudades y conſtruìdo Ciudadelas en ſus mejores Plazas: Yo havia arrinconado eſtos Rebeldes en lo ultimo de Olanda, y en algunas Islas de Zelanda: Preparabame à echarlos de eſte corto terreno, quando impidiendome mis enfermedades, me han forzado à retirarme. Reguefens que me ha ſucedido, lo ha echado à perder todo, en deſprecio de mis conſejos, no moſtrando mas que dulzura à los Confederados, los que aprovechandoſe de ella ſe apoderaron de toda la Olanda, y de la Zelanda entera, de las Provincias de Zutphen, de Over-Iſſel y de la mayor parte de la Friſia. El Conſejo que govierna los Paiſes Baxos, deſpues de la muerte de aquel Governador, acaba de apagar la dominacion Eſpañola. Eſtos exemplos dàn à conocer baſtante que no conviene la dulzura: Que no es poſſible hacer dexar las armas à los Flamencos por la clemencia, à menos de bolverles ſu entera libertad, ſin eſto no hay que eſperar paz con ellos, ſino con las armas. Los Hereges nunca ſon ſometidos, ſino quando temen. Los remedios ſuaves hacen algunas veces ceſſar los mayores males; mas la Heregìa no ſe deſtruye ſino por el hierro y el fuego, yo he hecho la experiencia, no puede el perdon bolver la paz. Si es tan dificil mantener la

au-

autoridad de vuestra Magestad en los Paìses Baxos
haviendo fuerzas, què serà quando estè del todo desarmada? Quanta sangre de gente valerosa no costa-
rà, para bolver à tomar las Ciudades en donde tenemos hoy Guarnicion, que nos sirven de seguridad y de
otras tantos frenos con que contenemos los Flamencos
Infieles? A què no se atreveràn estos Pueblos, siendo
dueños de tantas Plazas, quando hoy se levantan con
tanta insolencia para sacudir el yugo? Quien se atreverà à exponerse à su furor, y emprehender domar-
los?

Como puede entrar en el espiritu de un hombre
razonable, el embiar à los Paìses Baxos al Principe Don
Juan desarmado? Este bello Astro de España conten-
drà à estos furiosos con su sola presencia? No es possible, temamos mas apriessa, que manchen sus manos en
la sangre del hermano de nuestro Rey, y de Carlos
Quinto. Es de creer que no hagan dificultad alguna.
Que es lo que no emprehenden Pueblos que se atreven
à Dios mismo, que pisan todo el Sagrado de la Religion, y que tienen actualmente las armas en la mano
contra su Soberano? Soy pues, de parecer que se embie à los Paìses Baxos al Principe Don Juan, pero à
la frente de un poderoso Exercito: Si el Thesoro
Real no puede sufrir este gasto, que se tomen los Vasos Sagrados y los Ornamentos, que serà accion piadosa, quando esta Guerra es puramente de Religion:
Aunque estoy postrado al peso de mis años y enfermedades, seguirè con gusto à este amable Principe, y
tendrè à honra pelear como simple Soldado, en un Pais
en que como Generalisimo derrotè tantos Exercitos, y
mostrarè à toda la tierra que el Duque de Alva hace
menos la Guerra por su Rey, y para adquirirse gloria, que para el servicio de Dios y exaltacion de la
Iglesia.

Este discurso disgustò al Rey, que llevaba à
mal se opusiessen à su sentir, havia manifestado
bastante, que el del Conde de Chinchon le agradaba. El Duque bien lo percibiò, y supo que toda

Año de
1576.
la Corte le acuſaba de ambicioſo : Que el princi
pio de ſu diſcurſo havia ſido arrogante : Que ſu
Mageſtad ſe ofendia mucho , y que los que eſta
ban à ſu lado aumentaban ſu diſguſto; mas èl ſin
admirarſe , haviendo eſtado algunos dias en ſu ca
ſa ſin ir à la Corte , marchò à ſu Villa de Alva
afsi para poner orden en los negocios de ſu caſa
(que eſtaban en mal eſtado , por los gaſtos que ha
via hecho en los Paiſes Baxos en ſocorro de la
Tropa que no eſtaba pagada) como para penſar
en el caſamiento de ſu hijo.

1577.
Acababa de ſuceder una coſa , que huviera da
do que ſentir à qualquier otro hombre que no fueſ
ſe el Duque de Alva. Queda dicho como havia
hecho erigir ſu Eſtatua en la Plaza de Armas
de la Ciudadela de Amberes. Requeſens la havia
hecho transferir à un parage menos publico , para
que reſtablecida la paz como ſe havia prometido,
no tuvieſſen los Flamencos el ſentimiento de ver
en aquel Lugar la imagen de quien les daba tan
to terror. Pero deſpues de la muerte de eſte Go
vernador , apoderandoſe los Rebeldes de aquella
Ciudadela , como de caſi todos los Paiſes Baxos,
paſſando el Pueblo con furor à todo genero de ex
ceſſos contra eſta Eſtatua , y deſpues de haverle
dicho mas injurias que al que repreſentaba le hu
vieran hecho , imaginandoſe hablaban con èl , la
derribaron y deſpedazaron à martillazo : Llegando
à tanto la ceguedad , que huvo quien ſe llevò pe
dazos del Marmol que formaba el Pedeſtal , y mo
liendolos , los mezclaron en ſus viandas. Derritie
ron la Eſtatua y fundieron Cañones , en lo que ſe
dexa conocer la averſion que tenian à eſte grande
hombre , porque los hizo temblar mientras eſtuvo
en ſu Pais , y que los havia armado deſpues de ſu
partida.

1578.
El Rey paſsò à la entreviſta de Guadalupe , à
que le combidò el de Portugal Don Sebaſtian , cu
ya tragica Hiſtoria hizo baſtante ruido en el mundo.
Pre-

Preparabase para la Guerra de Africa , donde desgraciadamente se perdiò : Queria tomar algun consejo de Phelipe Segundo su Tio , como si se huviesse de aprovechar de èl, y los dos Reyes hablaron muchas veces en publico de esta Guerra y de los medios para ella ; mas queriendo el de Portugal consultar al Duque de Alva sobre esta empressa , (como al Oraculo de la Milicia) se escusò à la concurrencia de esta entrevista pretextando sus achaques ; pero el verdadero motivo que para ello tuvo , fuè el discurrir , no sin fundamento , que este Principe no cedia à otro dictamen ; porque joven y llevado de el ardor marcial , à que su animo le conducia, le parecia que ninguno le aventaja en el discurso: y yà que no pudo conseguir el personal consejo de el Duque en este assumpto , le pidiò que à lo menos no le negasse el consuelo de darle una instrucion ,del modo en que se debia portar en el caso de serle propicia la fortuna , para emprehender nuevas Conquistas tierra adentro. El Duque descando complacerle , y en el concepto de que solo se ceñia su idèa à ocupar algunas Plazas de la Costa, aunque se le havia informado se estendia à mas; le respondiò , que solo havia entendido que su empressa se reducia à querer ocupar Larache , Arcila y otras Plazas sobre la Costa ; pero que le daba cuidado saber que su animo era penetrar mas adentro : Que esta empressa no le parecia bien concertada , que si no obstante insistia en ella , era menester que añadiesse quince mil hombres de Tropas veteranas à las que yà tenia : Que tuviesse cuidado quando pusiesse su Exercito en Batalla de darle un gran frente , por no ser embuelto por los Moros , apostando en aquel frente muchos Arcabuceros , para alejar à los Infieles ; de tener particularmente buena Cavalleria , de disponerla por pequeños Esquadrones , para que pudiesse con mas facilidad oponerse à la de los Moros , que siempre en continuo movimiento no combate à pie firme,

ni

ni con orden , viene à la carga con aceleracion
extraordinaria , huye del propio modo ; y se reha-
ce sin trabajo : Que no debia pelear sino en los
Desfiladeros, en donde el valor solo tiene la ventaja , y sin que el gran numero fuesse de utilidad
alguna : Que debia acampar à la orilla de los Rios,
ò sobre Colinas, donde baxan algunos arroyos, advirtiendole otras cosas que havia aprendido èl mismo , quando siguiò à Carlos Quinto en la Guerra
de Tunez. Hizole entregar esta instruccion por el
Capitan Aldana que siguiò despues en esta empressa al Rey Don Sebastian.

Embidiosa yà , la inconstante fortuna de los
desprecios que el Duque la havia hecho , llevado
de su heroico valor en la Guerra, le atraxo en los
frutos de la paz , un sucesso que por lo sensible,
excediò à quantos havia tenido en los de la Guerra Este fuè el de la prision de su hijo , à quien
el Rey tenia arrestado en Tordesillas por el motivo que voy à referir.

CAPITULO II.

PARA bien comprehender el motivo de la prision de Don Fadrique de Toledo , Marquès
de Coria , y de la desgracia del Duque su Padre,
es de notar que el Marquès era muy enamorado,
galàn , liberal y muy alegre , amaba poco tiempo
sin ser amado. Despues de la muerte de Doña María
Pimentèl , hija de D. Alonso Pimentèl , Conde de Be-
navente, su segunda muger, se enamorò de una Cama-
rista de la Reyna. Como no havia tenido hijos de sus
dos primeras mugeres, y que todos se persuadian que
queria bolver à casarse , la Reyna dissimulò su galantèo , permitiendole hacer visita à esta señora,
à quien queria en extremo , deseandola un matrimonio tan ventajoso. Esta hermosura , ignorante
de la fuerza del cariño , se entregò enteramente

à èl. Amó con pafsion , y las converfaciones fecretas que muchas veces conducen à los riefgos,
no fe refervaron para empeñar à fu amante; hizo
quanto pudo para facar de èl la promeffa de cafamiento : No fe fabe fi en aquellos inftantes , lleno de encantos tuvo la flaqueza de darfela. El
fiempre lo negò , y ella fiempre proteftò no havia
cofa mas verdadera ; mas como no havia teftigo
en efta ocafion , no fe fabe con certeza , qual de
los dos era el fincero. El Marquès fe difguftò, ella
lloró , gimió , y no olvidò nada para mantener la conftancia de fu amante; y no haviendo podido falir con fu intento , fe echò à los pies de la
Reyna , exponiendola que iba à perder fu reputacion y fu honor ; que aunque no havia hecho nada ofenfiva à fu caftidad , las vifitas que havia
hecho el Marquès con demafiada libertad , defde
que lo havia mirado como fu efpofo , y fus cari-
ños fiendo publicos , era la converfacion de la Corte , y que no èra decorofo fe tomaffe de ella motivo de poner en opiniones fu caftidad ; que aquella afrenta recaería fobre toda la Cafa de fu Mageftad,
y que fi el Marquès hacia efta injuria à una muger de
fu calidad, no fe encontraría Cavallero que fe atrevieffe à embiar à fu hija à fervir à la Reyna.

Efte difcurfo , la audacia del Marquès , las
lagrimas de efta feñorita , y los importunos ruegos de fus compañeras , hicieron tanta impreffion
en el efpiritu de la Reyna , que refolviò perderle,
fino hacia quànto antes efta boda. Hablò al Rey
de un modo tan eficàz, que fus lagrimas eran mas
perfuafivas que fu eloquencia. Tuvo tanto menos trabajo à hacerle aprobar fus fentimientos , quanto
eftaba en la mifma difpoficion , à que yà fe huviera propaffado à no detenerle la confideracion de los
grandes fervicios que le havian hecho los Duqués
de Alva , y à no exponerfe à fer defobedecido por
el Marquès , refuelto à padecer qualquiera pena,
antes de executar una accion que creía deshon-
ráì«

rarfe. Los Enemigos de la Cafa de Toledo no dexaron paſſar aquella ocaſion de humillarla : Reprefentaron à ſu Mageſtad , que el caſo era demaſia-
do eſcandaloſo para dexar el delito ſin caſtigo : Que
un Vaſſallo no debia reſiſtir la voluntad de ſu Rey,
ſingularmente en un negocio que parecia no ſerle
vituperable ; porque eſta ſeñora era de una Familia diſtinguida , rica y hermoſa.

Determinado el Rey por eſtas razones , ò por
ſu propio motu , llamò al Duque , y al Marquès,
los amenazò altamente de vengar el decoro de ſu
Palacio , ſi el Marquès no ſe deſpoſaba quanto antes con eſta ſeñora. Como el caſo no era proba-
ble , Don Fadrique lo negò todo. El Duque reſpondiò ignoraba el galantèo : Que temia la verguenza que ſu Caſa recibiria , pero que no pedia
gracias. Como el aſſumpto era importante y exigia
ſe diſcurrieſſe con atencion , el Rey les diò algunos dias para determinarſe.

Eſte cuento diò atrevimiento à ſus Enemigos,
para eſparcir que ſu Mageſtad no pudiendo yà tolerar el orgullo del Duque de Alva y de eſta Familia , queria deſterrarlos de la Corte , y ponerlos en Carceles perpetuas por delitos ſecretos. Eſta voz y la apariencia de ſu deſgracia proxima,
dexò deſierta ſu Caſa : Nadie ſe atreviò à verlos , ni
aùn hablarlos. El Duque y ſu hijo diſſimulaban eſte ultrage de la fortuna (comun à los grandes
hombres) ſin mudar de reſolucion , procurando
mover à ſu Mageſtad ; pero la Reyna negandoles
ſu Audiencia , los amenazò con ſu indignacion , ſino
executaban las ordenes del Rey.

El Duque , el Marquès , Don Fernando , Gran
Prior de Caſtilla , y Don Antonio de Toledo,
General de la Cavalleria , haviendo paſſado juntos à vèr al Rey ſin pedirle Audiencia , y ſabido-
res de que ſu Mageſtad ſe hallaba en ſu Gavinete,
abriendo con velocidad la puerta , entraron en èl
todos quatro. Atonito el Rey , les preguntò què
buſ-

buſcaban, y ſi intentaban hacerle alguna violencia, y ſin darlos lugar á reſponder, retirandoſe á
otro quarto, les ordenò con eſcrito de ſu própria
mano, no entraſſen mas en Palacio ſino para celebrar las Bodas. Paſſado el dia prefixado, el Rey
mandò juntar ſu Conſejo, propuſo el caſo, y caſi
todos opinaron ſe debia preciſar al Marquès á eſte
Matrimonio: Y otros menos flexibles dixeron que
ſe debia caſtigar à la Caſa de Toledo, por haver
entrado en el Gavinete del Rey, ſin haver hecho
aviſar, ni ſer llamado, dibujando eſta accion con
los colores mas propios à hacerla paſſar por un
atentado.

Induciſo el Rey, y combatido de la dulzura y
ſuavidad, ò por decirlo mas propio, en la conſideracion de los grandes ſervicios del Duque, ſolo ſe
contentò con mandar al Marquès ſe preſentaſſe en
el Caſtillo de Tordeſillas, y que ſe le puſieſſe guar-
da de viſta. Su Padre recibiò con ſerenidad eſta
noticia, y como prevenido mucho tiempo havia
ſu partida, hizo entregar al Rey por Don Antonio de Toledo, Capitan de ſus Guardias de à Cavallo, un Memorial, en que con ſumiſſion le pedia licencia para acompañar à ſu hijo; porque le
ſeria mas ſenſible verſe floreciente y libre en la
Corte eſtando preſo ſu hijo, que ſi le acompa-
ñaſſe en el miſmo cautiverio. El Rey diſſimulando
ſu ſentimiento, reſpondiò: Que no eſtaba deſcon-
tento ſino porque le havia hablado por el Marquès,
deſpues de haverle prohibido; que ſi tomaba eſte
negocio tan à pecho, podia retirarſe: Que no detenia à nadie, ſino por ſus beneficios: Que ſabia
conſervar buenos Vaſſallos, y ſervirſe de ellos
quando los tenia, no hallandolos menos quando ſe
retiraban. El Duque que ſin trabajo penetrò el ſentido de eſta reſpueſta, paſſando à Palacio, diò à ſu
Mageſtad las gracias, de que le permitieſſe paſſar
el reſto de ſus dias con quietud, aſſegurandole la
miraria como una de las mayores que havia reci-
bidos

bido , ; y ſaliendo del quarto de el Rey ſin hablar
de ſu hijo , ſe puſo el miſmo dia en camino para ſu Villa de Alva , manifeſtando en ſu ſemblante una tranquilidad de animo que perſuadia no tener ſentimiento alguno.

Luego que llegò , deſpachò un Correo à ſu hijo , para hacerle ſaber que todo eſtaba prompto
para ſus deſignios ; porque antes de ſu partida de
la Corte , dexaba ajuſtado el caſamiento del Marquès , con Doña Maria de Toledo, ſu prima hermana,
hija de D. Garcia Alvarez de Toledo, (Virrey de Sicilia) y de Doña Violanta Çolona , Marqueſes de Villa-
Franca. El Marquès ſirviendoſé de las paradas preve-
nidas para eſte eſeto llegò à Alva , eſetuò ſu Matrimonio , y conſumadole , ſe bolviò la noche ſi-
guiente à ſu priſion. El Rey enfurecido de eſta noticia , mandò que el Marquès fueſſe guardado con
mas eſtrechèz , y à ſu Padre que ſe preſentaſſe en
el Caſtillo de Uceda. Eſte ſuceſſo causò mucho ruido en Eſpaña , hablòſe de èl con mucha diverſi-
dad : Los unos alabando la conſtancia y juſticia
del Rey ; y los otros cenſurando ſu conducta , y
que por un galantèo ſe huvieſſe deſterrado y pueſto
en priſion , à un General que havia conſervado la
Alemania , y Cathaluña à Carlos Quinto , la Italia à Phelipe , y mantenido en ſu deber à las diez
y ſiete Provincias de los Paiſes Baxos , pueſtos en
conſternacion à todos los Principes vecinos y aſ-
ſombrado la Europa toda:

Los Eſtrangeros noticioſos de la priſion de el
Duque , quedaron ſuſpenſos ; huvo quien aſſeguró
ſe hacia para ſatisfacer à los Flamencos , con quienes ſe negociaba una compoſtura que no tuvo lugar.
Otros decian , que la deſgracia del Duque provenia de zelos ; que ſe miraba en la Corte la autoridad de eſte grande hombre , como una ſombra
que minoraba la del Rey. Pero quando mas ſe agitaban los diſcurſos de los hombres en hacer juicios,
Dios , Supremo Autor de todas las coſas (haciendo
Juſ-

Juſticia y premiando virtudes) parece havia permitido eſta deſgracia, para que reſplandecieſſe mas
el nunca imitado mérito del Duque, y hacer conocer à todo el Orbe la eſtimacion que le profeſ-
ſaban todos los Principes Chriſtianos.

El Soberano Pontifice Gregorio Decimo Tercio, con el parecer del Sacro Conſiſtorio, eſcrivió
en terminos fuertes à ſu Mageſtad, diciendole:
*Que el mundo ſe admiraba de ſu procedimiento: que
era indigno, que un hombre que havia conſervado
la honra, y libertado la Santa Sede, no ſolo en Guerras largas y crueles contra Hereges, y Infieles, ſino
en la de Roma, en que mereció ofendiendola, mas que
otros protegiendola: Que un General tan iluſtre por
ſu valor y hechos heroicos, fueſſe encerrado en una
priſion: ni que aquel, por quien tantos Eſtados havian quedado libres, fueſſe cargado de cadenas: Que
conſideraſſe el merito de eſte grande hombre, enveje-
ido en las Guerras emprehendidas por el bien de ſus
Eſtados y defenſa de la Fè, y temieſſe, que oprimido
del peſo de ſu grande edad, enfermedades y peſadum-
bres, muriendo en ſu priſion, ſe le hicieſſe Autor en
abreviar ſus dias: Que eſto ſeria oprobio perpetuo
para ſu Reynado, que el Duque havia hecho tan floreciente como reſpetable.*

El Emperador, el Rey Chriſtianiſſimo, la
Republica de Venecia, los Duques de Saboya y
Toſcana, los Principes de Alemania è Italia, hicieron fuertes inſtancias por medio de ſus Embaxadores à
ſu Mageſtad por la libertad del Duque y ſu hijo.
Las Ciudades del Reyno ſe la pidieron. El Rey no
deſpreciaba eſtas recomendaciones, daba buenas
palabras, bien queria bolver al Duque ſu libertad;
pero no, que la debieſſe à tan poderoſos interceſ-
ſores, ſi ſolo à ſu Mageſtad, aunque la defirió
haſta que el eſtado de los negocios le preciſó
como ſe dirà.

⁎

CAPITULO III.

DON Sebaftian, Rey de Portugal, llevado del
deftino de fu mal premeditada empreffa, feguido de lo mas lucido de la Nobleza de aquel
Reyno, pafsó al Africa, y perdió con la famofa
Batalla de Alcazarquivir, ù de los tres Reyes, da-
da el dia quatro de Agofto del año de 1578. la
vida. El Cardenal Don Henrique fu Tio, hermano del Rey Don Juan el Tercero fu Abuelo, le
fuccedió en el Reyno. Como efte Principe era de
una edad abanzada para poder tener hijos, aùn
quando el Pontifice le difpenfaffe para cafarfe, lo
que no era creible por fer Presbytero, quedaron
los Portuguefes expueftos à todos los furores de la
Guerra que veian proximo à fufcitarfe, por los
Pretendientes à la Corona que eran baftantes; entre los quales parecia tener mas derecho Phelipe
Segundo, como hijo de la Infanta Doña Ifabèl, hija del Rey Don Manuel, Padre del Rey Don Henrique, y Bifabuelo del Rey Don Sebaftian.

Doña Cathalina de Portugàl y Guimaraons,
hija de el Principe Don Eduardo, y nieta del
mifmo Rey Don Manuel, cafada con Don Santiago Duque de Braganza, pretendia fucceder al Rey
Don Henrique fu Tio: Afsi como eran Portuguefes ella y fu marido, como porque, fegun fe dice, que por una ley fundamental del Reyno, fe
excluia à los Eftrangeros de la Corona, y que la
mifma ley previene, que la hija del hijo, deba fucceder en perjuicio de los hijos de la hija. Los otros
Pretendientes eran los Duques de Saboya y Parma,
iguales en derecho con la de Braganza y el Rey de
Efpaña; pero como Eftrangeros y con poca fuerza para hacerlo valer, fueron excluidos. Cathalina
de Medicis, Reyna de Francia, hizo publicar fus
pre-

pretenfiones , que por eftàr muy remotas, hicieron
poca impreffion.

Don Antonio , Prior de Ocrato , hizo mas
opoficion que todos los demàs Pretendientes : Era
hijo natural de Don Luis de Portugal , quinto hijo del Rey Don Manuel , con la pretenfion de que
era legitimo , y que fu Padre havia cafado en fecreto con Doña Violanta (llamada la Pelicana) fu
Madre , una de las hermofuras mas fingulares de
aquel tiempo. Phelipe y la Duquefa de Braganza
eran folo los dos competidores que parecian tener
mas derecho. La Duquefa eftaba amada del Pueblo , y fu marido como Principe de la fangre Real
de los Reyes de Portugal igualmente venerado y
riquifsimo. Los Portuguefes manifeftaban antipatia
natural contra toda deminacion Eftrangera , feña-
ladamente de la Caftellana. Nada de efto ignoraba
Phelipe , como aftuto quifo prevenirfe : hizo levantar un Exercito de treinta mil hombres , equipar una flota numerofa , acercando unas y otras
fuerzas à las fronteras de Portugal. Embiò por Embaxadores à la Corte de Henrique , al Duque de
Offuna , y Don Chriftoval de Moura , para hacer vèr à efte anciano Monarca la jufticia de fus
derechos , procurando al mifmo tiempo ganar los
Grandes de Portugal.

Don Henrique juntò los Eftados de fu Reyno en la Villa de Almeirin : Perfuadiòlos mucho à
favor de Phelipe : Los Eclefiafticos reconocieron
fus derechos , parte de la Nobleza hizo lo mifmo,
otros no fe determinaron, y el tercero Eftado quifo un Rey Portuguès. Don Henrique no pudo , ò
no fe atreviò à terminar efte gran negocio, encargò la decifsion de èl à once Jueces , que fueron
para efte efecto nombrados , y à cinco Governadores , que debian tener la Adminiftracion de el
Reyno , mientras duraba la vacante de el Trono:
Tal vez fe huviera declarado èl mifmo , fino huvieffe caìdo peligrofamente enfermo. La Duquefa

de Braganza le visitaba con frequencia en esta enfermedad, no olvidando nada para atraerle, à que la reconociesse por successora; lagrimas, ni ruegos le bastaron. El, inexorable no defirió à nada: Murió el ultimo de Enero de 1581. siendo de notar,

que murió en el mismo quarto, y à la misma hora que havia nacido, sesenta y ocho años antes.

Publicada la muerte de su Magestad Portugueza, feliz muñiz, Diputado de la Ciudad de Lisboa, pidió que se eligiessen otros Jueces, mediante que de aquellos que el difunto Rey havia nombrado, eran tres apasionados à Phelipe. Esta proposicion no fuè bien recibida, y las cosas quedaron como se hallaban. Entraron los Governadores à exercer sus Empléos, y abriendo el Testamento del Rey, vieron que declaraba por Successor à aquel que las Leyes y proximidad de la sangre diesse el mejor derecho.

Phelipe Segundo, que se havia abanzado hasta las fronteras de su Reyno, escrivió de su propia mano à los Governadores y Estados de Portugal, exhortandolos à que le diessen de grado un Reyno que le pertenecia de derecho, sin obligarle à hacer su Conquista, prefiriendo un Rey que les dispensaria todas gracias, à un Principe cuyas armas y enojo, en caso de negativa, iban à probar. Los Portugueses llevados de su aversion, despreciaron las ofertas de su Magestad: Dispusieronse à una vigorosa defensa; embiaron à pedir socorros à Francia, Inglaterra y Venecia. Suplicaron à su Santidad intercediesse con su autoridad suprema para impedir una Guerra, que iba à desolar à un Reyno floreciente y muy Catholico. Embiaron Diputados à Phelipe Segundo, pidiendole, retirasse sus Exercitos, y aguardasse que los Jueces nombrados, decidiessen este gran negocio; que le seria mucho mas ventajoso deber el Reyno à los Portugueses, que à la fuerza de sus armas.

El Prior de Ocrato queria el Reyno; No omitia

...na nada de fus ardides para llevarle: Havia publicado fus derechos, baxo el Reynado precedente, probando juridicamente que era legitimo. Henrique lo havia declarado no folamente baftardo, fino hijo de una Judia y defterrado de la Corte. Efta declaracion no le havia hecho perder la efperanza de elevarfe al Trono, porque la declaracion del Rey no era juridica, el proceffo fe hallaba abocado en la Corte de Roma, y eftaba la caufa indecifa. Los Pueblos amaban à Don Antonio, mirabanlo como unico Varon de la antigua Cafa de fus Reyes. Phelipe empezò à temerle, hizole proponer por Don Chriftoval de Moura, una penfion de cien mil pefos, una Ciudad, y un dominio de fefenta mil ducados de renta, con titulo de Duque, con tal que le reconocieffe fin precifarle à recurrir à las armas. Moura no fuè atendido y el Principe quifo fer Rey.

Phelipe canfado de efperar, diò orden à fu flota de falir de Cadiz, y tomar el rumbo de las Coftas de Portugal, haciendo desfilar Tropas à las fronteras. Como havia refuelto de no exponerfe à los peligros de la Guerra, aunque publicaba la queria hacer en perfona, tanto para hacerfe temer de los Portuguefes, quanto para atraer en fu Exercito los Grandes de fu Reyno, que fe recelaba fe huvieffen quedado en fus cafas, de faber que otro que èl iba à mandar. Tuvo frequentes Confejos fobre la eleccion de General: Todos los pareceres concordaban en que fe nombraffe al Marquès de Mondejar, que acababa de foffegar los Morifcos de Granada. Su Mageftad que juzgaba con mas conocimiento que ellos, perfuadido que folo el Duque de Alva, era quien felizmente podia terminar aquella Guerra, le nombrò por Generalifsimo contra lo que todo el mundo efperaba. Efcriviòle de fu propia mano, que le dixeffe fi fus enfermedades le permitian ponerfe à la frente del Exercito, que deftinaba à la Conquifta de Portugal.

El

El Duque quedò suspenso : Sentia exponerse en la edad de setenta y quatro años al riesgo de perder la reputacion, que havia adquirido en el dilatado curso de victorias que havia tenido en su vida : Temia que (mudable) la fortuna le abandonasse, y que sino salia bien, se le achacasse haver querido vengarse, por un medio tan vil de su prision y la de su hijo, teniendo à mejor partido morir cubierto de laureles, en su arresto, que de caer de aquel alto grado que tenia en el mundo. Por otra parte discurriendo que no havia cosa mas gloriosa, que salir de una prision para triumphar, libertar à un hijo amado, aumentar sus tymbres, los Estados de su Rey y acabar su vida en un hecho señalado. Escrivió à su Magestad, que el zelo de servirle le restituia yà la quebrantada salud y fuerzas : Que el saber su voluntad, le infundía nuevo valor y le hacia capàz de emprehender las cosas mas imposibles.

Si la passàda desgracia del Duque havia servido de materia à muchos discursos, no hizo su favor menos palestra. Unos alabaron al Rey : otros no le aprobaron esta resolucion, aunque convinieron, que el merito del Duque era digno de tenerse presente. El Rey contento de esta eleccion, y seguro que no podia ser mas justa, despreció quanto se le decia, y dexó à este Heroe en lo mas brillante de su exhaltacion.

El Duque Caminando en alas del deseo para la Corte, y llegando à Barajas, recibiò orden de su Magestad en que le mandaba passar al Exercito quanto antes, y por el camino mas breve. Queria prestar al Principe Don Diego (reconocido por Successor) el juramento de fidelidad, à imitacion de los demàs Grandes, que yà lo havian hecho en la Junta General de los Estados ; pero dispensandole su Magestad esta ceremonia, le hizo saber: *Que siendo presente ò ausente, era una misma su fidelidad, y que no exigia de èl màs juramento.*

Esta

Esta señal de confianza le hizo olvidar en parte las pesadumbres que havia padecido en su prision. Despoblóse la Corte de los Grandes que concurrieron à visitarle, todos se apresuraban à darle la enhorabuena, pareció haverse trocado Barajas por Madrid; y como su grande animo superaba en qualquier Estado à que la fortuna le reducia, respondió à sus Amigos con indiferencia, aunque apreciando sus expresiones: *Que el Rey queria que con las cadenas arrastrando, le fuesse à conquistar Reynos*, y sin detenerse passò à Merida, en donde el Exercito havia tenido orden de juntarse. Era formidable, no por su numero, si por el valor de los Soldados, y experiencia de los Oficiales y superior conducta de su General.

Contabanse quatro mil Italianos divididos en tres Regimientos. Eran sus Coroneles prospero Colona, Vicente Carraffa y Carlos Spinelli, y todos obedecian à Pedro de Medicis, hermano del Gran Duque de Toscana: Quatro mil Infantes Alemanes baxo las ordenes del Conde de Lodron, y siete mil Españoles, à las ordenes de los Coroneles Don Luis Henrique, Don Antonio Moreno, Don Gabriel Niño, Don Pedro de Mendoza, Ayala, y Soto Mayór. Don Sancho Davila hacia de Mariscal de Campo General, Don Francisco Aldana de General de Artilleria, y el Prior Don Fernando de Toledo, Virrey de Cathaluña, mandaba la Cavalleria. Entre el gran numero de voluntarios estaban los Marqueses de Mondejar, de Priego, de Denia, de Monte-Mayor y Mirabèl. Los Condes de Buen-Dia, de Cifuentes, de Priego y Don Martin Padilla, Mariscal Hereditario de Castilla y otros, (que por no dilatar el assumpto omito referir) en la creencia de que su Magestad havia de mandar el Exercito en persona.

El Rey hizo seguir sus vagages de Guerra, iban los de todos los Gentiles-Hombres que le debian acompañar: Llegò à Guadalupe, y despues
de

de haver afsiftido à las Honras que mandò hacer
por el difunto Rey Don Henrique: Pafsò à Badajòz, quifo hacer la Revifta General del Exercito,
pufole en Batalla Don Sancho Davila è hizo conocer por el modo, que fabia practicar las bellas
lecciones que havia aprendido en la efcuela de fu
fabio Maeftro el Duque de Alva. No fe viò Exercito mas alegre ni mas lifto: Hizo el exercicio delante de fus Mageftades con un combate que les
agradò mucho: La Nobleza fe hacia admirar por
fus armas doradas, que lo lucido de ellas y el re-
verbero del Sol, hacian agradable afpecto à la vifta. El Duque de Alva atraía fobre si la atencion
de todos, no fe diftinguia por lo efmerado de fus
armas, si por fu ayre marcial, mageftuofo y fus
cabellos blancos. Como havia eftado todo el dia
precedente en la cama atormentado de la gota,
quedò admirado el Rey de verle tan ligero, como si fu falud no huvieffe padecido. Hallabafe fu
Mageftad al abrigo de la fombra de un Arbol con
la Reyna, los Principes fus hijos y los dos Archiduques hermanos de la Reyna.

Su Mageftad no creyendo lo que veía, preguntò como admirado, si era pofsible que fueffe
aquel hombre, el que fe decia eftàr tan malo, y
refpondiendo todos que si: *Se debe creer* (replicò)
ò que nos quiere engañar, ò que las armas y las Tro-
pas fon medicinas eficaces à fus males. En efecto, apenas eftuvo à cavallo ayudado de algunos Oficiales,
fintiò nuevas fuerzas. El ruido de las Trompetas
y Tambores, los gritos de alegria de los Soldados
à fu vifta, le hicieron olvidar que eftaba con dolores de gota: Atravesò todo el Exercito al galope,
vifitò los Batallones y Efquadrones, hizo una Revifta exacta para inftruirfe (antes de tomar fu lugar) si todo eftaba conforme à fu difciplina: Ni
la agitacion, el trabajo, ni el ardor del Sol, que
era muy violento, le fatigaron à efte viejo fiempre invencible. El Rey quedò encantado, quifo
abra-

abrazarle , el Duque se apeò , aunque su Magestad
lo resistia , quiso besarle la mano y se lo impidiò,
preguntandole como estaba Don Fadrique.

El Duque , à quien su grandeza de animo haria superior à todos los males y sentimientos , como ignoraba el arte de suplicar , respondiò que
gozaba en su prision de una entera salud , en donde puesto à cubierto de los peligros de la Guerra,
vivia sin exponer su vida. El Rey bolviendose à los
de su comitiva , les dixo : *Veis la moderacion de el
Duque de Alva , que deseando la libertad de su hijo
no me la pide. Y hablando despues al Duque , pues
què , dudais de nuestro amor y de nuestra inclinacion,
dispuesta à concederos todo lo que pidiereds : Nos , que
os hemos confiado nuestras fuerzas , la gloria de nuestros Reynos y nuestra propia seguridad , aunque pare-
ciesse que vos seriais motivo de quexaros de Nos. No
ignoro , respondiò el Duque , ninguno de los altos
beneficios de que vuestra Magestad me ha colmado con
profusion , que por ser tan grandes , confesso que no
debo desear nada mas ; pero si vuestra Magestad me
quiere conceder alguna nueva gracia sin que yo se la
pida , tendrà motivo de serle mucha mas agradecido;
pues no mereciendo nada mas de lo que me ha dado , no
quiero tener verguenza de importunarle. El Rey admi-
rando la firmeza de aquel grande hombre , quiso
vencerse en esta ocasion , mandando que el Mar-
què fuesse puesto en libertad , y que no se hablasse mas de su delito , si lo es , no amar con constancia , y no poder sufrir una afrenta.*

El Duque despues de hayer dado las gracias à
su Magestad , bolviò à montar à cavallo , mandando que se alojassen las Tropas , se retirò à su
casa al fin del dia. Como se havia fatigado ex-
tremamente , se viò precisado à que le llevassen à
su cama sus criados. Allí sintiò los dolores mas vehementes , que le havian dexado en el Exercito; de
manera que se pudo decir entonces con el Rey,

que los Exercitos y la Campaña, eran para él remedios excelentes.

El luxo de los Oficiales y de la Nobleza, el gran séquito de criados, y vagages que agradaba al Rey, no dió gusto al Duque, cuya experiencia tenia pulsado ser todo inutil en un Exercito, à quien el aparato le hacia mucho mas pesado, y menos dispuesto à servir: No dudó conciliarse enemigos de proceder à la reforma; pero como su ánimo era desterrar todo abuso y hacer el servicio, mandó se despidiessen los gruessos vagages y exercitar los Soldados, aunque estaba lejos de los Enemigos. Hizoles acampar, atrincherar en su Campo, hacer centinela, montar la Guardia, ponerse en Batalla, passar dia y noche sobre las armas, hacer muy à menudo el exercicio y contentarse con poco. Hacia muchas veces la ronda, castigar à aquellos, que debiendo hallarse en faccion, los encontraba dormidos. Hizo quemar todas las mesas de juego, prohibiendole baxo de rigurosas penas.

Hizo juntar todos los Oficiales principales, y la Nobleza voluntaria, para decirles despidiessen el aparato de criados y equipages, ò que se reciclassen ellos mismos, queriendo mas privarse de la presencia y el socorro de sus generosos amigos, que vèr menospreciar su disciplina militar, que era la de los Capitanes mas ilustres de la antiguedad. Los Señores de su classe no agradandoles esta orden, le representaron que era hacerlos inferiores à los Portuguesos; que estos ricos vagages, y todas las demas cosas, cuyas pérdidas se temian, incitaban al valor, y servian como de Rehenes de la fidelidad de su amo: Que no se estimaba menos su Campo que su casa, quando està lleno de riquezas, que se defiende con el mismo vigor. Que Siro y los otros Reyes de Persia, havian prudentemente ordenado que se llevassen à los Exercites las mugeres y niños, y lo que havia de mas pre-

precioso, para que su vista inspirasse nuevo ardor:
Que los Persas debian à esta laudable costumbre, la
Conquista del Oriente. Que los Godos, Vandalos,
y los demàs Pueblos del Septentrion, que havian
arruinado el basto Imperio de los Romanos, havian sido invencibles, porque arrastraban consigo
las mugeres y hijos. A esta representacion seguian
murmuraciones y amenazas de quexarse al Rey, y
protestas de no seguir el Exercito sin equipage à
afrentarse.

El Duque, cuyos años havian moderado su ar-
dimiento, queriendo en algun modo satisfacerlos
y hacerlos conocer su error, los dixo: *Contrario
es à todas las reglas de la Guerra, precisais à vuestro General à daros razon de las ordenes que se os co-
munican; tan infamante es à un Exercito, querer imponer Leyes à su Gefe, quanto à este, infamante el
de dar los motivos que le goviernan. Si quereis llegar
al Templo de la Fama, ha de ser por medio de la
obediencia; y nada os ordeno que no sea justo. La experiencia me ha hecho conocer que no hay cosa mas rui-
nosa en un Exercito, que la gruessa comitiva y superflui-
dad de vagages. No pudo Dario con el monton prodigioso
de las riquezas del Oriente, aquel sequito de mugeres y
niños, Concubinas y Esclavos, y millares de hombres,
resistir al gran Alexandro, cuyo Exercito solo de treinta
mil hombres, no tenia mas vagages que los que necesitaba precisos. Alexandro no batió diversas veces à Dario
No conquistó todo el Oriente con mucha mas brevedad,
que el Monarca Persiano huviera podido recorrerla*
*Este vencedor, haviendo previsto que las riquezas de
que su Exercito se havia apoderado en el Imperio de
los Persas, y hechole perder aquel ardor guerrero, que
le hacia tan formidable, las hizo quemar, estimando
mas los Soldados pobres, y desembarazados, à quienes
las riquezas impedian su movimiento. Numancia triun-
fó de los esfuerzos de los Romanos, mientras el fausto Reynò en su Exercito, pero apenas Scipion lo des-
terrò, quando se vió obligada à entregarse: Los Pue-*

blos

*blos del Septentrion no tenian otros vagages que sus
armas ; no llevaban viveres y tomabanlos donde los hallaban. No os debeis comparar con esta Tropa de Vandidos : Teneis armas mas nobles que ellos , estoy persuadido que no me engañais , y que entrareis en Portugal llenos de esperanza , fuerza y valor : La union
de este Reyno al de Castilla , y el servicio à vuestro
Soberano, os-harà recomendable à la posteridad.*

Este discurso apaciguò à los Oficiales y à la
Nobleza , la razon los convenciò. Despidieron mas
de cinco mil criados, y otras tantas bocas inutiles;
y al otro dia todos se pusieron en marcha. Haviendo tomado el Duque las ordenes del Rey , quien
se mantenia siempre en Badajoz , incierto del modo en que obraria en esta guerra : Huvo diversos
Consejos sobre si debia ponerse èl mismo à la frente del Exercito. Unos decian que no debia exponerse , y sì dexar à este viejo Capitan deshenredar
un negocio, que en sus manos no seria de mucha
duracion : otros poeos afectos à la Casa de Toledo , haciendo pomposos elogios al valor de los
Portugueses , decian : Que el Rey solo con su presencia podia intimidarlos y vencerlos: Que aquella
Nacion no toleraba el menosprecio : que à lo menos no debia embiar al Duque de Alva contra
ellos , porque yà se quexaban de la arrogancia
Castellana , y que el Duque passaba por el mas sobervio. Nada immutò el animo del Rey, que conocia bien fomentaba la embidia estas voces. Yà
huviera dado anticipadamente sus ordenes para hacer entrar su Exercito en Portugal , sino esperasse
rendirlo por la dulzura. Confirmò esta resolucion,
la sumission voluntaria de las Ciudades de Yelves
y Olivenza , y la noticia que los Governadores
estaban mal con el Pueblo. El resto de Portugal,
aunque temeroso de las cercanias de el Exercito y
flota , no podian concordarse: Agitados por diversos movimientos, querian mil cosas diferentes , con-
venian someterse à los Españoles , pero no buscaban.

Año de
1581.

ban los medios. Todo era defórden, tumulto y confufion : La autoridad de los Governadores era débil ; el Pueblo folo los conocia para cargarlos de Memoriales , y lo que negaban unos , concedian otros.

El Pueblo y los mas determinados de la Nobleza , querian que fe dieffe la Corona à Don Antonio , reconociendole como unico Principe de la fangre Real , defcendiente del Rey Don Manuel, digno del Cetro de fus Anteceffores , y que fe procedieffe como Reo de lefa Mageftad , contra todos los que no quifieffen conformarfe : Incitabales à efte defignio el famofo Fray Pedro de los Angeles , que con la apariencia de una piedad sólida, y modefta perfecta , ocultaba mucha ambicion. Efte devoto predicaba à los Portuguefes en favor de Don Antonio, que era fu Rey legitimo , verdadero Succeffor de Don Henrique , y que no podian fin injufticia reconocer otro Monarca.

El Duque de Offuna y Don Chriftoval de Moura , que veian con gran fentimiento eftos defordenes , no ceffaban de acelerar à los Governadores à determinarfe ; ofrecian à los Grandes y à los Pueblos dinero , emplèos , moderacion de impueftos, y grandes Privilegios , cuyas exprefsiones no tuvieron el fuceffo que fe prometian ; porque fi algunos fe intereffaron por fu Mageftad , otros lo miraban como efecto de fu debilidad , alentandolos à publicar que fi efte Principe creia fus derechos juftos y inconteftables , no derramaria con tanta prodigalidad fus Theforos , Gracias y Privilegios para hacerlos valer. Sobre efte juicio refolvieron tomar las armas con que havian triumphado en el Oriente , y algunas veces de las fuerzas de Caftilla en defenfa de fu patria , y por no caer en la dominacion de gentes que miraban como fus Enemigos. No fe oìa en las Ciudades , mas que el fonido de las Trompetas , y el ruido de los Tambores , volaban las Vanderas de todas partes : Todo

pa-

parecia conspirar à la ruina de los Castellanos. Los Governadores estaban despreciados, y el Pueblo no obedecia mas ordenes que las de su furor.

La noticia de la rendicion de Yelves y Olivenza, de que por inteligencia se havia apoderado Don Pedro de Velasco, no desalentò su ordinaria arrogancia, y para sostener mejor el empeño, eligieron al Prior Don Antonio por su Generalissimo, con los pomposos titulos de Defensor de la Patria. Miró esta nueva dignidad como escalon para ascender al Trono, à cuya cumbre caminaban sus designios: Hallabase en Santaren, queriendo empezar las funciones de Defensor de la Patria, quiso poner aquella Ciudad en estado de no temer los esfuerzos enemigos: Passò à la orilla del Tajo, con designio de trazar un Plan para una Ciudadela. Estaba acompañado de los Obispos de la Guardia y de Oporto, de algunas personas de calidad, y un gran numero de Pueblo, quando Antonio Baracho, de oficio Zapatero, viendole tan bien acompañado, puesto una rodilla en tierra, le besò la mano, y levantando en la punta de la espada un pañuelo, dixo en alta voz: viva Don Antonio Rey de Portugal: à esta aclamacion que fue como señal al Pueblo, que aplaudiendola siguió con voces de alborozo, repitiendo viva Don Antonio nuestro Rey, y conduciendole à la Ciudad fuè recibido en ella como tal, passando à la Iglesia Mayor, donde se cantò el *Te Deum*, y de allì à las Casas de su Ayuntamiento, en que los Magistrados le juraron.

Este Principe, sirviendose de su buena fortuna, corriendo à Lisboa, se apoderò de ella à pesar de los esfuerzos de Juan Tello, uno de los Governadores, que con poderes de los otros, havia quedado en esta Ciudad, para la ocurrencia de los negocios: Viòse precisado à retirarse à Setubal (acompañado del Obispo de Leyra, del señor de Cascaes, de Martin de Camara, Manuel Te-

Tello Barreto, Francisco de Meneses, y Luis Cæ=
far, y donde residian los demás Governadores, que
le recibieron muy malo, teniendole por Autor de
estos desordenes.

Don Antonio passando à las Casas de Ayunta=
miento, fuè proclamado solemnemente Rey de
Portugal y de los Algarves. Hizose la cavalgara=on
dinaria, tremolando las Vanderas con aclamacio=
nes de todo el Pueblo. Fuè alojarse al Palacio, apo=
deròse del Thesoro Real; embiò al Conde de Vi=
mioso à la frente de algunas Tropas, para hacer=
se dueño de Setubal y de las personas de los Go=
vernadores. El Conde fuè feliz, la Guarnicion le
abriò las puertas, los Governadores huyeron con
bastante trabajo, con otros muchos Nobles, ex=
cepto el Arzobispo de Lisboa, à quien su digni=
dad defendia de qualquier insulto. El Duque de Bra=
ganza, que se hallaba en esta Ciudad para acalo=
rar su partido, saliò de ella con la noticia de
acercarse el Conde: Sin esperanza de verse dueño
de Portugal, embiò Diputados à Phelipe Segundo
para tratar con èl de sus pretensiones; pero como
las condiciones con que las cedia, parecieron muy
duras à su Magestad, no las escuchò, antes le hi=
zo amenazas por haverse atrevido à pedir socorros
à todos los Principes Christianos contra èl, pro=
testando le trataria como à su Enemigo, y pertur=
bador de la quietud publica, sino mudaba de con=
ducta.

La Nobleza se mantenia indeterminable, no
sabia què partido tomar: El Duque de Braganza
temeroso ahogaba en sì su sentimiento, Phelipe
no era amado. Don Antonio se havia atrahido la
aversion de todos los Grandes, con aceptar de un
vil populacho la Corona y el titulo de Rey; que
ninguna cosa le hizo mas daño que aquella dicha
dignidad; no obstante resolviò mantenerse en ellas
Apoderòse de varias Plazas fuertes, comprò la Ciu=
dadela de San-Gian, à Tristan de la Vega su Go=

ver=

vernador , levantò Tropas para contener al Enemigo durante el resto de la Campaña , persuadido
que nunca Phelipe seria Rey de Portugal , si la decision de esta diferencia podia retardar hasta el siguiente año , en que esperaba los socorros que
Francia y Inglaterra havian ofrecido. Estas razones obligaron à Phelipe à la Guerra: El Duque entrò con su Exercito en Portugal , experimentò en
poco tiempo el odio de los Paisanos , y para no
perderlos escriviò à los Governadores , para que
ordenasen , que en los parages indefensos se some-
tiessen al mas fuerte , para evitar el castigo à que
les expondria su temeridad.

Las Ciudades de Campo Mayor y Porto Alegre , le abrieron sus puertas à la primera requisicion. Davila seguido de quinientos Cavallos , igual
numero de Infantes , se apoderò de el Castillo de
Villaviciosa , cuyas puertas le fueron abiertas por
un Soldado Castellano siempre fiel à su Rey , aunque le havia desterrado. El Duque dexando en
Yelves , à Don Pedro Manrique con dos Compañías
de Infanteria , se abanzò à Estremòz , que se entregò al otro dia por la cobardia de su Governador Don Juan de Acebedo , Almirante de Portugal , despues de haver respondido con arrogancia al Trompeta que le requiriò de entregarse,
no mantuvo su firmeza sino hasta la noche que
huò vergonzosamente , y antes de disparar un solo cañonazo : Este Governador haviendo sido preso , quiso el Duque hacerle cortar la cabeza , pero
atendiendo que era joven de veinte años , se contentò de arrestarle , sin decidir de su suerte.

El dia siguiente llegò el Exercito delante de
Setubal , sin haver hecho desde su entrada en el
Reyno de Portugal , el menor daño. Su arribo sorprehendiò à los que mandaban la Guarnicion de
esta Plaza : Como les faltaba dinero , hicieron tantas extorsiones al Pueblo , y sin respetar los Vasos
y Ornamentos Sagrados , se atraxeron su odio. Los
Go-

Governadores que se havian escapado de Setubal
passando la Guadiana , se retiraron à Ayamonte,
y no creyendose seguros, huyeron hasta Castro-
Marin , en cuya Plaza declararon à Phelipe Segundo , unico Successor de Don Henrique. Esta declaracion satisfizo los deseos de su Magestad , persuadido à que le valdria la sumission del Reyno entero , y que no debiendole sino à los mismos Portugueses , sin precisarle à obligarlos por la fuerza,
le motivò embiar orden al Duque de Alva , para
mantenerse quieto delante de Setubal. Este prudente Capitan , sabio en todos sus Proyectos , le representò el daño que se seguia en la suspension de
los progressos ; porque no ignoraba que los Portugueses indignados contra los Governadores, procu-
rarian hacer inutil esta declaracion , haciendole
comprehender , que sino era sostenida por las armas , no tendria efecto ; pero no pudo hacerle mudar de resolucion.

La declaracion à favor del Rey, fuè un true-
no para Don Antonio ; mas animado este , de
una grandeza de alma à toda prueba , lejos de sor-
prehenderse , revocò esta sentencia por un Edicto,
declarando à sus Autores Reos de lesa Magestad:
Puesto todo su cuidado à la Guerra , levantò Tropas , confirió su mando à Don Diego Meneses , el
mas habil Capitan que havia entonces en Portugal;
pero como no tenia dinero , y no le permitia el Estado de los negocios imponer tributos , recurrió al
arbitrio de conceder Privilegios à muchos nuevos
Christianos , agregandolos à la Orden de Christo,
de que sacò gruessas sumas , y le atraxo por este
medio la indignacion de todos los Cavalleros de
esta Orden. Mucha parte de los Nobles estaban yà
ganados por su Magestad , reconociendo la justicia
de su causa. Otros aguardaban à declararse, quando viessen que la fortuna la protegia. Don Antonio , aunque de natural benigno y afable , expidió
un Decreto sangriento contra todos los Nobles.

empeñados en los Interesses de su Enemigo ; cuyo
modo de obrar obligò à Phelipe à que mudando
de sus ideas pacificas , embiasse orden al Duque,
contraria à la que le havia dado dias antes. El
que no esperaba otra cosa , requiriò immediatamente à la Ciudad de Setubal se rindiesse , sin exponerse à los rigores de la Guerra.

Francisco Mascareña su Governador , y *Die-*
go Boteyro Comandante , haviendo tenido Consejo sobre su intimacion , en la certeza de que la
Guarnicion y Ciudadanos no les permitirian Capitular , despidiendo al Trompeta sin respuesta , resolvieron no defenderse , sino en apariencia , dexando sin Guardia los puestos. El Duque avisado
de ello, hizo dàr el assalto : La Ciudad fuè tomada
y saqueada : Mascareña y Boteyro tuvieron el permisso de retirarse. Los Soldados quedaron desarma-
dos y apercibidos con pena de la vida , no bolviessen à tomarlas contra el Rey. Tomada esta Ciudad, se hizo sitiar una Torre que el Tajo hacia inaccessible , escarpada al Medio Dia y al Septentrion , solo podia ser acometida por la parte de el
Oriente , y esto por sendas escabrosas , abiertas
en medio de las peñas y zarzas , de que abunda el
Pais. Esta Torre era incontrastable por su naturaleza , si el miedo no se huviera apoderado de los
Comandantes ; no obstante respondieron con altane-
ria à la requisicion que se les hizo , pero haviendose apoderado Prospero Colona de la Falda de
el Monte , pidieron Capitulacion. Concediòseles la
de salir con armas y vagages , que no fuè del gusto del Duque , porque los queria à discrecion , y
solo las atenciones à Colona , le impidieron romper la Capitulacion.

La toma de esta Torre le hizo dueño de el
Puerto , que facilitò la entrada à la Armada Española , que mandaba Don Alvaro Bazan , Marqués
de Santa Cruz , compuesta de treinta y seis Galeras , y quarenta y tres Navios de Alto Bordo , en
que

Año de 1581.

que llevaba los Regimientos de Don Francisco de
Valencia , Don Rodrigo Zapata, y Don Martin de
Aguirre. Sabido la noticia del Sitio de Setubal en
Lisboa , con gran sentimiento de Don Antonio,
embió para socorrerla al Conde de Vimiosa, Condestable de Portugal. El ardor del Pueblo á esta
expedicion fué admirable ; gentes de todas edades
y sexo , acudieron á este socorro , sin escusarse los
Religiosos , que movidos del odio contra los Castellanos tomaban las armas con gusto. Fué inutil
este socorro , pues antes que llegasse , estaba conquistada Setubal.

Este golpe hizo una impressión tan grande en
el corazón de Don Antonio , que no le huviera sido facil desembarazarse del susto , si el Condestable y Obispo de la Guardia no acudiessen de sa-
carle de este letargo por sus representaciones : *De*
que procede (decian) *esta pusilanimidad y esta in-*
constancia ? Perdeis la esperanza antes de el combate?
Viva en vos aquella grandeza de alma que os animaba
quando os reconocieron por Rey , que os es tan natu-
ral , y que nos hace reconocer en vuestra persona un
pimpollo del grande Don Manuel : No teneis tanto mo-
tivo de temer , que por mas habil que sea el Duque
de Alva , no es mas de un hombre postrado de años
y enfermedades , que no puede tenerse á cavallo. Ha
vencido los Alemanes y los Flamencos , nada es extra-
ordinario : mandaba un Exército que havia formado
Carlos Quinto á quien acompañaba la fortuna. No es
assi el que manda , está compuesto de Soldados viso-
ños : Que no se debe esperar de los Portugueses , es-
tos vencedores del Oriente , y tantas veces triumphados
de las fuerzas Castellanas , á cuyo valor no ceden?
Esperad el sucesso de la Batalla de Aljubarota , que
aunque aqui la perdeis , mejor es aventurarla con la
vida , que perder la libertad : Que podeis esperar de
Phelipe , todo os lo promete y nada os dará ? Sereis
bien presto víctima de su politica , nunca se mirará
pacifico Posseedor de Portugal mientras vivais; y quan-

do

do contra vueftra vida no confpire , os harà perderla
en una horrorofa y perpetua prifion. Bafta para con-
venceros , tengais prefente que Fernando el Catholico,
faltò à la palabra que diò à Fadrique , Rey de Napoles fu proximo pariente ; y para gozar con tranquilidad el Reyno que le havia ufurpado , le tuvo en duro
cautiverio el refto de fus dias. Efperad lo mifmo de
Phelipe , fu politica es invariable ; temed fus bellas
promeffas , preferid la muerte ò el deftierro à una paz
verginzofa , y no fegura.

Efta viva reprefentacion imprimiò en el corazon
de Don Antonio , la refolucion de morir ò vencer. Efperaba confeguir lo ultimo , ò à lo menos
dilatar la Guerra , quando fupo el arribo del Cardenal Riario , à quien el Papa Gregorio Decimo-
Tercio embiaba à Efpaña con plena autoridad para
conocer y concordar efta diferencia. Mas recelo-
fo Phelipe , que el Cardenal tuvieffe intenciones
contrarias à fus intereffes , y que fe opufieffe à la
Conquifta de Portugal , como fe efparcieron voces , le prohibiò la entrada en el Reyno.

La proximidad del arribo de efte Legado, inquietò à Phelipe , quien expidiò fus ordenes al Duque , que fin tardanza fe apoderaffe de Cafcaes , cuya Ciudad diftinguida hoy con el titulo de Mar-
quefado , eftà fituada fobre lo alto de una peña , que
domina parte del Golfo de Sintra. Antonio de Caf-
tro , Señor de efta Plaza , que havia tomado el
partido de Caftilla , diò el Plan al Duque , con una
defcripcion exacta de fu Sitio. El Duque para alucinar à los Portuguefes , embarcò fu Exercito con
ademàn de llevarle à Santaren. Temiendo Don Antonio la pérdida de efta Plaza , embiò Tropas à
ella. El Duque que no defeaba otra cofa , hizo
bolver la proa àcia Cafcaes , y echò el Ancora al
pie de la Montaña. Aunque el terreno era incomodo , y el camino que conducia à la Plaza dificultofo , hizo poner à tierra algunos Soldados , y
èl mifmo los figuiò , aun antes que huvieffen te-
ni-

nido lugar de formarse en Batalla; no obstante estaban yà dispuestos en triangulo, observando el orden que les havía dado.

Un viejo Oficial, que le havia seguido en las Guerras de Alemania y Flandes, le dixo con gracia al baxar de su Chalupa: *Sea enhorabuena, Señor, me alegro infinitamente de veros buelto de veinte y cinco años, porque este desembarco no es demàs! Decidme de buena fee, si esta baxada huviera sido del gusto de aquel Sabio Fabio, que tantas veces venciò los Alemanes y los Pueblos de Flandes, sin echar mano à la espada, y si esta accion no es de un hombre mozo?* El Duque celebrando la jocosidàd de este Oficial, le respondiò: *Amigo, teniamos en Flandes y en Alemania Enemigos terribles, y se debia con ellos estudiar el tiempo y las ocasiones; pero què debemos temer aqui? Los Generales que tenemos contra nosotros, apenas saben disponer sus Tropas, còmo pueden aprovecharse de una occurrencia feliz? Por lo mismo, amigo querido, se debe dàr alguna cosa à la fortuna, quando se conoce no haver riesgo.*

Tomò tierra, hizo un gruesso Batallon de los que yà estaban allí, marchò con vigor à los Portugueses que huyeron, y huvieran sido batidos, si Don Diego de Meneses, no huviesse tenido la precaucion de retirarse con tiempo y en buen orden à la Plaza, donde procurò animarlos por sus discursos; y saliendo para cargar los Castellanos que subian con trabajo, aunque manifestaban intrepidèz, no tuvieron animo de aguardar el disparo de un solo Mosquete. Bueltos y encerrados en su Fortaleza, con su arrogancia nativa, respondieron à escopetazos al Trompeta, con que les hizo requerir el Duque se rindiessen; no obstante al otro dia fueron forzados y entraron los Españoles por la brecha, que dos Cañones de Campaña colocados en un alto, havian hecho.

Don Luis Henrique, nieto del Almirante, entrò en Cascaes espada en mano. El Duque perdonò

la

la vida à los Soldados Portuguefes , y mandò cortar la cabeza à Don Diego de Menefes , Capitan
General de Don Antonio. (dicefe que haviendo
venido efte , pocos dias antes à Cafcaes, para tratar de los negocios con Menefes , acabado de comer fe quedò dormido en la filla , y admirado de
fu fofsiego la muger de Don Diego , llamando à
fu marido , y enfeñandofele , le dixo : *Mirad bien,
perque hombre os perdeis.*) Mandò tambien ahorcar
al Capitan Pereyra y otros Cabos, cuya feveridad
fuè funefta à los Mercaderes Efpañoles que hacian
fu Comercio en Lisboa , y mirandoles como traydores y efpias, fueron muertos algunos , y faquea-
dos las Cafas de otros , eftendiendofe aùn la per-
fecucion fobre muchos Portuguefes de la primera
diftincion , acufados de inteligencia con los Enemigos. El mas confiderable fuè Don Jorge de Maf-
careña , grande Amirante del Reyno , à quien fe
pufo en prifion.

Con la noticia de que el Duque fe encamina-
ba à Lisboa , determinò Don Antonio falir à recibirle con diez mil hombres. Como el calor era
excefsivo , y fus Soldados cafi todos Ciudadanos de
Lisboa , poco acoftumbrados à la fatiga de la Guerra , no llevando provifion alguna , el calor, hambre y fed les hicieron bien prefto bolver à fus cafas. Don Antonio defefperado de verfe abandonar
tan vergonzofamente , quifo combatir el Duque
con folos mil y quinientos hombres que le quedaban , refuelto à bufcar una honrofa muerte en medio de fus Enemigos. Coftò mucho el hacerle mudar de dictamen , y bolviendo à la Ciudad , le recibieron fus habitantes con tantas aclamaciones y alegria , como fi huvieffe ganado la mayor victoria.

Dueño el Duque de Cafcaes , pufo Sitio al
Fuerte de San Julian. Hizo entrar fu flota en el
Tajo , y levantar fobre los Puentes algunas Piezas
de Cañon, que batian con furia efte Fuerte , mientras

trás con otras veinte Piezas, puestas en bateria sobre una altura vecina, hacian mas ruido que efecto, siendo la Plaza muy buena: Don Antonio que observaba los movimientos de los Enemigos de encima de algunos collados, se alegraba en extremo se empeñassen en una Plaza, en que no hacia dificultad se detuviessen el resto de la Campaña; pero se engañó. No se creyeron con seguridad sus Defensores, aunque en una Plaza inconquistable.

La toma de este Fuerte atemorizó à los principales de Lisboa, juntaronse en la Casa de Ayuntamiento, representaron à Don Antonio, que pues no se hallaba con bastantes fuerzas para rechazar à los Enemigos, convenia discurrir con tiempo el modo de entregarse, pues no queriendo probar la suerte de Cascaes, solo esperaban su respuesta, para embiar Diputados al Campo Castellano. Este Principe manifestando mucha intrepidèz en esta ocasion, asseguró à los Ciudadanos, que por poco que fuesse sostenido, haria retirar los Enemigos y echarlos de todos sus Estados, y que luego que el dia quatro de Agosto, funesto por la derrota de el Rey Don Sebastian, fuesse passado, iria à atacar à los Castellanos, aunque fuesse en sus Trincheras.

Hizo lo que pudo para ponerse en estado de mantener su palabra, y juntando dinero, levantó nuevas Tropas; mandó se exercitassen las que estaban ya en pie, hizo reparar las fortificaciones de la Ciudad. Ocupabase en estos cuidados, quando Don Diego de Carcamo, ilustre por su merito, nacimiento è integridad, uno de los primeros Gentiles Hombres de Camara de los difuntos Reyes, le representó debia pensar con seriedad en la paz: Que era de presumir que seria deshecho, prissionero ò forzado à passar el resto de sus dias en un destierro: Que para precaber estas desgracias, debia intentar un acomodamiento, mientras se halla-

llaba en estado de hacerse temer ; assegurandole
obtendria condiciones ventajosas para vivir agradablemente y con explendor , y que èl se encargaba
con gusto de aquella negociacion , cuyo exito le
parecia tan seguro , quanto sabia de buena parte,
que el Duque tenia orden de hacer la paz , en caso de proporcionarse ocasion favorable: Concluyò
con insinuarle , que sus Tropas no eran nada comparables à las de Phelipe , yà reconocido por una
parte de los Portugueses , y que bien lejos de que
esta paz disminuyesse su gloria , de no diferir à
ella , todo el universo lo acusaria de imprudente y
temerario , si arriesgaba en una Batalla , su libertad y esperanza.

Persuadido Don Antonio de la eficacia de el
discurso de Don Diego , abrazandole , le despachò al Duque , con una Carta en que le decia,
queria servirse de su mediacion para obtener de
Phelipe una paz , que en el estado en que se hallaban las cosas , no podria menos que ser muy
ventajosas à su Magestad Catholica , no siendo aùn
de despreciar los Portugueses : Que mas valia diessen la Corona ellos mismos , que violentos de sus
propias fuerzas : porque estos Pueblos naturalmente sobervios , no dexarian con el tiempo revelarse
contra un vencedor , que mirarian siempre como
su tyrano.

El Duque le respondiò immediatamente , tratòle con mucho respeto , prometiòle escrivir al
Rey , y le assegurò que no tendria motivo de quexarse de haverle escogido por su mediador. Aunque esta Carta era concebida en terminos muy cortesanos , no pudo Don Antonio dissimular su colera ; viendo tratarse en ella de Señoria , negan-
dole los titulos de Grandeza y de Excelencia. Hizola pedazos como injuriosa à su estado , protestando que perderia la vida , primero que exponerse
à la arrogancia de una Nacion , que faltaba à la
correspondencia debida à las personas distinguidas

por

por fus meritos, ò dignidades, y que eftaba feguro, que mientras huvieffe Portuguefes, verterían primero hafta la ultima gota de fangre, que fufrir el defprecio de la Mageftad de fus Reyes.

El Duque procurò foffegar à efte Principe, con expreffion fuave y Cartas urbanas, todo fuè inutil, refpondiò à los que fe las havian entregado: *Decid de mi parte al Duque de Alva, que los Reyes* *fon fiempre Reyes, en qualquier eftado à que la for-* *tuna los reduzca, y que los Duques en fu mayor ele-* *vacion, no fon mas que fervidores y Vaffallos de los* *Reyes: Que las Victorias penden de folo Dios, y no* *de la habilidad de los hombres: Que foy Rey, y que* *quiero vencer ò morir Rey? Que es de la obligacion* *de los de mi cargo, exponerfe à todos los riefgos, y* *perder la vida por la libertad de fus Vaffallos: Que* *confervando mi Corona, affeguraré à mis Pueblos; y* *que folo la dexaré con la vida.*

El procedimiento del Duque no fuè aprobado de todos: Los que miraban las cofas por lo exterior, decian, que fe debia tratar à Don Antonio de otro modo, y aùn fe pretende que el Rey no lo tuvo à bien; pero toda la gente que difcurria mejor, dixo: que no podia darle otro tratamiento, ni titulos fin reconocerle por Rey; porque de otra fuerte, era confeffar la injufticia con que fe le hacia la Guerra, lo que fe evitaba por el medio prudente, de no atribuirle mas titulo, que el que gozaba, (es à faber de Señoria) antes de fu elevacion. Rompidas las negociaciones, no fe ocupò el Duque en otra cofa, que en la toma del fuerte de San Julian: Hizo requerir à fu Governador Triftan Bazquez de Vega le entregaffe, fo pena de efperar un tratamiento rigurofo. Efte Governador que no contaba mucho fobre la feguridad de la Plaza, aunque muy fuerte, viendo endeble el partido de Don Antonio, tratò de procurarfe una Capitulacion ventajofa, firviendofe para ella de fu muger, que havia entrado en el Caftillo para facar à fu hija.

Esta, informó al Duque, que si quería embiar Rehenes à su marido, vendria à tratar con èl de la rendicion de la fortaleza, y confintiendo en ello, le ofreciò Tristan al Duque, entregarle la Plaza, si su Magestad queria darle quatro mil pesos de penfion, que Don Antonio le havia prometido. El Duque le refpondió, que folo le concedia falir con armas y vagages, Capitulacion honrofa para un hombre que havia maltratado fu Trompeta: Repartiò Vega, que no havia vifto à ninguno, y que no fe le havia requirido: Se hizo venir al Trompeta embiado à efte fin, y confeffando que el miedo de un trato igual, al que fu compañero havia tenido delante de Gafcaes, le havia impedido executar la orden que fe le havia dado ; cuyo embufte irritando al Duque, hizo ajufticiar à efte infeliz para exemplo de otros, y evitar que por femejantes engaños, fe caufaffen la perdicion de muchos hombres ; y al Governador fe concedió lo que pedia y falió de la Plaza con todas las feñales de honor, que fe concede à los que fe defienden con tesón.

La rendicion de efte Caftillo causó la perdida del de Capofoco, Pedro Boffa fu Governador le abandonó ; y fe retiró à Lisboa con toda fu Guarnicion. Por la toma de eftos dos fuertes, quedó dueño el Duque de las embocaduras del Tajo, donde entrando fu flota, fe pufo à cubierto debaxo de ellos, fin quedarla que temer de los esfuerzos de los Enemigos, ni tempeftades ; hallandofe muy à lo largo, y teniendo el Rio en aquel parage, cerca de dos leguas de ancho. Ninguna de eftas pérdidas, aunque grandes, hizo perder animo à Don Antonio, fea que fe dexaffe llevar de la grandeza de fu valor ò fu defgracia, no quifo oir propoficiones de Paz. Informado que los Ciudadanos de Lisboa no le eran fieles, confió la cuftodia de fus puertas à los Sacerdotes, y Frayles de efta gran Ciudad. No es ponderable, hafta donde el zelo de eftas gentes los

Hu-

llevò , credulos en perderlo todo , al verse domi-
nados de Caſtilla , inſpiraban à los Pueblos en ſus
Sermones la averſion à los Caſtellanos : Los miſmos Predicadores exhortaban la Tropa à emprehender toda temeridad , primero que ceder de ſu
amada libertad.

Don Antonio , ſaliendo de la Ciudad à la frente
de algunas Milicias , fuè à acampar baxo del Mo-
naſterio de Belèn. Hallabaſe ſu Campo en el ultimo deſorden , ſin Guardas , Atrincheramientos , nî
Plazas de Armas. Todo ſe hallaba en confuſion,
quando Sforza de los Urſinos , Cavallero Romano,
y valeroſo Oficial , que con deſeo de ſeñalarſe , llegando à aquel Exercito le hizo compaſsion : Acon-
ſejò à Don Antonio ſalieſſe de aquel pueſto , y que
acampaſſe ſobre una Colina , que mandaba el Puente de Alcantara : Queria atrincherarſe alli , pero
ſe lo impidiò la ſobervia del Conde de Vimioſo,
ſoſteniendo que los Portugueſes no neceſsitaban de
otras Trincheras que ſu valor.

El Duque haviendo dexado Guarniciones en
los Caſtilos , vino apoſtarſe à la Abadia de Belèn.
Alli hizo publicar una declaracion del Rey , en que
ſu Mageſtad recibia à todos los Portugueſes , y per-
donaba à los que havian tomado las armas contra
èl , y quiſieſſen ſometerſe. Eſta declaracion tuvo
efecto , la Guarnicion de aquella Abadia , y el fuerte edificado ſobre el Rio , ſe rindieron à la
primera requiſicion ; con lo que el Exercito paſsò
à acampar à la viſta de los Enemigos , à quienes
ſeparaba el arroyo de Alcantara , cuyas orillas al-
tas y eſcarpadas ſervian de Foſo al Campo de los
Portugueſes.

Advertido por el Duque ſu ſituacion , tuvo por
conveniente no darles lugar de atrincherarſe , re-
celoſo que las providencias de Sforza prevalecieſſe.
El dia de San Bartholomè reconociò el terreno de
las cercanias , y obſervando con curioſidad la poſicion de los Enemigos , ſe aſſegurò de batirlos,

can-

cansado de temporizar cerca de diez dias, resolvió atacarlos y no hablar mas de Paz : Ordenó al Marqués de Santa Cruz , disparasse sobre el Enemigo à las señas en que estaban convenidos le daria: Hizo elevar una batería que barría el Campo Enemigo; embió mil Mosqueteros à engrossar las Tropas de la flota : Dió orden que descansasse el Exercito , dexando un pequeño numero de Soldados sobre las armas , para que manteniendo à los Enemigos en continua accion , se hallassen fatigados al otro dia.

Tomadas estas precauciones , y juntando los Oficiales que estaban à la frente de sus Cuerpos, les hizo el discurso siguiente : *Valerosas Naciones, cuya disciplina heroica hacen invencibles , y las hazañas obradas en mi presencia , en Tunez , Alemania, Italia , Francia y Flandes, tienen al Mundo, no menos admirado que temeroso. Hoy se ofrece una ocasion tan gloriosa à nuestro nombre , como util al Rey , que os ha elegido para executar la Sentencia , que la Justicia pronunció en favor de su Magestad. Los Enemigos que veir , y con quienes huveis de combatir si os esperan, no es la gente Noble del Reyno de Portugal , sino la hez de él , ni los Successores de aquellos ilustres Lusitanos , que en todo el Mundo y contra todas las Naciones de él , fueron formidables y temibles ; pues los que proceden de estos , reconociendo su legitimo Rey , están en nuestra Compañia , no menos valerosos que fieles ; los demás oprimidos del tyrano , no se atreven à salir de sus casas. El numero de los que componen el Exercito Enemigo , es gente visoña , mal conducida, inaptos para la obra que quieren emprehender : Si algunos Nobles aumentan el numero de este vulgo, es bien poco , aunque su hierro es sin disculpa , se les debe mirar como infelices , y no como Rebeldes.*

Las armas que en el ocio de la Paz usan contra las fieras en el Monte , traen contra vuestras Picas y Mosquetes ; las que buscaron aora con motivo de la presente Guerra , no sabiendolas manejar , les ser-

vi-

viràn mas de embarazo, que de defensa : No es su resolucion de morir peleando, sino esperar si los acome-
temos. El Gefe que los govierna, es tan incapàz de
manejar la Paz como la Guerra ; perderèse en esta,
como se perdiò en aquella, no haviendo sabido aprovecharse del partido que le ofreciò el Rey. A todos ha-
blo, Soldados mios, cuya experiencia hace à cada uno
digno de ocupar mi puesto. Notad quantos passos nos
huvieran costado caros, si su ignorancia los huviesse advertido : Quantas Plazas huvieran detenido nuestras
armas, si supieran que bien provistas y defendidas,
podian frustrar las ideas mas bien concertadas ? Però
què ha de disponer un Capitan sin experiencia, y un
Consejo sin autoridad? La posicion tomada por su Exercito que no puede ser mejor, què mal la saben ocupar!
No es como de quien espera vencer, sino huir, tanto
mas apriessa, quanto tienen immediato la Ciudad, que
dudo los reciba, si los vè desvaratados : No tengo que
encargaros el valor, pues conozco vuestra constancia.

Solo os encargo dos cosas ; La primera, que cada Coronèl executa las ordenes que se le han dado, y
los Capitanes, las que estos les dieren : La segunda,
es que Lisboa no ha de ser saqueada. Puse en otra
ocasion sobre Roma el mismo precepto : Alli por ser Ciudad de San Pedro, y aqui por ser del Rey, no Ciudad rebelde, sino nobilissima, à quien un tyrano opri-
me, assi es la voluntad del Rey. En Roma os ofreci
recompensa del saquèo que estorvè, aqui hago lo mismo, y como aquella se cumpliò, esta tambien se cum-
plirà.

Acabado este exhorto, hizo prestar juramento à los Oficiales, de que impedirian el saquèo de
Lisboa, en todo lo que les fuesse possible. Fene-
ciòse tarde esta Junta, Don Fernando de Toledo
y Don Sancho Davila, que se havian quedado los
ultimos, preguntando graciosamente al Duque, que
por què se inquietaba tanto de la conservacion de
esta Ciudad, sin saber el sucesso que tendria? Les res-

respondió : *Persuadios amigos , que tengo previsa la
victoria , que ha diez dias la huyo , passando mi tiempo à las orillas del Tajo en apoderarme de diversos
Castillos , que huvieran sido ya el fruto de ella ; pero
estad seguros , que mañana batirè à los Portugueses.
No debeis dudarlo , si os acordais que nunca os he prometido nada , que no haya cumplido , y que la victoria no ha quedado suspensa , en todas las Batallas que
me haveis visto dàr.*

Levantóse por la mañana antes de dia , armó-
se , montò à cavallo , hizo poner al Exercito en
Batalla : Nunca los Soldados manifestaron mas alegria y confianza , todos saludaron à su General con
grandes aclamaciones , pidiendole no se detuviesse,
en llevarlos al combate , protestando que iban à vencer ò morir ; y dexando lo suficiente à la custodia del Campo y vagage , saliò con los demàs.
Prospero Colona iba en la Avanguardia con la Infanteria Italiana , Don Fernando de Toledo y Don
Sancho Davila , puestos cada uno à la frente de
dos mil hombres , hicieron un gran rodèo para coger à los Enemigos en Flanco. El Duque ocupò una
altura con los Alemanes , y dividiendolos en seis
Batallones , se mantuvo à distancia de embiar socorros , en los parages que le parecian necessarios.

El Marquès de Santa Cruz hizo acercar su flota à la de los Enemigos , que apresò enteramente
con algunos Navios Mercantes. Colona tenia orden
de no empezar la funcion , hasta que Davila y el
Prior llegassen ; pero resuelto de no partir con nadie la gloria de batir los Portugueses , fuè derecho al
Puente , le atacò con vigor , penetrò la primera
Guardia ; pero fuè detenido por varias travesias , en
que se hallaban Mosqueteros que hacian un fuego
terrible , y estaba descubierto al que hacian de
una Granja vecina , alguna Tropa de Infanteria , que
Sforza de los Ursinos havia fortificado à pesar del
Conde de Vimioso. Don Antonio que estaba à la

ca-

cabeza de el Puente, montado fobre un Cavallo de Batalla, exhortaba à los fuyos de hacer bien fu deber, mas con fus hechos, que con fus palabras. Coloma iba fer rechazado, fino fe huviefle apoderado de una pequeña altura que mandaba el Puente : Sus Mofqueteros, cuyo fuego era fuperior al de los Portuguefes, dieron tiempo de rehacer al refto de la Infanteria, que haciendolo con diligencia extrema, y bolviendo à la carga con igual intrepidèz, ganaron la Granja efpada en mano, apoderandofe del Puente, fobre el qual Colona hizo paffar tres Batallones, que encontraron Enemigos que fe defendian como leones. Don Antonio eftaba en las primeras filas, la cabeza defcubierta; fe hacia menos notar por las armas ricas, que por fus acciones maravillofas, foftenia el esfuerzo de los Italianos.

El Duque advertido de efto, preguntaba à los que con mas larga vifta defcubrian de lejos, què hacia Davila ? Le refpondieron que iba girando por el camino que le havia ordenado. *Si fu colera,* (dixo el Duque) *no le hace acortar el camino para focorrer à los Italianos ; la victoria es nueftra ;* y es afsi, que luego que llegò, y Don Fernando con alguna cavalleria, acometiendo en Flanco al Enemigo, lo derrotaron y precifaron à huir. Avifado el Duque que fus ordenes fe havian executado, dixo à fus Guardias : *Amigos, hemos ganado la victoria.* Hallabafe fentado en una filla fobre una pequeña altura, donde defcubria el Campo de Batalla ; haviafe mantenido algunas horas à cavallo, pero los vehementes dolores de fu gota, le obligaron à apearfe.

Don Antonio fe mantuvo algun tiempo en el Campo ; mas viendo los fuyos en fuga, fe retirò, feguido del Conde de Vimiofo, de Don Manuel de Portugal, del Obifpo de la Guardia y algunos otros Señores, y fin detenerfe en Lisboa, de donde havia hecho facar los muebles mas preciociosos de los Reyes de Portugal , y haver mandado soltar à todos los presos de las Carceles , no paró hasta San Antonio de Quiesta , distante de aquella Ciudad cinco leguas : Alli se hizo curar una herida que le havia hecho un Soldado Castellano en la cabeza, el qual havia prometido al Duque prenderle.

Los Soldados vencedores , se hicieron dueños de uno de los mejores y mas rico Arrabal de Lisboa, empezaban à saquearle , à tiempo que Don Fernando y Don Pedro de Toledo , acudiendo con un gruesso Esquadron de Nobleza , les hicieron retirar , publicando que los Enemigos rehechos bolvian à acometer, y se havian apoderado del Campo y del vagage del Exercito , à cuya voz se bolvieron à juntar ; y corriendo contra estos supuestos Enemigos , reconociendo el engaño , buscaron nuevos medios de saciar su avaricia ; y esparciendose por los Lugares vecinos , hicieron un botin tanto mas considerable , quanto los Ciudadanos de Lisboa , temiendo su estrago , havian tranferido en ellos sus mejores efectos. Hablóse mucho de la pérdida de ciertos Jaeces , enriquecidos de pedreria de inestimable precio , que el Rey Don Manuel havia regalado à los Infantes sus hijos , para hacerlos participar de la singular fortuna , que le hizo dueño de las mayores riquezas de una parte del Oriente ; y aunque se hicieron grandes diligencias para recobrarlos , y se ofrecieron inmensas sumas , todo fuè inutil , porque los que los tomaron no fuè con el animo de restituirlos.

CAPITULO IV.

EL Duque de Alva hizo su entrada en Lisboa, acompañado de todos los Oficiales Generales del Exercito y Nobleza, todos armados; prohibió baxo rigurosas penas de hacer el menor insulto à los Ciudadanos: Hizo castigar aquellos que persistian aùn en el partido de Don Antonio, ò lo havian sostenido con mas calor: Echò del Consejo de Guerra à todos los Oficiales, que aquel Principe havia creado; quitò los demàs Empleos à los que los obtenian por èl: confirmò los Privilegios à la Ciudad, haciendola esperar de su Magestad otros mas amplios. Los Magistrados de Lisboa prestáron en sus manos el juramento de fidelidad à Phelipe Segundo, y queriendole hacer una magnifica entrada, la rehusò, diciendoles: que reservassen sus expresivas demonstraciones, para recibir mas dignamente à su Magestad, que debia llegar en breves dias.

Al gozo de la Conquista de Lisboa, se siguió el del arribo de la flota de Indias à su Puerto. Estaba desde algunos dias en la Rada de Cascaes, y no esperaba para entrar, mas que la tranquilidad de la Ciudad. Venia muy interessada por cuenta de el Rey. El Duque la hizo poner en el Thesoro Real, pagando antes todo lo que se debia à los Soldados. Phelipe Segundo se mantenia siempre en Badajòz, por ignorar la suerte de sus armas, y no haver recibido Correo alguno desde la toma de Setubal: Los Enemigos del Duque interpretaban à malo este silencio, mirandolo como efecto de un odio inveterado contra su Magestad, à quien tenian gran cuidado de sugerir cosas siniestras.

Phelipe lo sentia, y mucho mas, quando unos Mercaderes refirieron, que havian visto el combate de la flota y de los dos Exercitos; pero que ignoraban qual de ellos havia tenido la ventaja. Creíase que el Duque havia sido vencido, ó á lo menos no era completa su victoria; porque no creía su Magestad huviera faltado á informarle; pero le sacó de este cuidado la llegada de Don Fernando de Toledo, hermano del Marqués de Villada, proximo Pariente del Duque, con la noticia de la victoria. Entregó al Rey las Cartas de su General, con exacta relacion de todo lo pasado desde la toma de Setubal, disculpandose no haver escrito, hasta darle la noticia de la sumisfion de Lisboa, que deseaba con impaciencia ver á su Rey, y que los Portugueses no respiraban sino obediencia y respeto. El Rey exageró mucho la prudencia y valor del Duque, ponderó su desinterès y zelo en evitar el saquéo de Lisboa.

La alegría con que esta noticia colmó la Corte de Phelipe, no fue de mucha duracion. El Rey cayó malo, se desesperó de su vida, y aún se publicó que era muerta. El Duque tuvo mucho sentimiento de esta infausta noticia, porque conocia las contingencias del tiempo, no dudando que la Guerra de Portugal bolviesse à empezarse con vigor, y que los Portugueses harían sus esfuerzos para sacudir presto el yugo que acababa de imponerlos. Por este motivo quedó acampado hasta el diez de Septiembre sobre una altura, que mandando la Ciudad, la ponia à cubierto de toda sorpresa, y mantenia en respeto.

Avigoróse el animo de Don Antonio, con la nueva de la enfermedad de su Magestad, y la falsa noticia que se divulgó de su muerte: Hallabase à la sazon en Oporto, procurando rehacerse de Tropas capaces à vengarle de la derrota de Alcantara. Este Principe havia huido, como queda dicho, de aquella Batalla. Los de Cohimbra le abrieron sus puertas: Levantó cerca de dos mil hombres en ella, y en los Lugares vecinos, à la frente de los quales tomó por assalto à Abeyro, que havia ossa-

do

so negarle la entrada, la abandonó al pillage ; y temiendo Oporto igual suerte, recibió à Don Antonio como à su Rey, que siempre firme, y creyendo despues de estas ventajas, que nada le seria imposible, engrossando sus Tropas, hizo un pequeño Cuerpo de quatro mil hombres, que le pareció ser mas que suficiente, para reparar sus pérdidas, haviendo muerto Phelipe como se havia creido.

No estuvo mucho tiempo sin desengañarse. El Duque de Alva destacó à Don Sancho Davila con quatro mil Infantes y quatrocientos Cavallos, para perseguirle, apresarle, à echarle del Reyno. Debilitado este Destacamento en pocos dias, con la desercion y enfermedades contagiosas que hicieron perecer mucha gente, se le reforzó con el Regimiento de Don Diego de Cordova. Davila fue recibido en Abeyro con alegría, y pasó à toda diligencia à las orillas de el Duero, defendidas por Don Antonio con seis mil hombres, que le prometian derramar su sangre para conservarle su Corona, y embarazaron menos Davila que la falta de Barcas, para passar aquel Rio, que las lluvias engrossaron considerablemente. Los Portugueses las havian ocultado en los lugares situados en las margenes de las orillas que ocupaban. Davila hizo partir à Don Antonio Serrano con alguna Cavalleria, para buscar en los Lugares immediatos, Barcas, y Oficiales para construir algunas. Los Pescadores de el Lugar de Masarelle, indignados de que los Portugueses havian quemado sus casas, dieron las que tenian.

Serrano las recibió con gusto, hizo entrar una parte de su Destacamento en ellas, y haciendo fuerza de remos, descubrió luego las de los Enemigos, y ocultando à los suyos, los mandó seguir poco despues. Desnudóse, y pasó nadando à juntarse con algunos Portugueses, que se havian dexado para la custodia de las Barcas. Le recibie-

ron

ron con tanto mas gusto, quanto les aseguró que
la crueldad del Duque, le obligaba à tomar la fuga. Dieronle vestido y armas, de que se sirvió
contra ellos; porque luego que llegó su pequeña
flota, cargandoles de cuchilladas, quando menos
pensaban, y aturdidos con la vista de los Soldados
que venian contra ellos, se ahuyentaron, abando-
nando sus Barcas, de que se apoderaron los Castellanos, y las llevaron à Davila, que las esperaba con impaciencia. Aunque no havia mas de cinquenta, y en la precisión de no poder passar el
Exercito, y esso en diversas veces, no obstante se
resolvió à embarcar su Avanguardia, que forman-
dose en la orilla en orden de Batalla, y cubrien-
do el resto de su Tropa, dió lugar à medida que
bolvian las Barcas, de hacer passar su Exercito à
la vista de Don Antonio.

Este Príncipe que estaba acampado à la orilla
opuesta, sobre una pequeña altura, se prometia
vencer à los Castellanos, quando conoció que sus
Tropas estaban mas para huir, que para pelear:
Recorriendo las filas con la cabeza desnudo, exhortaba à cada uno al cumplimiento de su obligacion:
Todos le hicieron grandes promessas, y todos huyeron luego que vieron al Enemigo en el Rio, sin
tener el valor de disparar un fusilazo. Don Antonio quedó mortal de la confusion, y animado del
valor, quiso oponerse solo à sus Enemigos, y poner fin à sus desgracias por una muerte heróica:
mas el Conde de Vimioso y el Obispo de la Guardia, sus afectos, y otras gentes de distincion, dispuestos à seguirle, le impidieron este generoso
designio, dandole el parecer de retirarse quanto antes àcia el Mar, y tomar el primer Navio que en-
contrasse, para passar à Francia ò à Inglaterra.

Convinose à las instancias, passó al Puerto de
Viana, embarcóse en un Navio que iba à hacerse
à la vela para Francia: Apenas se levantó el Ancora, una furiosa tempestad le hizo bolver al

no.   Puer-

Puerto. Con el temor de ser arrestado, como cierra, y disfrazado con el trage de Pescador, se ocultó lo mejor que pudo. Dixose que este trage, la pesadumbre y el trabajo, le hicieron en breves dias tan desconocido, que algunos Españoles que lo buscaban para ganar algun premio, lo preguntaron por él, y otros Portugueses fugitivos; à que respondió que todos se havian embarcado, y que creia huviessen perecido en la ultima tempestad: Vagueó en las Montañas y Bosques hasta el seis de Enero de 1582. que vistiendose de Religioso Francisco, y embarcado en un Navio Flamenco, lo conduxo à Francia; donde murió el veinte y seis de Agosto de 1593. dexando un hijo natural y él à sus pretensiones.

La total ruina de Don Antonio, y la toma de Oporto, sometió todo lo que está al otro lado del Duero sin resistencia: Los Imperios, Reynos y Provincias del Assia, Africa, y America dependientes de Portugal, reconocieron à Phelipe Segundo por su legitimo Soberano: En fin de toda la Monarquia Portuguesa, las solas Islas terceras quedaban à Don Antonio, que tambien las perdió en breve. Tal fué el fruto de la victoria del Duque, y sus continuos cuidados: Conquistó à su Principe, uno de los mayores Imperios del Mundo, en menos de cinquenta dias, contra unos Pueblos hasta entonces conocidos solo por sus victorias; pues, la unica derrota considerable, fué la del Rey Don Sebastian, y huvo pocas Batallas en donde los Portugueses no quedassen victoriosos.

Phelipe Segundo antes de penetrar en Portugal, quiso con exemplo de severidad, ganar el corazon de sus nuevos Vassallos, y hacerlos olvidar su antigua libertad, por las quexas que le havian dado algunos de los excessos de la Tropa; embió à Don Francisco de Villafane, uno de sus Consejeros de Estado, para informar contra el Duque, los Oficiales y Soldados. En publico nada se hizo

que

que le diesse que sentir, no se le interrogò; si
tuvo orden de responder à este Juez: no obstante
que sus Enemigos opinaban que se le debìa hacer
dàr cuenta de su conducta, y el dinero recibido
para los gastos de la Guerra.

Como nada le hacìa temer, y su grandeza de
alma lo hacìa superior à todo, recibiò muy bien
à Villafane, le hizo entrar en los Consejos de
Guerra, aunque sabìa no eran assumptos de Togados: pero obrò de este modo, ò para dàr à conocer, quanto llontaba à todos los que venìan de
parte del Rey, ò por no acrecentar el numero de
Enemigos. Villafane le comunicò las ordenes de su
Magestad, no quiso diferir à ellas, à imitacion
de Don Gonzalo Fernandez de Cordova, (llamado el Gran Capitan) quien en semejante ocasion
no quiso, responder à los Comissarios, que Don
Fernando el Catholico havia nombrado para exa-
minar su conducta, dixo à este Consejero con su
acostumbrado desembarazo: *No darè cuenta, sino
al Rey de mis acciones en este particular, y del dinero que me ha entregado, del qual su Magestad pue-
tora hacer mas caso, que de un Capitan que le ha servido con tanta reputacion. La pondrà en lineas de quen-
tas: Reynos conquistados y conservados, victorias señaladas, grandes sitios, y mas de sesenta años de
servicios sin intermission; y sino hay bastante para sa-
tisfacerle, le cederè mi Patrimonio, en otro tiempo
muy considerable, y hoy muy disminuido con los gastos
que he hecho por el unico bien del Estado. Finalmente
le darè en Rehenes à mis dos hijos, uno de los quales hizo triumphar las armas de España en diversos encuentros, y acabe actualmente de facilitar por
sus acciones heroicas, la Conquista de Portugal; y ultimamente, si su Magestad con todo no queda enteramente satisfecha, le darè mi propia vida para concluir la paga de lo que fuere alcanzado.*

El Exercito fuè sumamente disgustado de este
procedimiento: Lo hizo luego conocer por su tris-
te-

Año
1581.

zas, quexas y amenazas : Villafañe se atemorizò,
y mas quando los Soldados le hicieron saber, que
le importaba la vida en continuar la pesquiza, y
que derramarian primero hasta la ultima gota de
sangre que sufriria. Un Correo llegado del Exercito, que mandaba Don Sancho Davila àcia el Duero, acabò de consternar los que acampaban en las
cercanias de Lisboa, haciendoles saber, que Tebaldo, Juez de la Audiencia de Galicia, havia venido al Exercito, y hacia escrivir memorias de todo lo que se podia acusar à los Oficiales y Soldados, para castigarlos, ò negar las recompensas que
merecian sus victorias, y los servicios hechos à su
Magestad.

Los Oficiales y Soldados no podian dissimular
la ira que les causaba estos processos : Todos mal-
decian una Guerra, cuyas ventajas causaban sus
desgracias. Los principales se quexaban con modo
respetuoso : pero la mayor parte de los Capitanes
y demás Subalternos, no conociendo limites à sus
quexas, decian : *Hemos conquistado en menos de cin-*
quenta dias todo lo que se estiende desde el Miño, has-
ta cerca del Guadalquivir, en menos tiempo, que el
que el Rey huviera podido emplear en recorrerlo : He-
mos aguantado con toda la paciencia possible el ham-
bre, y los ardientes calores de la Canicula, en un
Pais tan calido como Portugal, apoderandonos de di-
versas Ciudades opulentas, y salido de ellas tan po-
bres como hemos entrado : siendo tanta nuestra mode-
racion, como privarnos del fruto de nuestros males y
recompensas legitimamente debidas à nuestros trabajos,
para conservar à su Magestad un Reyno poderoso y flore-
ciente, à los que nos persiguen, iban à saquear. Estos son
los delitos, los excessos que nos atraen una horrible
persecucion, y estas, las recompensas que deben espe-
rar del Rey las gentes de valor, que le someten Rey-
nos enteros, derramando su sangre, y perdiendo su vi-
da por su servicio.

Estas quexas y amenazas fueron tomadas diver-
sa-

famente en la Corte : Unos no las defaprobaban,
otros las miraban como atentado contra la autoridad
del Rey , cuyo zelo y conftancia por la Jufticia alába-
ban: otros trataban à efte Principe de avariento y
fofpechofo , aleando fe hicieffe tan grande afrenta à
un Capitan tan efclarecido , y à un Exercito victoriofo , y que no recompenfaffe la Conquifta de
un Reyno , fino con injurias. El Duque de Alva,
quien fu inocencia defendia , no fe embarazaba
mucho en hacer evidente la adverfidad de fus Enemigos , ni aùn de contener las amenazas y quexas
de los Soldados , complaciendofe que vengaffen de
efte modo , la afrenta que fe pretendia hacia el Rey,
y los apafionados confejos de fus Miniftros ; fin
embargo que padecia el recelo , de que con efta
ocafion , los Soldados no tuvieffen por èl , todo
el refpeto debido , y que efte fueffe motivo de decaer fu autoridad para con ellos.

Algunos le aconfejaron fe prefentaffe à los
amotinados , para que fu prefencia los bolvieffe à
fu obligacion , refpondiò à efto : *Que no aborrecia tan-*
to los Soldados de fu Exercito , para darles ocafion de
cometer un delito maltratandoles , por eftàr animados
de la razon : Que no eftaba la fedicion en aquella ex-
tremidad , que debieffe para apaciguarla , poner fu au-
toridad en compromiffo ; cuyo difcurfo fuè caufa de
divulgar en el mundo , que fe alegraba que la Tropa explicaffe fu fentimiento , y manifeftaffe en èl
la poca reflexion con que el minifterio procedia.

Villafane temerofo de las amenazas de los Soldados , no menos del filencio del Duque , ceffando
en fus pefquizas , folo diò parte al Rey de la refiftencia del Duque en executar fus ordenes , y que
los Soldados eftaban irritados , de tal modo , que
parecía impofsible aquietarlos : Que le amenazaban de quitarle la vida , y faquear la Ciudad , y
demàs Pueblos , de profeguirfe en ella. El Rey enojado tanto , como podia el Principe mas zelofo de

fu

su autoridad, despachè correo al Duque con orden de interponer la que tenia sobre la Tropa, para contenerla y castigar los mas delinquentes, evitando la sedicion en su desobediencia.

El Duque respondiò à su Magestad: *Que no era culpado en lo que se le acumulaba; que nunca le havia dominado la avaricia; que lo probaba bastantemente el mal estado de sus negocios: Que siempre se oponia à la sedicion de los Soldados: Que no havia sufrido usassen de sus passiones; que los havia tratado con mas rigor à que le inclinaba su natural clemencia: Que nunca havia tolerado los excessos de la Tropa, ni le havia faltado animo para corregirla. Pero que en la presente ocasion, no podia oponerse à las justas quexas, y gemidos de los Soldados, bastante castigados de verse pobres y miseros, despues de haver hecho una Conquista tan considerable y rica: Que les era licito llorar su infortunio, quando no tenian por recompensa de sus servicios, mas que menosprecios y afrentas; que todos se hallaban promptos à obedecer y persistian como èl en la resolucion de derramar hasta la ultima gota de su sangre por el bien de el Estado, y por llevar hasta el cabo del mundo los limites de la Monarquia Española: Que no se les podia tachar hasta aora sino algunas quexas un poco libres: Que no convenia aburrirles en tiempo que la Francia è Inglaterra armaban por Don Antonio, y que los Portugueses atentos, hacian conjeturas de su suerte, por las del Exercito que los havia sometido: Que èl estaba prompto à dàr cuenta à su Magestad de el dinero que le havia sido entregado, y le rogaba al mismo tiempo le permitiesse retirarse, para ocupar el resto de los pocos dias que le quedaban, en las cosas de su salvacion.*

Aunque esta Carta no sossegaba el enojo del Rey, se entregò al dissimulo como tan avisado en este arte; pero no pudo menos de decir à los que se hallaban cerca de su persona: *Debe confessarse que el Duque de Alva no tiene menos arrogan-*

cia y altivèz, que valor, merito y fidelidad: *A fuerza
de constancia y dulcura quiero ganarle; porque es de mi
interès conservar un hombre de este peso. Darè exemplo à todos los Reyes, que deben despreciar sus sentimientos, y no tener mas ojos, ni oidos que para el bien
publico de sus Estados.* Las cosas se quedaron assi, el
Rey llamò à Villafane y Tebaldo, è hizo quemar
la sumaria que empezaban.

Como no es del assumpto hablar de la entrada
triumphante del Monarca Español en Yelves, Lisboa y otras Ciudades; solo notarè que despues que
los de esta Capital hicieron el juramento de fidelidad à su Magestad, el Duque de Alva le instò fuertemente le permitiesse retirarse à su casa, por hallarse quebrantado de vejèz y enfermedades, no
siendo yà necessario su assistencia en un Pais, que
defendia la presencia del mas poderoso Rey de el
Orbe. Phelipe le respondiò, *que primera se desha-
ria de su Exercito, y Guardias particulares, que per-
mitirle retirarse, por esperar mas de su prudencia y
sabiduria, que de todas sus fuerzas: Que estaba persuadido no havia que temer en el parage donde el
Duque de Alva se hallasse.*

Aunque esta respuesta atractiva le obligò à
quedarse, iba muy de tarde en tarde à la Corte,
con el pretexto de su gota. No salia del quarto, ni
assistia al Consejo, sino quando se le llamaba, y no
daba su parecer hasta que se le pedia; pero aunque quisiesse conservarse y no dispertar la indignacion del Rey, ni los zelos de sus Emulos, no podia contener su libertad, como enemigo declarado
de la lisonja: Siguiò à su Magestad en la Ciudad
de Tomar, donde havia convocado las Cortes de
Portugal, en que le assistiò mucho con sus Consejos, y le entregò una Memoria llena de Instruc-
ciones para conservar su nueva Conquista; que à
haver seguido las acertadas maximas que contenia,
no huviera llegado el caso de substraerse del dominio de Castilla aquel Reyno.

Aco-

Abatido yà el Duque de sus violentas incomodidades, y acrecentadas con una recia calentura, entregò su espíritu al Criador, rindiendo la vida en brazos de su Magestad, el doce de Enero de 1582. y à los setenta y quatro de su edad: Mantuvo perfecto conocimiento hasta los ultimos instantes de su muerte. El Rey se hallaba à su cabecera, y apretandole la mano, antes de espirar, le dixo: *Señor, quiero antes de dexar la vida, justificarme ante vuestra Magestad, prometiendome creerà facilmente à quien està tan cercano à dàr cuenta à Dios: Siempre he preferido vuestras ventajas à las mias, he distribuido justamente las sumas que me haveis confiado: he gastado mucho de mi Patrimonio en beneficio del Estado: Nunca he atendido en la provision de los Empleos y honores, à los empeños ni al favor: siempre he preferido el merito y la virtud: os he amado con terneza y constancia: Mis consejos siempre han sido fieles y desinteressados: Nunca he pensado en ofenderos; aunque mi verdad desnuda de afectacion, ha conciliado algunas veces vuestra indignacion, dexo à vuestra Magestad y à los que nos succedan el juicio de mis operaciones. Ultimamente os he servido con la fidelidad que ha sido possible, os deseo una dilatada y feliz vida, y un Reynado floreciente.*

Proferidas estas palabras, y no pensando mas que en la vida eterna; haciendo retirar à todos los que alli se hallaban, fuè à gozar de su Criador. El Prior Don Fernando su hijo natural, hizo hacer sus Funerales, que mil Emblemas representaban las virtudes heroicas de esta ilustre muerte, tan magnificas como fueron lugubres, y embalsamado su cuerpo, fuè conducido desde Tomar à Alva, y depositado en la Iglesia de San Leonardo de esta Villa, de donde Don Antonio Alvarez de Toledo y Beaumont, Duque de Alva y de Huéscar su Nieto, le hizo transferir en la Iglesia de San Estevan de Salamanca, y poner con mucha pompa en el Panteon de los Duques de Alva.

Alli

Alli defcanfa en un magnifico maufeolo efte
Heroe, cuya gloria fe efparciò en las quatro partes de el Mundo, era hijo de una Cafa, cuyos
Efclarecidos Afcendientes hicieron profefsion de
las armas, excediòlos à todos, y ninguno de fus
Succeffores lo igualò. Hizo fus primeras Campañas en el Reynado de Don Fernando el Catholico;
continuò en fervir à Carlos Quinto, con tanto
acierto, que mereciò hicieffe mas aprecio de èl,
que de ninguno de fus Vaffallos, mirandole como
fu verdadero difcipulo. Fuè admirable fu conftancia, fu fabia conducta, fu intrepidèz en los peligros mas grandes (jamàs fuè vencido) batiò fiempre fus Enemigos, y muchas veces fin facar la efpada. Tenia por maxima no aventurar nada, fino
quando creia no poder vencer temporizando, y en
efte cafo, nada le detenia; los Rios mas anchos y
ràpidos, los cerros efcarpados, los Campos mas
bien fortificados no le eran obftaculo, folo fervian de aumentar fu gloria. Mantuvo los Soldados en
una difciplina tan exacta, que no fe les viò cometer el menor deforden, fueron invencibles mientras la confervaron, cumplia religiofamente fu palabra, caftigaba con rigor al que lo merecia, por
efto fe hizo notar de fevero; es verdad que efto
procedia de la extrema averfion que tenia à los
vicios: Pocos Capitanes fe han vifto mas piado-
fos, ni fieles à Dios y à fu Principe. fu Cafa eftaba muy arreglada, el vicio nunca tolerado, y
fe puede decir poffeyò en fupremo grado todas las
virtudes que conftituyen los grandes Heroes.
Huvo pocos que le igualaffen, y ninguno que lo
excedieffe.

Sus primeros hechos fueron echar à los Francefes de Cathaluña, y los impidiò de atacar la
Navarra: Siguiò à Carlos Quinto en la famofa
expedicion de Tunez, en que fe hizo diftinguir;
pafsò con èl à Italia, mandaba en fu Exercito quando pafsò à Francia, no omitiò nada para apar-
tar-

tarse de el Sitio de Marsella. Lució particularmente en la Guerra , que los Confederados de la liga
de Smalcada , hicieron al Emperador , y con muy
poca gente hizo inutil los esfuerzos de su grande
Exercito , por sus dilaciones y frequentes escaramuzas , derrotando unos tras de otros , puso fin á
esta Guerra con la señalada victoria de Mulberg,
donde el caudaloso Elva fué para él un pequeño
arroyo : Libertó la Italia de la consternacion en
que la havian puesto las armas Francesas , y las su-
gestiones de los Carraffas , Sobrinos de Paulo Quarto , obligandolos á hacer la paz , triumphando su
piedad en aquella Guerra ; ella sola salvó á Roma
que huviera tomado si huviesse querido.

Passó á Flandes , castigó los Gefes de los Rebeldes , venció los Alemanes y Flamencos , afuy-
yentó á los Uguenotes de Francia , que acudieron
en socorro de el Principe de Orange , y apoderandose de Ciudades , y haciendo Sitios señalados,
iba á restablecer la quietud en aquellos Paises,
quando sus enfermedades le precisaron á salir. La
Conquista del Reyno de Portugal coronó sus hazañas ; parece que la Divina Providencia lo havia re-
servado para someter con este Reyno , quasi todo el
Oriente á la Monarquia Española.

Sus virtudes Civiles no le acompañaron menos
que las Militares , igualmente triumphaba en los
consejos que á la frente de los Exercitos , aunque
sus dictamenes no eran siempre aprobados , neces-
sitó tanto de su prudencia como de su firmeza,
para mantener su autoridad en la Corte , y en el
Gavinete de un Monarca , que resistia conformar-
se á su virtud austera , y entre un gran numero de
Enemigos declarados y embidiosos. Las calidades
de su cuerpo correspondian á las de su espiritu;
era de estatura mediana , la cara larga , los ojos
vivos , y llenos de fuego , que en su vejez fueron
asperos. Su mirar era seguro , y algunas veces terrible , la frente ancha y levantada , pisaba firme

Año de 1582.

I

y grave, era infatigable, dormia y comia poco, no fuè delicado, hablaba poco y al caſo: no ſe puede concluir mejor ſu Hiſtoria, que con las propias palabras del Rey, que viendole eſpirar, dixo à los que eſtaban cerca de ſu perſona las ſiguientes: *Hoy conozco, que nada es mas deſpreciable que los preſentes de la fortuna. Si ſu avaricia nos dà algo, es para quitarnos mas. Apenas me ha pueſta en poſſeſsion de un grande Reyno, quando me priva de mayor bien, quitandome un Capitan tan habil como valeroſo, y de una fidelidad ſin exemplo.*

❦❦❦❦❦❦❦❦❦❦❦❦❦❦❦❦❦❦❦❦❦❦❦❦

NO ſerà ageno de eſta Hiſtoria referir por mayor los hechos mas memorables, executados por los tres mas ſobreſalientes Heroes que venerò la antiguedad, ni traer à noticia de los curioſos, un breve reſumen de ſus vidas; porque ſi en ellas ſe admira ſu valor, reſplandece en eſta con ſuperiores quilates la de nueſtro Heroe, que por ſus dilatados ſervicios, continuas proſperidades debidas à ſu prudente maxima, le hace Eminente à todos los que antes y deſpues nos dicen las Hiſtorias Antiguas y Modernas, y para hacer la viva demonſtracion, empezarè por Annibàl.

✻✻✻

EPITOME
DE LA HISTORIA
DE ANNIBAL.

 NNIBAL el grande, General de
la Republica de Carthago, na-
ció el año de 507. de la fun-
dacion de Roma, y el 246. antes
de la venida de Christo : Fue
hijo de Amilcar, el qual solia
decir que criaba un Leon, que
despedazaria algun dia à Roma
y sus Aliados : Hizole jurar so-
bre los Altares, que haria toda su vida guerra à
los Romanos ; y para inspirarle y hacerle conservar el odio, le traxo consigo à España de edad de
nueve años, y en medio de su Campo le enseñó el
oficio de la Guerra, à no poca costa de los Pueblos Aliados de Roma.

Despues de la muerte de su padre, y de su
cuñado Asdrubal, tomó el mando de los Carthaginenses de edad de veinte y siete años, el 534. de
Roma : En la misma Campaña se apoderó de la
Ciudad de Salamanca, Capital del Pais de los Ve-
tones, sometió à los Vaceos, y reduxó al dominio de Carthago toda España hasta el Ebro, bolviendo à invernar à Carthagena, (a) de donde *Llamada*
dispuso ir con todas sus fuerzas sobre Sagunto, (B) *entonces*
que rindió à los siete meses de sitio. Formó el de- *Carthago la*
signio de llevar la Guerra en lo interior de la Re- *nueva.*
publica Romana, engañó à Publio Cornelio Sci- (b)
pion, que intentaba disputarle el passo del Rhoda- *Oy Mor-*
no : Abriòse camino en medio de los Alpes, y *viedro en el*
entró en Italia con un Exercito de noventa mil In- *Reyno de*
Valencia.
fan-

fantes , y doce mil Cavallos. Todos los Autores ponderan la temeridad con que superò las dificultades , y subiò hasta la cima de estas montañas cubiertas de nieve , à pesar de la resistencia de los Montañeses , y que por una invencion hasta entonces no conocida , hiciesse saltar las peñas , que mas le incomodaban en su transito ; lo que se cree comunmente con fuego , hierro , y vinagre. Finalmente en quince dias atravesò este Pais que se discurria inaccessible , y despues de haverse apoderado de Turin en tres dias , se abanzò àcia Pavia sobre el Pò , y esparciendo sus Tropas por toda Italia causò terror y espanto.

Cornelio Scipion , noticioso de su entrada , se acercò con un Exercito formidable para combatirle : (c) La accion fuè sangrienta , las mejores Tropas de la Republica perecieron en aquel dia , y el General Romano no huviera tenido mejor suerte , sin el socorro de su hijo , que despues por sus hazañas en Africa , fuè llamado el Africano. El Consul recogiò los restos de su Exercito , passò à apostarse sobre el Rio Trebia , adonde se le juntò el otro Consul Sempronio Longo , que no conociendo aùn à Annibàl , se expuso temerariamente al riesgo de otra Batalla (d) que perdiò ; y con ella mucha gente.

El año de 537. tuvieron los Romanos otra pérdida mucho mas considerable que las precedentes , en la tercera Batalla que ganò Annibàl sobre Cneyo Flaminio , junto al Lago de Trasimena : (e) Quince mil Infantes y quatro mil Cavallos fueron passados à cuchillo. Fabio Maximo , creado Dictator , en esta peligrosa coyuntura , sostuvo en algun modo , la vacilante fortuna de la Republica , temporizando con mucha prudencia , libertò à Minucio Russo , General de la Cavalleria , de un gran peligro à que se havia expuesto ; pero en el siguiente año de 538. de Roma , se diò la memorable y funesta Batalla de Cannes , (f) por temeridad del

Con-

(c)
Batalla de el Tesin.

(d)
De la Trebia.

(e)
O el Lago de Perusa en la Ombria.

(f)
Antigua Ciudad de la Pulla, oy arruinada.

Conful Terencio Barron , y contra el dictamen de
Paulo Emilio , que pereció en ella con quarenta
mil hombres , y toda la flor de la Nobleza Romana.

En memoria de efte triumpho, embió Annibal
à Carthago, tres Caxones llenos de Anillos , infig-
nias de los Cavalleros muertos en aquella funcion.
Acreditó en efta ocafion , que los mayores hombres cometen grandes defcuidos , y los alucina la
fortuna ; porque en lugar de ir à Roma , que no
le huviera refiftido , pafsó à anegar fu gloria y ef-
peranzas en las delicias de Capua y fu Campiña,
que firvió de Quarteles de defcanfo à fu Exercito,
y en donde la abundancia corrumpió el animo de
fus Soldados. Defde entonces fe fué minorando fu
felicidad. Fabio Maximo reftableció por fu prudencia el valor moribundo de los Romanos , encar-
gandofe de fu mando : Se ocupó en feguir à Annibal , fatigandole , quitandole los viveres , acometiendo fu Retaguardia , paffando à cuchillo los
que fe defmandaban , y haciendole continuo daño , firviendofe de pueftos ventajofos para acampar
y vigilante à todo acontecimiento.

Efta conducta defefperaba al Carthaginenfe, que
hizo quanto pudo para atraer à Fabio à una Batalla ; mas todo fué inutil. El año de 540. de Roma , fe apoderó el Conful Marcelo de Siracufa , y
Annibal defpues de haver tomado à Tarento el año
figuiente, perdió à Capua , que Fluvio Flacco ganó à pefar fuyo : Durante efte Sitio , el Carthaginenfe refolvió (para hacer una diverfion) prefentarfe delante de Roma , pero tarde. Los Romanos
havian buelto del efpanto , y terror que les havia
caufado cinco Batallas , y en particular la de Cannes ; hicieron tan poco cafo del arribo de Annibal , como que difpufieron un focorro confiderable
para Efpaña , en el mifmo dia que fentó fu Campo à las Puertas de Roma , y poco defpues obligado
à levantarle por una furiofa tempeftad.

Dos años defpues el Pro-Conful Marcelò, hombre tan arriefgado, quanto Fabio moderado, en
tres dias confecutivos diò tres Batallas à Annibàl:
En la primera con igual ventaja: En la fegunda
fe retirò Marcelo à fu Campo con alguna pèrdida:
En la tercera fuè mas dichofo, pero fin lograr là
deftruicion de fu Enemigo. Al quarto dia quifo
aventurar otra accion, que Annibàl rehusò, diciendo: *Què hacer con un hombre que no puede quedar victoriofo ni vencido?* El año 546: de Roma,
Marcelo y Chrifpino Confules, cayeron en una
embofcada, donde el primero fuè muerto, y teniendo Annibal poffefsion de fu cadaver, hizo ef-
crivir baxo el nombre de Marcelo à varios Governadores, para forprehender con efte engaño, fus
Plazas; lo que huviera confeguido, fi Chrifpino
herido, y antes de efpirar, no huviefle hecho
avifar la defgracia fucedida, y eftàr en poder de
Annibal el fello de Marcelo.

El año 547. Claudio Neròn venciò à Annibal por una Eftratagema. Su hermano Afdrubal,
defpues de grandes obftaculos, havia penetrado en
Italia para juntarfe con èl. El Conful Salinator fe
(g') mantenia en las cercanias de el Rio Metro, (g')
En el Du- oponiendofe à efta union, quando Neròn (inter-
cado de Ur ceptò Cartas de Afdrubàl, en las que avifaba à fu
bino. hermano de fu poficion) faliò con gran fecreto de
fu Campo con una parte de fus Tropas, y atravefando la Italia en feis dias de màrcha, fe juntò
con Salinator. Diòfe Batalla à Afdrubàl, y con èl
mataron cinquenta y feis mil de los fuyos, y cinco mil
quatrecientos prifioneros, bolviendo Neròn à fu primer Campo, antes que Annibàl fueffe fabidor de fu
partida, y con la cabeza de Afdrubal, que de orden fuya fe echò à los pies de las Guardas aban-
zadas, quedò totalmente convencido de fu defgracia, cuyo acaecimiento difminuyò la arrogancia de Annibàl, y perder la efperanza de los negocios de fu Republica en Italia, que fueron fiempre

pre decayendo, hasta que se le llamò à Africa para oponerse à Scipion, que tomaba venganza de los males que los Carthaginenses havian hecho à los Romanos.

Passò à su Pais en el año de 551. de Roma, despues de diez y seis de mansion en Italia, hizo proponer à Scipion varios expedientes, que pudies- sen terminar las diferiencias de su Republica, y no siendo admitidas las proposiciones, se dieron Bata- lla el año siguiente cerca de Zama, que perdiò Annibàl con veinte mil hombres, y este sucesso le obligò à aconsejar à los Carthaginenses de pe- dir la paz à los Romanos, que fuè concedida en 553. retirandose à la Corte de Antiochio Rey de Syria, à quien persuadiò tomasse las armas contra sus Enemigos comunes, de quienes fuè vencido tres años despues: Esta desgracia le obligò à refugiarse à la Corte de Prusias, Rey de Bithinia, con es- peranza de empeñarle en la misma Guerra; y ul- timamente temiendo ser entregado à los Romanos que se lo pedian, se embenenò à si mismo de edad de sesenta y quatro años, el 571. de Roma, y 181. antes de Christo, queriendo con esta ac- cion hacer mas memorable su nombre. Assi pere- ciò el mayor Capitan de la Republica de Cartha- go, despues de haver aniquilado las fuerzas de los Romanos en España, y assombrado su Republica, de que pudo hacerse dueño, à no haver andado omisso.

Si le huviera acompañado à Annibàl, la pruden- cia y la vigilancia del Duque de Alva, y huviera imitado su maxima, que tenia por objeto no permitir jamàs à sus Enemigos se aprovechassen de un descuido, no huviera incurrido en la notable tacha que eclypsò su gloria? Porque, como no se entregò en su vida à mas diversiones, ni placeres, que los de desempeñar la con- fianza y honor de las armas, se hizo distinguible, assi imitandole en las memorables hazañas, y exce- diendole en la precaucion de no de- xarse vencer.

Qq 2   EPI-

EPITOME DE LA
Historia de Scipion.

Cipion, llamado el Africano, hijo de Cornelio Scipion, famoso por competidor de Annibal y mas excelente, pues lo supo vencer. Apenas tenia diez y ocho años, quando con su valor y prudencia, salvò la vida à su Padre en la Batalla de el Tesin: Opusose despues à la resolucion de la Nobleza Romana, que viendo aniquiladas las fuerzas de la Republica en la Batalla de Cannes, queria abandonar su Patria. Muertos yà los dos Scipiones, Padre y Tio en España, pidiò con instancia (à vista de su consternacion, y de que nadie se queria encargar de la conducta de los Exercitos) se le fiasse el cuidado de la Guerra, lo que le suè concedido. Passò con el titulo de Pro-Consul año 543. de edad de veinte y quatro, governandose con tanta cautela, que en menos de cinco años bolviò à restaurar el explendor de su Republica, poniendo fin à la dominacion Carthaginense, por una gran Batalla en la Celtiberia, (a) en que perecieron cinquenta mil Infantes y quatro mil Cavallos, despues de cuyo favorable sucesso resolviò llevar la Guerra à Africa, para obligar à Annibal à dexar la Italia.

Executò su designio el año de 549. pero como esta empressa parecia temeraria, se rehusò al principio darle Tropas ni dinero. Sacò en empres-tito, y en su nombre gruessas sumas, con las que levantando gentes, y embarcandose, passò à Sicilia, y de alli à Africa, en donde todo le sucediò à su deseo. Deshizo dos veces à los Enemigos manda-

(a) Oy Andalucia.

dos

dos por Afdrubàl , hijo de Gifeon, y Syphax Rey
de Numidia. En la primera Batalla huvo quarenta
mil muertos y feis mil prifioneros : En la fegunda
fueron difsipados enteramente ; y viendofe los Car-
thaginenfes oprimidos del poder Romano , llama-
ron à Annibàl , que pafsò à fu Pais el año
diez y feis de efta Guerra , y el 551. de la Fun-
dacion de Roma : Hizo perecer por el fuego , ò
reduxo à efclavitud à todos los que no quifieron
feguir fu fortuna. Propufo un Tratado de Paz,
à Scipion , y no correfpondiendole la tentativa,
fe difpufieron à la Batalla , que perdiò Annibal
con veinte mil hombres. Vermina , hijo de Syphax le conducia un focorro confiderable , fuè igualmente deshecho con pèrdida de quince mil hombres , yendo defpues à poner fitio à Carthago,
que (fe hallaba yà embeftida por Mar) logrò fe
le entregafle con ventajofas condiciones para Roma , adonde bolviò Scipion el año 554. llevando
en triumpho à Syphax ; y por fus feñaladas victorias fe le diò el nombre de Africano, confirien-
dole los mayores Emplèos y honores de la Republica.

En 564. pafsò al Afsia , y en una Batalla que
diò al Rey Antiochio, Enemigo de los Romanos , con muerte de cinquenta mil Infantes y feis
mil Cavallos , concediò la Paz al vencido , aban-
donando las Provincias de Aca del Monte Tauro,
que quedaron agregadas à las de Roma. A fu re-
greflo en efta Capital del poder Romano , los Pe-
tilianos Tribunos del Pueblo fe atrevieron à acu-
farle de Peculato y aùn de traycion , por la inteligencia que pretendian havia tenido con Antiochio , (de quien haviendo fido prifionero fu hijo
Scipion , le havìa embiado fin refcate) y compa-
reciendo en el Tribunal del Pueblo ; en lugar de
refponder à los cargos que fe le hacian , empezò
à referir todo lo que havìa hecho por èl en Efpaña y Africa , recordandole que en femejante dia
ha-

havia vencido à Annibàl, y que era Jofto fuefle à dar gracias à los Diofes. Confiderandole entonces el Pueblo como fu principal defenfor , olvidando la acufacion , le acompañó à los Templos como fi fuefle el dia de fu triumpho ; pero indignado de tanta ingratitud , fe retirò à Literna en la Campania de Roma , y pafsò el refto de fus dias en el eftudio , y trato de hombres Eruditos , èl lo era y guftaba de ellos. Murió el año de 570.

Fuè el mayor Heroe que tuvo la Republica: Victoriofo en Efpaña por la total deftruicion de el dominio Carthaginenfe , en Africa contra ellos mifmos , apoderandofe de fu Ciudad , aniquilando fus fuerzas , la prifion de un Rey que venia en fu focorro : Victoriofo en Afsia contra Antiochio Rey de Syria , que defmembrando fus Eftados , enfanchò los de la Republica ; y mas victoriofo , por haver fabido vencer la embidia y Emulos , triumphando de todos en la quietud que bufcò , y en que coronò con laureles de immortal memoria , fu valor , politica , y fabiduria , como refiere Cicerón.

Solo el Duque de Alva fupo imitar , y aùn exceder à efte famofo Capitan. Igualòle en fus maximas, en fu valor y conftancia : Excediòle en la continuada férie de marciales fucceffos que acabaron con fu vida. No agregó menos Eftados à Efpaña , que Scipion à Roma , venció mas Enemigos ; pues fi aquellos peleaban por enfanchar ò defender fu Patria , eftos por la fuya y la Religion. Necefsitò mas cuidado para contraftar tantas efcollos , por la diferiencia que havia en las armas , la radicada poffefsion de dominios y variedad de intereffes. No padeció menos de la embidia, competidora de fus grandes hazañas , hicieronfele iguales acufaciones que à Scipion , fupo vencer mas contrariedadas , y por ultimo muriò mas gloriofo.

***

EPI-

EPITOME DE LA
Hiſtoria de Beliſario.

Eliſario , General de los Exercitos de el Emperador Juſtiniano , y el apoyo de ſu Reynado , fuè el mas ſobreſaliente Héroe que tuvo el Imperio de Conſtantinopla. La primera expedicion ruidoſa fuè en 529. de nueſtra Redempcion , contra Cabadès , Rey de Perſia , que hacia cruèl Guerra à Tzatho , Rey de la Colchida , por haver abrazado la Religion Catholica: Protegiale Juſtiniano , embiò à Beliſario en ſu defenſa, que no ſolo logrò , ſino grandes Conquiſtas en Perſia , por cuyo medio facilitò fueſſe amigo de el Imperio. A ſu buelta en Conſtantinopla, ſe ſuſcitò una ſedicion tan violenta contra Juſtiniano , que los Conjurados tumultuariamente proclamaron al Patricio Hipacio , protegido de Pompeyo , y Probo ſus hermanos y nietos de el Emperador Anaſtaſio. Quiſo Juſtiniano ponerſe en ſalvo ; opuſoſe Beliſario à eſta determinacion , y à la frente de una pequeña Tropa de fieles Vaſſallos , reprimiò los ſediciofos , y en un dia Lunes diez y nueve de Enero , murieron mas de treinta y cinco mil , con lo que ceſsò la turbacion.

El año 533. conduxo Beliſario à Africa el Exercito Naval , compueſto de quinientos Navios, ganò à Carthago , y venciò à Gilimer , uſurpador de la Corona de los Vandalos , deſpues de haver muerto de ſu propia mano Hilderico ſu primo , hijo de Hunerico , y de Eudoxia , hija de Valentiniano Tercero ; con cuya victoria quedò rehunido Africa al Imperio , deſpues de una ſeparacion de mas de cien años , y la poderoſa Monar-

narquia de los Vandalos Arrianos deftruida. Publi-
cófe en Conftantinopla, que Belifario queria ufur-
par la Africa; pero eftas voces, ò por mejor
docir, injufta fofpecha, fe difsipò à fu arribo à la
Corte con gran numero de prifioneros diftingui-
dos. El Emperador le concediò la honra de el
triumpho, que reftablecò à fu favor; cuyo ufo
havia fido interrumpido muchos figlos havia: Mar-
chaba acompañado de muchos Señores Cautivos, y
el mifmo Gilimer: No fe diferenciaba fu triumpho al de los antiguos, atravefando Conftantinopla à pie, pafsò al Hyppodromo, en donde el
Emperador le efperaba fentado fobre un Trono
magnifico; poftròfe por tres veces Gilimer, y llegando mas cerca, pronunciò en alta voz y con
arrogancia eftas notables palabras de el Predicador
Sagrado: (*) *Vanitas vanitatum, & omnia vanitas.*

(*)
Ecclefiaf-
tes, cap. 1.
verf. 2.

Defpues de ventajas tan confiderables en Africa contra fus barbaros habitadores, fe refolviò libertar la Italia de la tyrania de los Godos; pre-
paròfe à efta expedicion, y e. 535. pafsò à Sicilia, apoderòfe de ella en la mifma Campaña. El
año figuiente fuè à fitiar à Napoles con una parte
de fu Exercito. Los Godos havian hecho morir à
fu Rey Theodato, à perfuafion de Vitigès, que
le facilitò fubir al Trono. Efte Atentado firviò à
los defignios de Belifario, que prefentandofe à las
Puertas de Roma, fe apoderò de ella. En 537.
la vino à fitiar Vitigès; pero hallò tanta refiftencia, que fe viò obligado à retirarfe, y en 539.
fuè forprehendido en Rabena con fu muger y familia por efte cèlebre Capitan, que eftimò mas
conducir à Conftantinopla fus prifioneros, que recibir la Corona que los Godos le ofrecian, prefi-
riò la reputacion del fer fiel, à la gloria de fer
Rey, y llamado à la Corte, prefentò Vitigès à
Juftiniano.

En 541. fuè embiado al Oriente contra los
Per-

Perfas ; que embidiofos de las grandes Conquiftas
del Imperio, havian penetrado en fus tierras. Halló
modo de contenerlos , recorriendo toda la Affyria
hafta el año 543. que los negocios de Italia necef-
fitaban fu prefencia. Totila Rey de los Godos , defpues de haver tomado à Napoles y otras muchas
Ciudades de Italia , pufo fitio à Roma , que ganò en 546. Arruinò fus Cafas , derribò fus murallas , y durò el faquèo quarenta dias. El año figuiente entrò en ella Belifario , y la reftablecciò. Re-
pafsò al Oriente para oponerfe à los Hunos que
havian hecho una itrupcion en las tierras del Imperio , de que fueron rechazados , mas por la conducta de Belifario , que por fus fuerzas ,obligando-
los à retirarfe.

Dicefe que en 561. haviendo fido acufado de
que tramaba confpiracion contra Juftiniano , fuè
pribado de todos fus empleos y honores , y que
para mantener la vida , tuvo que pedir limofna
por las calles de Conftantinopla , y que enterneci-
do el Emperador de fu conftancia , aunque defpues
de dos años, le reftituyò lo que le havia quitado.
Muriò el mifmo año que el Emperador en 565.
Defpues de haver conquiftado muchos Reynos, ganado infinitas Batallas , aprifionado los Reyes de
los Vandalos y Godos , negandofe à la oferta de
efta ultima Corona , mereciendo los mayores elogios , mandando el mifmo Emperador acuñar Me-
dallas , que por un lado reprefentaban fus victorias,
los defpojos de los Enemigos , eftos Reyes poftra-
dos , fu triumpho , y fu retrato con eftas infignes
palabras : *BELISARIUS IMPERII AC ROMANO-
RUM GLORIA.*

*Cèlebre fuè Belifario , memorables fus hazañas y
no inferior fu conftancia ; pero fi la del Duque de Alva no la excede , por todos fus quilates le iguala. La
embidia le expufo à los mifmos lances que experimentò Belifario ; negòfe à la oferta de Carlos Quinto de
los Eftados del Vvirtemberg , reduxo à prifion al Duque*

de este nombre ; al Palatino ; al Elector de Saxonia,
al Land-Grave de Hesse-Cassel , à los Duques de Me-
Kelbourg y Lunebourg ; aseguró la Religion en Flandes , fuè perseguido y abatido, reducido à prision; pero conocidos del Monarca sus nunca imitados meritos,
le sacò de ella , para bolverle à conferir el mando de
los Exercitos en la coyuntura mas critica ; y por ultimo
conquistò el Portugal, y con èl muchos Reynos , logrando
que la muerte le arrebatasse de las manos sus victorias , con que se hizo superior à todos , y no menos
acrehedor que Belisario , à que por sus heroicas
virtudes se diga estas : FERDINANDUS
ALBANI DUX , HISPANIÆ AC
HISPANICORUM GLORIA.

FIN DEL TOMO SEGUNDO.

INDICE

DE LAS COSAS NOTABLES,
que contiene este Libro.

PARTE PRIMERA.

Rr 2

Indice de las cosas notables

PAR.

PARTE SEGUNDA.

PARTE TERCERA.

Indice de las cosas notables.

Jus-

Indice de las cosas notables

PARTE QUARTA.

COMPENDIO HISTORICO DE los famosos Capitanes de la antiguedad.

CPSIA information can be obtained
at www.ICGtesting.com
Printed in the USA
BVHW04s0915140918
527534BV00019B/294/P